地方政府经济学

崔卫国 著

中国财经出版传媒集团
中国财政经济出版社

图书在版编目（CIP）数据

地方政府经济学/崔卫国著. —北京：中国财政经济出版社，2017.7

ISBN 978-7-5095-7510-9

Ⅰ.①地… Ⅱ.①崔… Ⅲ.①地方政府—政府行为—政治经济学—研究—中国 Ⅳ.① D625 ② F127

中国版本图书馆 CIP 数据核字（2017）第 128029 号

责任编辑：周桂元　　　　　责任校对：胡永立
封面设计：秦聪聪　　　　　版式设计：逸品文化

中国财政经济出版社出版

URL：http://www.cfeph.cn
E-mail：cfeph@cfeph.cn
（版权所有　翻印必究）
社址：北京市海淀区阜成路甲 28 号　邮政编码：100142
营销中心电话：88190406　北京财经书店电话：64033436　84041336
北京中兴印刷有限公司印刷　各地新华书店经销
787×1092 毫米　16 开　22 印张　306 000 字
2017 年 10 月第 1 版　2017 年 10 月北京第 1 次印刷
定价：49.80 元
ISBN 978-7-5095-7510-9
（图书出现印装问题，本社负责调换）
本社质量投诉电话：010-88190744

前 言

本人长期在高校从事经济学的教学和研究工作，喜欢把经济学应用于不同的领域，编写和出版了一些相关的书籍和教材。现在虽已退休，但在这方面的兴趣仍不减，这本《地方政府经济学》就是将经济学应用于地方政府管理的一个尝试，希望能对地方政府官员管理地方有所帮助。

编写这本书时我参阅了一些相关的著作，如公共经济学、政府经济学等，发现这些著作内容大多是从国外相关著作那里借鉴过来的，与我国地方政府的实际情况有不少差距。主要就是发达国家的地方政府是服务型政府，主要职能就是通过税收向居民提供公共产品，直接介入地方经济比较少；而我国的地方政府是管理型政府，除了通过税收向地方提供公共产品以外，还要扶持地方产业、推动地方经济的发展，直接介入地方经济的程度比较深。之所以有这个差别，是因为我国和西方发达国家处在不同的发展阶段。我国处在由计划经济向市场经济转型的阶段，同时又是由发展中国家向发达国家迈进的阶段。这就像一部汽车既要转弯又要加速，如果没有地方政府对地方经济的强力干预，是很难成功的。事实证明，改革开放以来我国经济之所以能取得令世人瞩目的成就，地方政府功不可没。

但是，我们也应该看到，由于没有成功的经验可借鉴、没有现成的理论可参考，很多地方政府在转型和赶超的过程中走了不少弯路，付出了很大的代价。比如，一些政府官员由于不知道什么是比较优势原理，结果选错了扶持对象，导致资源配置扭曲。事实证明，市场存在缺陷，政府也存在缺陷，但政府缺陷造成的损失远大于市场缺陷造成的损失。所以有的经济学家认为，与其这样，还不如不要什么产业政策，都交给市场去调节。我认为，产业政策还是要有的，但为了克服政府缺陷，政府官员还要学习一些地方政府经济学的知识。否则，对地方经济的特点和发展规律不了解，对政府缺陷也没有认识，就会铸成大错。

地方政府经济学是研究地方经济的特点和发展规律以及地方政府政策选择的一门综合性学科。本书和其他政府经济学、公共经济学有所不同，是专门为我国的地方政府官员量身定制的，是为满足我国地方政府强力介入地方经济的需要而编写的。本书内容包含三部分：第一部分是地方利益的追求，包括导论、地方利益、两极分化和地方保护，共四章。第二部分是地方经济的发展，包括比较优势、要素组合、劳动流动、资本流动、土地流转、梯度推移、信息经济和开放经济共八章。第三部分是公共物品的提供，包括公共物品、公共选择、地方财政、经济政策和腐败问题共五章。这三部分共十七章涵盖了我国地方政府所涉及的几乎所有经济学问题，形成了一个比较完整的地方政府经济学体系。

本书的特点是：问题导向，模型分析，数例印证，政策建议。所谓问题导向，是指每一章、每一节甚至每一个案例都会提出问题，讨论围绕着问题展开。这些问题都是地方政府官员工作中经常碰到的，本书将它们系统化了而已。有些问题，如美国总统特朗普为什么一上台就签署命令退出TPP[①]虽然不是地方政府官员工作中碰到的问题，但却是大家感兴趣的问题，书中在适当的章节中也给予了解释。所谓模型分析，是指对问题的分析不是泛泛而谈，而是把它放在一定的模型里进行推演，使得结论在逻辑上没有问题。所谓数例印证，是指结论还要用统计数字或案例来印证，以保证其在实践上的可行性。所谓政策建议，是指本书在分析问题的基础上还为解决问题提出了一些政策药方，供地方政府选择。

关于这本书还有两点想说明一下。

---

① TPP 是 Trans-Pacific Partnership Agreement 的缩写，即跨太平洋伙伴关系协议，也被称作"经济北约"。

第一,这本书既是专著又像教科书,因为书中说的有些问题学界并无统一认识,不少看法具有探索性,属于个人观点,仅供参考。同时有些体系、内容框架又像教材,参阅并使用了许多文献资料,可作为各级党校、行政学院培训党政干部的教材使用。

第二,由于这本书的理论基础是西方经济学,所以离不开数学模型。但为了让更多的人能理解它,这里主要运用的是比较简单和直观的几何模型。

编写好这样一本书,需要微观经济学、宏观经济学、国际经济学、区域经济学、公共经济学等多学科的知识。限于我的水平,差错在所难免,恳请读者批评指正。

崔卫国
2017年2月于浙江湖州

目 录

第一章	导论	1
第一节	地方政府经济学的研究对象	1
第二节	地方政府经济学的研究方法	6
第三节	地方政府经济学的研究工具	12

第二章	地方利益	24
第一节	地方利益的衡量	24
第二节	地方利益的最大化	30
第三节	地区间的竞争	34
第四节	实现地方利益的主要障碍	38

第三章	两极分化	47
第一节	两极分化及其后果	47
第二节	两极分化的原因	50
第三节	资源陷阱和资源优势	56
第四节	对两极分化的认识	61
第五节	两极分化的治理	66

第四章	地方保护	73
第一节	地方保护的理由	73

第二节　地方保护的成本 ·························· 75
　　第三节　制度保护 ································ 81
　　第四节　环境保护 ································ 84
　　第五节　地区合作 ································ 91

第五章　比较优势 ································ 96
　　第一节　绝对优势原理 ···························· 96
　　第二节　比较优势原理 ···························· 98
　　第三节　比较优势原理的几何分析 ················· 101
　　第四节　比较优势原理的意义 ····················· 107

第六章　要素组合 ······························ 111
　　第一节　要素组合的比例 ························· 111
　　第二节　要素组合与比较优势 ····················· 114
　　第三节　要素组合与收入分配 ····················· 118
　　第四节　要素积累与悲惨增长 ····················· 121
　　第五节　规模经济与范围经济 ····················· 124

第七章　劳动流动 ······························ 129
　　第一节　劳动的供求关系与失业 ··················· 129
　　第二节　劳动在部门间的流动 ····················· 134
　　第三节　劳动在地区间的流动 ····················· 137
　　第四节　城市化 ································· 140

第八章　资本流动 ······························ 145
　　第一节　资本流动的福利效应 ····················· 145
　　第二节　一般投资的决定 ························· 149
　　第三节　在外地投资的条件 ······················· 154
　　第四节　吸引投资的效应 ························· 157

第五节　我国投资中的问题 …………………………………… 161

第九章　土地流转 ……………………………………………… 167
第一节　土地的产权 …………………………………………… 167
第二节　城市的土地流转 ……………………………………… 172
第三节　农村的土地流转 ……………………………………… 177
第四节　我国农地改革的思考 ………………………………… 181

第十章　梯度推移 ……………………………………………… 187
第一节　梯度与产品周期 ……………………………………… 187
第二节　梯度推移模型 ………………………………………… 190
第三节　不同梯度地区的不同战略 …………………………… 193
第四节　不同梯度地区的共同战略 …………………………… 199
第五节　相同梯度地区间的合作 ……………………………… 205

第十一章　信息经济 …………………………………………… 211
第一节　信息与信息化 ………………………………………… 211
第二节　信息经济与地区发展 ………………………………… 217
第三节　信息经济对传统理论的冲击 ………………………… 222
第四节　营造信息经济环境 …………………………………… 223

第十二章　开放经济 …………………………………………… 228
第一节　国际贸易保护主义 …………………………………… 228
第二节　区域经济一体化和经济全球化 ……………………… 232
第三节　汇率和汇率制度 ……………………………………… 239
第四节　我国的对外贸易政策 ………………………………… 243

第十三章　公共物品 …………………………………………… 248
第一节　公共物品和公共资源 ………………………………… 248

第二节　公共物品的提供方式 ……………………………………… 250
　第三节　PPP 模式 …………………………………………………… 256
　第四节　公共物品提供中的问题 …………………………………… 258

第十四章　公共选择 ……………………………………………………… 262
　第一节　个人选择与公共选择 ……………………………………… 262
　第二节　公共选择的代价 …………………………………………… 264
　第三节　委托—代理 ………………………………………………… 267
　第四节　政府缺陷和政府干预 ……………………………………… 275

第十五章　地方财政 ……………………………………………………… 282
　第一节　地方政府收入 ……………………………………………… 282
　第二节　地方政府支出 ……………………………………………… 287
　第三节　地方政府债务 ……………………………………………… 290
　第四节　我国财政制度的改革 ……………………………………… 293

第十六章　经济政策 ……………………………………………………… 297
　第一节　微观经济政策 ……………………………………………… 297
　第二节　宏观经济调控的原理 ……………………………………… 301
　第三节　宏观需求管理政策 ………………………………………… 309
　第四节　宏观供给管理政策 ………………………………………… 316

第十七章　腐败问题 ……………………………………………………… 324
　第一节　权力与腐败 ………………………………………………… 324
　第二节　对腐败的遏制 ……………………………………………… 327
　第三节　法治社会的建设 …………………………………………… 333

主要参考文献 …………………………………………………………… 341

第一章

导 论

地方政府经济学是一门新兴的综合性学科。它是研究什么的？有什么意义？用什么方法？什么工具？这些问题首先应该交代清楚。

第一节 地方政府经济学的研究对象

一、现代化阶段的地方政府

改革开放 30 多年来，中国发生了翻天覆地的变化。经济上，我们由计划经济体制转换成了市场经济体制；政治上，我们由自上而下动员型治理模式转换成了常规化、制度化的治理模式。在这个巨大的转变过程中，我国经济取得了令世界瞩目的成就，政治上也实现了平稳过渡。这一切成果的取得离不开顶层设计，但学界一致认为，地方政府转型过程中扮演着极为重要的角色，起着关键性的作用。

地方政府一直是推动我国经济和政治改革的最活跃的政治主体。一方面，它不断调整职能，保证了市场经济的发展；另一方面，它又没有退出市场，而是十分强势地参与其中。有人提出现在就要"从管理型政府向服务型政府转变"，这个主张的出发点是好的，但现在还不是时候。我国正处在现代化阶段，离后现代化阶段尚有很远的距离。我国的经济发展还很不平衡，不少地方还很落后，管理提升的任务远远没有完成。单纯地强调服务，容易让人误解，似乎我国优化管理的任务已经完成了，地方政府应该从市场经济中退出了。地方政府强势介入地方经济，指导和推动地方经济的发展，这是我们的强项和优势，是中国经济迅猛发展的一个重要原因。我们不能丢掉这个强项和优势，使我们的事业半途而废。我们现在应该做的是深入认识地方经济发展的规律，改革管理方式，提高管理效率。在这个过程中不断提高服务意识，向管理型—服务型政府转变，最后才能平稳过渡到服务型政府。

现有的地方政府经济学图书许多是外国人写的，总结的是外国人的经验教训，不太符合中国的实际情况。这说明我们的理论还不成熟，缺乏积累；也反映了我国的实践还没达到那一步，有待提高。我国地方政府总结经验教训多以政府工作报告的形式出现，缺乏理论上的深入分析。专门研究地方政府行为的文章和著作虽然不少，有的也很深刻，但缺少系统的总结和完善的理论。我们的地方官员提建议、作决策的总体特点，还是"想法蛮多，计算甚少，缺乏调研"，很多东西似是而非，缺乏事实依据和科学解释。我们在历史上积累下来的经验比较丰富，但在社会管理，特别是经济管理方面，缺乏足够的理论和经验积累。这些都说明，我们需要在理论和实践上加强对地方政府经济行为的研究和总结。

二、地方政府经济学的地位

现代化阶段的地方政府，需要有结合自身特色的综合性的理论，需要有中国特色的地方政府经济学。这本《地方政府经济学》就是研究我国地方经济的特点和发展规律，以及地方政府政策选择的一部专著，是为我国地方政府官员量身定制的一本教科书。

地方政府的首要职能，是促进地方经济的发展，提高地方人民的生活水平。为此，就要了解地方经济的现状和发展规律，做到有所为有所不为。我国实行的是社会主义市场经济体制，市场经济有它自身的机制和规律，政府不能过多干预，否则会适得其反，这叫有所不为。但是，市场也不是万能的，也有失灵的时候，这时政府就应该出手，对经济进行调控，这叫有所为。什么时候有所为，什么时候有所不为？这就要靠地方政府对地方经济发展规律的了解。地方政府经济学就是帮助地方政府了解地方经济发展规律的一门学问。

地方政府经济学的理论基础是微观经济学、宏观经济学和国际经济学。微观经济学主要研究的是个体经济的选择，宏观经济学和国际经济学主要研究的是一国的选择，这之间就差一门研究地方政府选择的经济学了。有人认为有了微观经济学、宏观经济学和国际经济学就够了，就可以涵盖地方政府所需要的经济学了。这种认识是片面的，这就好比我们上台阶，一步从个体经济跨到一国经济，跨度比较大，还是需要一个中间台阶的。何况中国这么大，人口这么多，各地方的情况千差万别，没有一个专门研究地方政府经济政策选择的学科是不行的。

地方政府经济学和中观经济学、区域经济学、公共经济学的关系比较密切。"中观经济(Meso-economy)"是20世纪70年代中叶彼得斯提出的，是区别于宏观经济和微观经济的一个新的概念。彼得斯认为，中观经济的研究对象主要为三个：部门经济、地区经济、集团经济。80年代中期，中国学者王慎之出版的《中观经济学》，是中国第一部中观经济学专著。地方政府经济学的研究对象虽然也介于微观经济与宏观经济之间，但它并不研究部门经济和集团经济，只研究地区经济。区域经济学是在迈达尔1957年提出的"累积因果论"的基础上发展起来的。1989年中国学者周起业、刘再兴、祝诚、张可云出版了《区域经济学》，这是一部系统研究区域经济发展与运行的专著。地方政府经济学虽然也研究区域经济，但不是一般的区域经济，而是以行政区域划分、地方政府管理的经济。公共经济学的全称是公共部门经济学，比较有名的公共经济学专著是安东尼·B. 阿特金森和约瑟夫·E. 斯蒂格金茨合写的《公共经济学》，我国在1994年有了中译本，后来又陆续有人出版了这方面的专著。公共经济学研究的范围很广，既包括中央政府，又包括地方政府，甚至还包括国有企事业单位和金融机构。地方政府经济学涉猎的范围没那么广，只针对地方政府。

2006年北京大学出版社出版了斯蒂芬·贝利的《地方政府经济学：理论与实践》，这是一部以地方政府为研究对象的公共部门经济学专著。斯蒂芬·贝利为英国格拉斯哥大学教授，长期从事公共部门经济学研究，这本书就是在他1995年出版的《公共部门经济学：理论、政策和实践》的基础上进一步发展而成的。它反映了地方政府研究中的多学科特征，不仅对地方政府经济学普遍涉及的话题，如"收入来源和支出"、"财政压力"和"公共选择理论"等作了深入研究，而且详细地阐述了"退出和意愿表达"、"捕蝇纸效应"、"中间选民模型"等理论课题，还提到了地方政府改革、基于服务质量的竞争效率等问题。总之，这本书内容广泛、理论透彻、论据翔实，是一部不可多得的地方政府经济学教材。但这本书毕竟是针对外国的地方政府写的，并不完全符合中国的实际。它说的很多问题，中国的地方政府不会碰到；它没有说的很多问题，倒是中国的地方政府很关心的。所以，中国的地方政府官员需要有一部自己的《地方政府经济学》。

　　和本书内容最接近的一本书叫《区际经济学》，这是作者崔卫国和刘学虎于2004年编著的。区际经济学是一门运用现代经济学的理论和方法来研究地区之间经济关系的新兴学科。地方政府经济学和区际经济学的关系很密切，这是因为不论哪一级地方政府，不但要处理好和其他地区之间的经济关系，还要处理好本地区内部不同辖区之间的经济关系。所以地方政府经济学离不开区际经济学。但是，地方政府经济学和区际经济学还是有区别的，主要区别就在于地方政府经济学不仅要研究区际经济，还要研究地方政府的政策选择。面对同样的区际经济，地方政府可以有不同的政策选择。怎样的政策选择对本地区最有利？这是地方政府经济学要回答的主要问题。

三、地方政府经济学的内容

　　有人以为地方政府经济学就是研究地方政府的财政收入与支出，这显然是一种误解，地方财政仅仅是地方政府经济学要研究的一部分内容。地方政府的职责是为地方谋福利，所以凡是涉及为地方谋福利的事情都是地方政府经济学所研究的内容。也有人以为这本地方政府经济学和别的政府经济学、公共经济学一样，主要是讲公共产品（又称公共物品）的提供和经济政策的选择的，这也不全面。我国的地方政府不仅要提供公共产品，还要发展地方经济。因为发展才是硬道理，所以如何发展地方经济也是本书论述的重点。不论是提供公共产品，还是发展地方经济，都是为了地方利益。因此，地方利益是本书的逻辑起点。

本书包括十七章，这十七章可以归纳成三部分。

第一部分讲地方经济利益，包括第一章导论，第二章地方利益，第三章两极分化，第四章地方保护。

第二部分讲地方经济发展，包括第五章比较优势，第六章要素组合，第七章劳动流动，第八章资本流动，第九章土地流转，第十章梯度推移，第十一章信息经济，第十二章开放经济。

第三部分讲公共产品的提供，包括第十三章公共物品，第十四章公共选择，第十五章地方财政，第十六章经济政策，第十七章腐败问题。

这三大部分十七章涵盖了地方政府所涉及的几乎所有经济学问题，形成了比较完整的地方政府经济学体系。

四、学习地方政府经济学的意义

学习地方政府经济学的好处有许多。

第一，能帮助地方政府认识地方经济发展规律。地方经济的发展既有和国家经济发展相同的规律，又有和国家经济发展不同的规律。只有既认识相同的规律又认识不同的规律，才能因地制宜地做好地方政府的工作。而要认识地方经济发展的不同规律，仅仅靠具体实践是不够的，还要有相应的理论指导。比如，只有发挥地方经济的比较优势才能在国家经济的发展中顺势而上，但本地区经济发展的比较优势是什么？它是由什么决定的？什么样的政策选择能保证这种优势的发挥？地方政府经济学可以提供解决这些问题的理论依据。

第二，能帮助地方政府作出经济预测。做地方工作，多多少少都有些盲目性。这一方面是因为我们对地方经济发展规律没有很好地把握，另一方面是因为我们对中央的精神没有很好地理解。有了盲目性，就会带来风险。比如，我们以为地方经济发展的比较优势是煤炭产业，就大力扶持。结果产能过剩，陷入了资源陷阱。如果学习了地方政府经济学，就会对这种风险有所预见，从而采取相应措施，避免这类事情的发生。

第三，能帮助地方政府进行政策选择。地方政府经济学说到底是一门关于政策和制度选择的学问。之所以要选择，是因为地方政府的资源是有限的，下面要对地方百姓负责，上面要对上级和中央政府负责，困难很多，不在合适的时间合适的地方选择合适的政策或制度，不仅会造成资源浪费，也会耽误大好时机。学习了地方政府经济学，可以帮助地方政府进行选择，并且能保证地方政府的选择比不学习地方政府经济学要好。

第二节 地方政府经济学的研究方法

一、假设和模型

现实世界很复杂，影响一件事情的因素很多，科学研究的目的就是透过现象看本质，把影响事物变化的主要原因找出来，这样才能找到解决问题的办法。但如果同时把这些因素都放到一起来考虑，就会像一团乱麻一样很难找到头绪。所以，先要通过假设剔除一些因素，只留下少数几个因素，构造一个相对简单的理论框架，从中分析它们的相互影响，然后再逐步加入别的因素，使结论一步步趋近于事物的本质。这个过程就叫模型化。

模型离不开假设，假设是一种使问题得到简化的抽象，是理论研究的出发点。假设只是一种使问题得到简化的抽象，它们既不必被直接观察到，也不必与可观察到的现象直接相符。只要能在假设与现象之间建立起合乎逻辑的联系，假设及由此推出的结论就算是有效的。比如我们在中学学的几何学叫欧几里德几何学，它有个基本假设：在平面上从直线外一点向这条直线能且只能做一条垂线。这个假设和我们看到的三维空间的实际是符合的。但是还有两种几何学——罗巴切夫斯基几何学和黎曼几何学，它们的基本假设就和我们看到的实际不相符合了：从直线外一点能且能作很多条直线和这条线垂直，或从直线外一点不能做任何一条直线和这条直线垂直。正是分别从这两个看起来和实际完全不相符合的假设出发建立的两个几何学，没人说它们不是科学。

那么地方政府经济学的基本假设是什么？是经济人假设。什么是经济人假设？经济人假设有两方面的内容：（1）在经济活动中经济主体（居民户、厂商或政府）所追求的唯一目标是自身经济利益的最大化。（2）经济主体所有的经济行为都是有意识的和理性的，不存在经验型的或随机的决策。因此经济人又被称为理性人。有人怀疑经济人假设的合理性，我们通过下面这个案例来说明这个假设还是很合理和必要的。

> **【故事】** 春秋战国时代，鲁国有这样一条法规：凡是鲁国人到其他国家去旅行，看到有鲁国人沦为奴隶时，可以自己先垫钱把人赎回来，待回鲁国后再到官府去报销。官府除了用国库的钱支付赎金外，还会给这个人一定的奖励。一次，孔子有一个弟子到国外去，恰好碰到有一个鲁国人在那里做奴隶，就掏钱赎出了他。回国之后，这个弟子既没有到处张扬，也没有到官府去报销所垫付的赎金和领取奖励。那个被孔子的弟子赎回的人把自己被救的经过告诉了别人，于是这件事传开去，人们都称赞孔子这个弟子品格高尚，一时间街头巷尾都把这件事当作美谈。谁知，孔子知道后不但没有表扬这个弟子，反而批评了他。问：为什么孔子要批评弟子的"高尚"行为？

这是因为如果弟子自己掏钱赎了奴隶却没有到官府去报销赎金并领取奖励被称赞为高尚，那么到官府去报销了赎金并领取了奖励的人就会被反衬为"不高尚"，这样很多人遇到这种事时就会很纠结：要不要把他赎回来？赎回来要不要去报销赎金并领取奖金？如果去报销了赎金并领取了奖金，别人就会拿我和孔子的学生比，显得我"不高尚"；而如果不去报销赎金并领取奖金，那我的这笔损失怎么弥补？这可是不少的一笔钱啊！最后大多数人的选择就是多一事不如少一事，装着没看到，于是鲁国解救奴隶的政策就会泡汤。这个故事说明，大多数的政策都是以经济人假设为前提的，如果违背经济人假设的行为受到鼓励，就有可能威胁到这个政策本身。在现实生活中，非理性的"高尚"往往会扼杀理性的"高尚"，使"高尚"脱离客观实际，成为空中楼阁。

地方政府经济学的基本假设是经济人假设，就是因为地方政府也是经济人。这不仅是因为地方政府是老百姓的代表，它制定的政策是面对老百姓的，而老百姓大多都是经济人；而且也因为地方政府也是由人组成的，是人都有弱点，若不把他们当经济人对待，为他们制定的政策或制度就会有漏洞，会被人利用。我们说要"把权力关在笼子里"，就是因为政府也是经济人，不把权力关在笼子里，政府官员就会利用权力贪污腐化，损害人民的利益。所以，奥地利经济学家哈耶克说：制度设计的关键在于假设，从"好人"的假设出发，必定设计出坏制度，导出坏结果；从"坏人"的假设出发，才能设计出好制度，得到好结果。

二、规范分析和实证分析

现代经济学存在规范分析和实证分析两种分析方法。规范分析以一定的价值判断为基础，提出某些标准作为分析处理经济问题的标准，树立经济理论的前提，作为制定经济政策的依据，并研究如何做才能符合这些标准。它有两个特点：第一，它要回答"应该是什么"的问题；第二，它所研究的内容没有客观性，所得结论是否正确无法通过经验事实进行检验。这里所说的价值判断中的价值，不是商品价值的价值，而是指经济事物的社会价值。价值判断就是要判断某一事物是好还是坏，对社会有无价值。我国传统的思维方法就是规范分析的方法：先说某个伟人、某个政策是怎么说的，然后再看某件事是怎么做的，如果符合伟人说法或政策精神就是好的，就应该发扬；如果不符合伟人说法和政策精神就是坏的，就要反对。改革开放前的大量事实证明，这种思维方法具有片面性。

实证分析企图超脱或排斥一切价值判断，只考虑建立经济事物之间关系的规律，并在这些规律的作用下分析和预测人们经济行为的后果。它有两个特点：第一，它要回答"是什么"的问题；第二，它所研究的内容具有客观性，它的结论是否正确可以通过经验事实来进行检验。为什么实证分析要排斥价值判断呢？就是因为价值判断具有主观性，受个人立场、观点局限，缺乏客观依据，所得结论无法通过事实来检验。改革开放以后，我们说实践是检验真理的唯一标准，就是要抛弃传统的观念，运用实证分析的方法，不是从伟人的话或政策出发来研究问题，而是实事求是，从实际出发来研究问题，这样才能得到科学的结论。

现代经济学认为，要使经济学能成为真正的科学，就必须抛开价值判断问题，使经济学实证化。诺贝尔经济学奖得主萨缪尔森就曾指出："当代政治经济学的首要任务在于对生产、失业、价格和类似的现象加以描述、分析、解释并把这些现象联系起来。"① "关于所追求的目标是正确还是错误的基本问题，不是作为科学的经济学本身所能解决的。"② 所以，尽管完全抛开规范分析是很难做到的，但现代经济学还是主张尽量运用实证分析的方法。

可以举个例子来说明实证分析与规范分析的区别。例如，天气预报说明天有雪，这是一种实证分析，结论是否正确到明天就知道了，可以通过事实来检验。至于下雪是好事还是坏事，这就是价值判断了，各人从不同的立场出发会有迥然不同的看法。农民说是好事，可以保墒；司机说是坏事，妨碍交通。作为天气预报员来说，主要做好实证分析就行了，规范分析让别人去做。作为经济学也是一样，如果让规范分析占了主导地位，掺杂进很多主观的东西，其科学性必然就会受到影响。

提倡实证分析的方法对发展我国社会科学具有重要意义。邓小平在南方谈话中说："不搞争论，是我的一个发明，不争论，是为了争取时间干。一争论就复杂了，把时间都争掉了，什么也干不成。"③ 这里的"不争论"是不争论什么？就是不争论"姓资还是姓社"这类价值判断问题，而要进

---

① 萨缪尔森等：《经济学》（第十九版）上册，商务印书馆2012年版，第10页。
② 萨缪尔森等：《经济学》（第十九版）上册，商务印书馆2012年版，第10页、第11—12页。
③《邓小平文选》第3卷，人民出版社1993年版，第374页。

行实证分析，不失时机地改革开放。邓小平还说："不管白猫黑猫，捉住老鼠就是好猫。"这也是提倡实证分析的方法。白猫好还是黑猫好？这是个价值判断，不同的人有不同的看法。捉没捉住老鼠？这是个事实判断，只要事实摆在那里，谁也不好否认。邓小平还有一句名言叫"摸着石头过河"。为什么要摸着石头过河？这是因为传统理论都是规范分析，无法指导改革开放，我们只能抛开它，在实践中摸索前进了。

人们之所以习惯于规范分析，一个重要原因是地方政府在工作中很难摆脱价值判断，很多时候还要把价值判断放在首位。我们常说有利于老百姓的事就做，不利于老百姓的事就不做，这就是价值判断。问题在于老百姓是分为不同阶层的，有不同的利益诉求，到底按谁的诉求去做？这就要对各方面的利益进行实证分析了。所以从理论到实践中间还应有个环节，那就是政策。政策就是根据理论分析对不同的利益进行分配，以使大多数人都满意。理论为保证其科学性要尽量排除价值判断，政策为保证其实践性又离不开价值判断。它们看起来是矛盾的，实际上是相辅相成的。没有理论的科学性，政策就会误入歧途；而没有政策的实践性，理论就会成为空中楼阁。从实践到理论，再从理论到政策，最后从政策又回到实践，这是一个不可逆的过程。地方政府经济学是理论，它来源于实践而不是政策。所以，地方政府经济学的任务不是对政策进行解释，而是为政策的制定提供理论依据。

理论和政策的关系，我们从美国通用汽车公司总经理斯隆的一段话里可以看得很清楚。斯隆在聘请管理专家德鲁克担任公司顾问的第一天对他说：我不知道我们要你研究什么，要你写什么，也不知道该得出什么结果。这些都应该是你的任务。我唯一的要求，只是希望你把认为正确的东西写下来。你不必顾及我们的反应，也不必怕我们不同意。尤其重要的是，你不必为了使你的建议易于我们接受而想到调和和折衷。在我们公司里，人人都会调和和折衷，不必劳驾你。

三、多种学科的综合运用

人类对客观世界的认识存在两种趋势：一是深入认识物质运动的不同形式；二是全面了解物质世界的整体状况。前者表现为知识的专门化，后者表现为知识的综合化。在科学发展的不同阶段，这两种趋势就像《三国演义》里讲的那样，"合久必分，分久必合"。近代科学主要以分化和专门化为主，现代科学则表现出综合化和整体化的发展趋势。地方政府经济学正是顺应了这种趋势，具有多学科综合运用的特点。

本书多学科综合运用的特点体现在很多方面。一是同一个问题的分析运用到了不同学科的知识。比如在第二章地方利益中，地方利益的衡量指标——GDP，这是宏观经济学的内容；地方利益最大化原则——边际收益等于边际成本，这属于微观经济学的范畴；而实现利益最大化的过程——帕累托改进，这又是福利经济学的概念。至于把帕累托最优状态和"自由人的联合体"联系起来，这又涉及马克思主义的政治经济学。这种多学科的纵横捭阖、综合运用，不仅比单学科更能说明问题，而且也产生了一些新的思想、新的观念。二是不同学科的相互借鉴，比如国际经济学主要用的是 $2\times2\times2$ 模型，即假定只有两个国家、运用两种要素、生产两种产品。本书在分析地方经济时就把 $2\times2\times2$ 模型借鉴了过来，只是把两个国家的假设改成了两个地区。这样就可以把国际经济学的分析框架用到地方政府经济学中来，使地方政府经济学有了坚实的理论支撑。三是不同学派观点的相互比较和借鉴。西方经济学的主流学派是新古典综合派，这个学派主要讲的是需求管理，而我国面临经济下滑的压力，仅从需求方面着手已经不够了，必须从供给方面寻找新的办法。所以，本书对供给学派的观点也作了一些介绍，读者可以通过比较，取长补短，增强对供给侧结构性改革的认识。

第三节　地方政府经济学的研究工具

一、几何模型

数学模型是现代经济学必不可少的研究工具。为了使地方政府经济学能被更多的人所接受，这里主要运用比较简单的数学模型——几何模型，就是在坐标系中用横轴表示一个变量，纵轴表示一个变量，用曲线表示它们关系的变化规律。几何模型可以把复杂的经济问题用形象直观的曲线来表示，通过推演得出结论，这比光用语言叙述更具有逻辑性和准确性。坐标与曲线是这本书的语言，没有这个语言很多道理说不清楚。坐标与曲线也是进入经济学殿堂的门槛，不会看坐标与曲线就只能在这个殿堂外面徘徊。为了使读者能很快进入地方政府经济学的学习，我们把地方政府经济学常用的一些坐标和曲线进行以下简单介绍。

（一）需求曲线和供给曲线

微观经济学是围绕着价格展开的，价格是由需求和供给决定的。需求是指在某一特定时间内，在各种可能的价格下，消费者愿意并且能够购买的某种商品的数量。作为需求有两个条件：有购买意愿，有支付能力。

需求受许多因素的影响，如个人偏好、资产与收入、要购买商品的价格、其他商品的价格，以及消费者对未来商品价格的预期等。假定其他因素不变，商品的需求量和价格之间呈反方向变动的关系，即价格越高，需求量越少；价格越低，需求量越多。反映这种关系的图形称为需求曲线。如图 1-1 所示，需求曲线向右下方倾斜，需求曲线 D 上用两点 A、B 表示：价格为 P_1 时，需求量为 Q_1；价格下降为 P_2 时，需求量增加为 Q_2。由于商品价格以外的因素的变化引起的需求量的变化称为需求的变动。它表现为整条需求曲线的移动。如图 1-2 所示，需求曲线由 D_1 右移到 D_2，A、

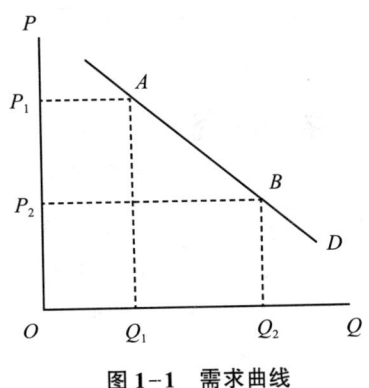

图 1-1 需求曲线

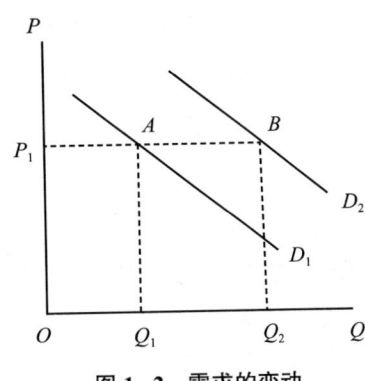

图 1-2 需求的变动

B 分别为 D_1 和 D_2 上两点，它们表示：价格 P_1 没变，由于其他原因改变，需求量由 Q_1 增加为 Q_2。

不同商品的需求量受价格影响的程度不同，有的商品的需求富有弹性，价格一个比较小的变化就能引起需求量一个比较大的变化，这种商品的需求曲线比较平缓。如图 1-3 所示，价格的变动 P_1P_2 小于需求量的变动 Q_1Q_2。有的商品的需求缺乏弹性，价格一个比较大的变化只能引起需求量一个比较小的变化，这种商品的需求曲线比较陡峭。如图 1-4 所示，价格的变动 P_1P_2 大于需求量的变动 Q_1Q_2。

供给是指在某一特定时期内，生产者在各种可能的价格下愿意而且能够出售的某种商品的各种数量。作为供给也要满足两个条件：愿意出售，能够出售。厂商的供给受多种因素的影响，如商品价格、生产成本、技术

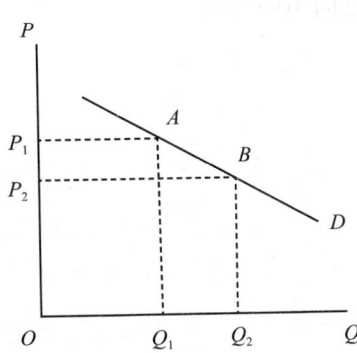

图 1-3 需求富有弹性

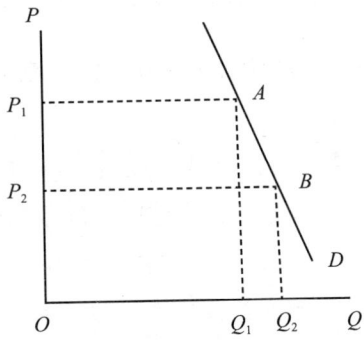

图 1-4 需求缺乏弹性

状况、对未来价格的预期、其他商品的价格等。假定除了商品价格以外其他因素不变,则供给量和价格呈同方向变动的关系,即价格越高,供给量越多;价格越低,供给量越少。反映这种关系的图像被称为供给曲线。如图1-5所示,供给曲线是向右上方倾斜的,价格是P_1时供给量为Q_1,价格上升为P_2时供给量增加为Q_2。如果商品的价格不变,其他因素的变动引起该商品供给量的变化,称为供给的变动,表现为供给曲线的移动,如图1-6所示,价格P_1不变,别的原因导致供给量由Q_1增加到Q_2。

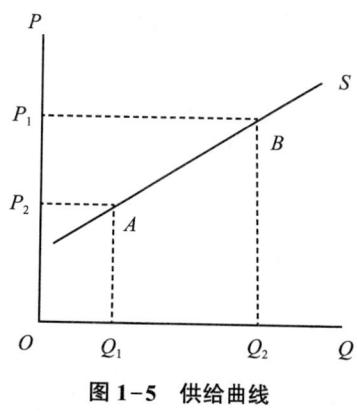

图1-5 供给曲线

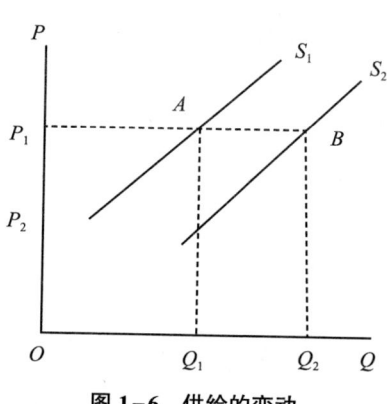

图1-6 供给的变动

供给曲线也有个弹性大小的问题。有的商品价格发生一个比较小的变化就能引起供给量一个比较大的变化,我们说这种商品的供给富有弹性,其供给曲线比较平缓。有的商品价格发生一个比较大的变化只能引起供给量一个比较小的变化,我们说这种商品的供给缺乏弹性,其供给曲线比较陡峭。这和需求曲线类似,只不过倾斜方向不同而已。

(二)消费者剩余和生产者剩余

> 【案例】 星期天,老李到农贸市场去买鸡,问了几个卖鸡的,都是10元钱一只,他就买了一只。正往回走,有一个卖鸡的拦住他说:"便宜了,8元钱一只,买下吧?"老李心里一顿,把鸡掂了掂,和他手里的分量差不多,却只要8元,就把它买下了,心想占了2元钱便宜,便高高兴兴回了家。

老李为什么高兴？是因为他得到了 2 元钱的消费者剩余。所谓消费者剩余，是消费者为消费某商品愿意付出的价格与实际付出的价格的差额。图 1-7 中，D 是需求曲线，它向右下方倾斜，表明消费者对每一单位商品愿付的价格是不同的。当他购买 OQ_0 的商品时，愿付的价格是梯形 OQ_0BA，但市场价格是 OP_0，所以当他购买 OQ_0 商品时实际上只需付矩形 OQ_0BP_0 的钱就行了。他所愿付的减去他实际支付的，即梯形 OQ_0BA-矩形 $OQ_0BP_0 = \triangle P_0BA$，就是消费者剩余。消费者剩余的大小一般用需求曲线、纵轴和价格线所夹的面积来表示。

与消费者剩余类似的有一个生产者剩余的概念，所不同的是，消费者剩余是消费者的心理感受，而生产者剩余是生产者实实在在得到的好处，它等于生产者出卖商品所得到的价格减去生产者实际支付的成本。生产者剩余的大小可以用供给曲线、价格线和纵轴所夹的面积来表示，图 1-8 中的阴影部分表示的就是生产者剩余。

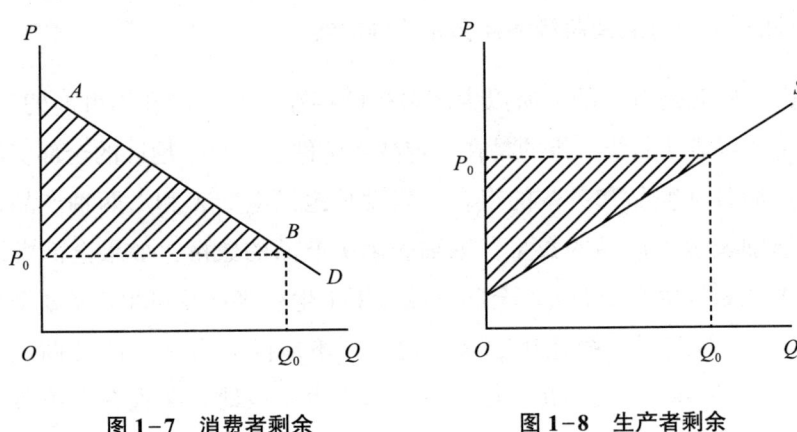

图 1-7　消费者剩余　　　　图 1-8　生产者剩余

（三）均衡价格和均衡数量

供求相等的市场状况称为市场均衡，它存在于需求曲线与供给曲线的交点上。如图 1-9，D 与 S 的交点 E 为均衡点，E 对应的价格 ON 为均衡价格，对应的数量 OM 为均衡数量。

任何脱离均衡点的状况都称为失衡。在失衡的情况下，市场上供求力量的自发作用最终会实现均衡。在图 1-10 中，OP_0 为均衡价格，OQ_0 为均衡数量，市场价格为 OP_1，因为 $OP_1<OP_0$，所以需求量 OQ_2> 供给量 OQ_1，于是就有了供给不足部分 $OQ_2-OQ_1=Q_1Q_2$。供不应求导致市场价格上升到 OP_0，这时供给与需求相等，恢复了均衡。

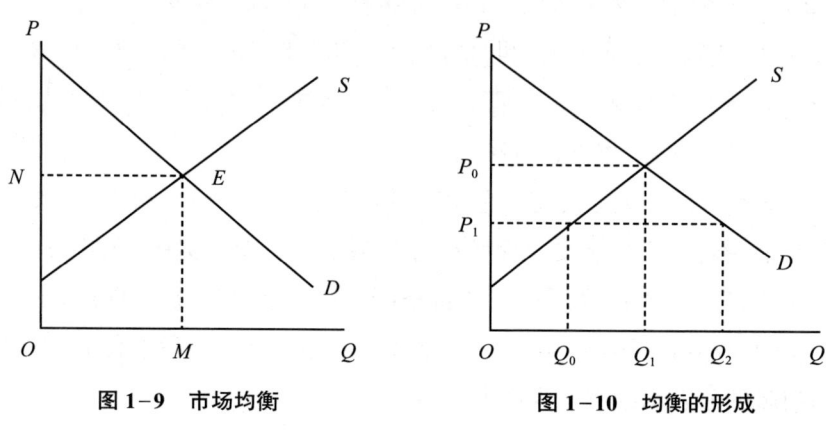

图 1-9　市场均衡　　　　　　图 1-10　均衡的形成

（四）生产可能性曲线和社会无差异曲线

由于资源是有限的，所以生产多少就存在一个可能和不可能的问题。所谓生产可能性曲线，指的是在一定技术条件下，一个地区的全部资源所能生产的各种物品和劳务的组合。假设某地只生产 X 和 Y 两种产品，我们用横轴表示 X 产品的数量，纵轴表示 Y 产品的数量，如果全部资源都用于 X 产品可生产 OA 个，全部资源都用于生产 Y 产品可生产 OB 个，那么将 A、B 两点用直线连接起来，就得到该地区的生产可能性曲线 AB，如图 1-11 所示。C 是 AB 上任意一点，它表示该地区在现有资源条件下的最大产量组合是 OM 个 X 产品和 ON 个 Y 产品。因为资源是有限的，所以要想增加 X 产品的生产，就必须减少 Y 产品的生产，这减少的 Y 产品的数量，就是增加的 X 产品的机会成本。机会成本是因选择而产生的成本，也叫选择成本。使用一种资源的机会成本是指把该资源投入某一特定用途以后所放弃的在其他用途中所能获得的最大利益。

在连续生产一种产品机会成本不变时，生产可能性曲线是一条直线。但在现实中机会成本不是不变的，而是递增的。这是因为生产资源不是同质的，有的适合生产这种产品，有的适合生产那种产品，当越来越多地增加这种产品的生产时，就会越来越多地运用并不适合生产这种产品的资源，从而使机会成本递增。比如男耕女织是中国农村传统的生产方式，如果让妇女也下地干活，她们的产出不如纺纱织布，机会成本就递增了。在机会成本递增的情况下，生产可能性曲线是一条凹向原点的曲线。如图1-12所示，在机会成本递增的生产可能性曲线 AB 上有两点 C、D，当生产由 C 移动到 D 时，表明增加 M_1M_2 的 X 必须以减少 N_2N_1 的 Y 为代价，这减少的 N_2N_1 的 Y 就是增加的 M_1M_2 的 X 的机会成本。当 D 继续沿 AB 向下移动时，我们可以看到 M_1M_2 增加的幅度越来越小，而 N_2N_1 增加的幅度越来越大，可见机会成本是递增的。

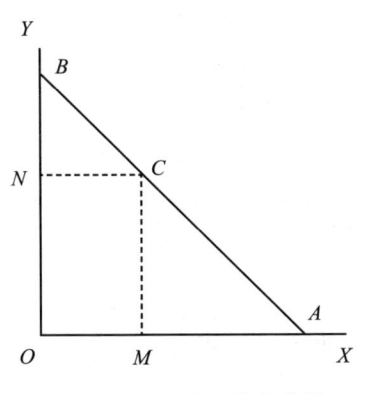

图 1-11　生产可能性曲线

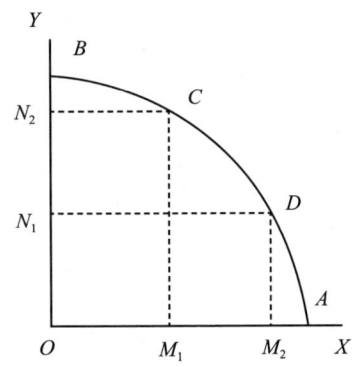

图 1-12　机会成本递增

生产是为了消费，而人们消费的不只是一种产品，而是多种产品的一个组合。所谓社会无差异曲线，就是在这条曲线上任何一点所表示的两种产品的不同数量的组合给社会带来的福利水平都是相同的。如图1-13，C、D 是社会无差异曲线 U 上两点，C 表示 OM_1 的 X 产品和 ON_2 的 Y 产品组合，与 D 表示 OM_2 的 X 产品和 ON_1 的 Y 产品组合，带给社会的福利水平是没什么差别的。社会无差异曲线向右下方倾斜，表示在收入和价格既定的条件下，为了获得同样的福利水平，增加一种产品的消费必须减少另一种产品的消费。在同一平面上可以有无数条社会无差异曲线，每个地方的社会无差异曲线都不相交，离原点越近表示福利水平越低，离原点越远表示福利水平越高。社会无差异曲线是凸向原点的,表示在社会福利水平不变的情况下,某种产品能代替的另一种产品的数量越来越少。

把生产可能性曲线和社会无差异曲线放在一起,可以表示在什么条件下可以实现社会福利的最大化。如图 1-14 所示,AB 是某地的生产可能性曲线,U_1、U_2 和 U_3 是三条社会无差异曲线,AB 和 U_2 切于 E 点,则 E 所表示的 OM 的 X 产品和 ON 的 Y 产品组合可以实现该地的社会福利最大化。这是因为,虽然 AB 和 U_1 有两个交点,但 U_1 所表示的社会福利水平比较低。U_3 所表示的社会福利水平虽然比较高,但它和 AB 没有交点,表明在现有条件下不可能实现。只有 E 点,既在 AB 上,表示可能实现,又在 U_2 上,表示社会福利水平比较高,所以是最佳选择。

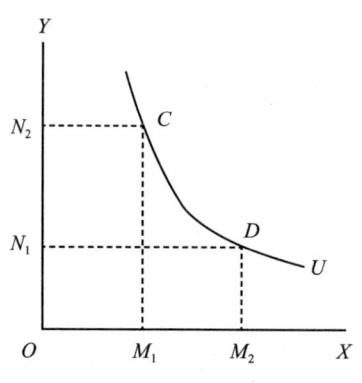

图 1-13 无差异曲线

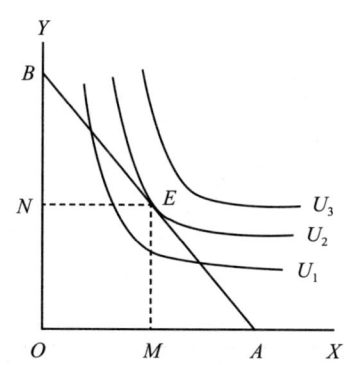

图 1-14 社会福利最大化

二、几何模型的运用

地方政府经济学的研究过程是这样的:先把一个现实的经济问题通过假设转化成一个几何模型,然后在这个几何模型内进行诠释和演算,最后把结论还原成现实的经济问题。下面举几个例子来说明怎样运用这些工具来分析现实问题。

【案例】 地方政府经常碰到这样一个问题:一方面希望农业大丰收,丰收了粮食多了,干其他事才有保障;但另一方面丰产了,农产

> 品数量多了，价格就下来了，农民会陷入"丰产不丰收"的困境。问：为什么会"丰产不丰收"？

丰产以后农产品供给增加，其价格必然下降。本来价格下降会使需求量增加，农民多卖粮也能增加收益，但因为农产品的需求缺乏弹性，消费者不会因粮价便宜了就增加饭量，这就导致因需求量增加所增加的收益小于因价格下降所减少的收益。如图1-15所示，需求曲线D比较陡峭，丰产后的收益$OQ_2E_2P_2$小于丰产前的收益$OQ_1E_1P_1$，于是就出现了"丰产不丰收"的情况。

怎样才能使农民的利益不受损失呢？短期来说，要靠政府的农产品支持价格制度，即在丰产时政府收购农产品，需求增加了价格就会升上去。减产时农产品价格上升了，消费者利益又受到损失，政府再把这些农产品投放到市场上去，以平抑物价。但农产品维持价格制度会产生负面影响。如图1-16，农产品维持价格OP_1大于均衡价格OP_0，使得供给量OQ_2大于需求量OQ_1，导致供过于求。为了支持农产品价格，政府以OP_1的价格购买过剩的产品Q_1Q_2，这既加重了政府负担，又造成了市场扭曲。我国长期以来对粮食实行支持价，国内粮价持续多年上涨。虽然调动了农民的种粮积极性，但由于国外粮价低于国内40%到50%，许多贸易商、粮食加工企业更愿意采购国外粮食，造成国内粮食大量积压在粮库里。中储粮只能停止或减少粮食收购，使得粮农的丰收喜悦还没有维持多久，很快

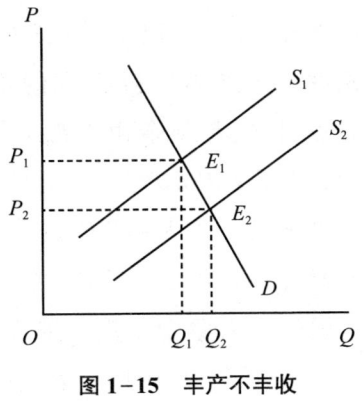

图1-15 丰产不丰收

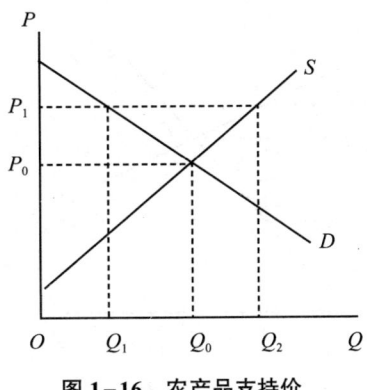

图1-16 农产品支持价

就陷入卖粮难的困境。

为什么国外的粮食那么便宜？他们主要是靠规模经营和城市化。所以，要想使我国的农民富裕起来，也得走这条道路。这方面的内容我们后面再讲。

> 【案例】 1990年，美国国会通过了对游艇、私人飞机、珠宝、豪华轿车这类奢侈品征收新的奢侈品税的法案。出台这项法案的人认为，这些奢侈品全部由富人消费，税负必然由富人承担，向富人征税可以补助穷人，即公平又合理，肯定会受到广大低收入者的欢迎。但奇怪的是，该法案实施之后反对者并不是富人，而是低收入者。这是为什么？

这是因为奢侈品税是个间接税，其税负一部分可以转嫁给消费者，另一部分要由生产要素的提供者包括生产这些产品的工人来承担。征税以后生产成本增加了，老板为了节约成本，就会裁减工人、降低工人工资。如果税负转嫁给富人的多、转嫁给工人的少，那么这项税收总体来说还是对工人有利的。但情况正好相反，税负主要还是落在了生产者的头上，工人成了主要的受害者。这是为什么呢？请看图1-17。

由于奢侈品的需求富有弹性，征税以后富人会转而旅游、建别墅、打高尔夫球，所以需求曲线 D 比较平缓；而奢侈品的供给缺乏弹性，企业很难在短期内转产其他产品，所以供给曲线 S 比较陡峭。征税以后奢侈品价格由 P_0 上升为 P_1，消费者剩余由原来的 P_0E_0P 变成 P_1E_1P，减少了 $P_0E_0E_1P_1$。P_1P_2 为税率，生产者实际得到的价格为 P_2，于是生产者剩余由 P_0E_0O 变为 P_2E_2O，减少了 $P_0E_0E_2P_2$。显而易见，$P_0E_0E_2P_2$ 的面积大于 $P_0E_0E_1P_1$ 的面积，即生产者剩余的损失大于消费者剩余的损失。这说明工人蒙受了更大的损失，难怪他们要反对了。美国国会后来取消

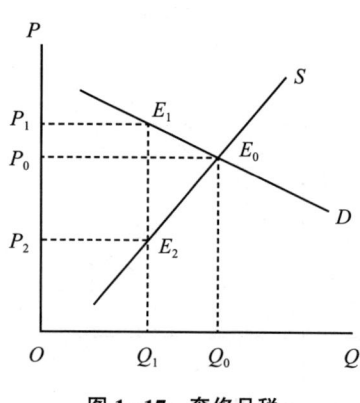

图1-17 奢侈品税

了这项征税法案。

这个案例也说明，政策要以理论为基础，否则凭想当然办事，难免事与愿违。我们过去常犯"形左实右"的错误，就是形式上为了老百姓，实际上损害了老百姓的利益。美国国会也会犯这样的错误，这就是一例。

> 【案例】 某县政府向省政府申请一笔扶贫款，省政府却拨付了一笔发展小学教育的专项资金。有人很失望，认为这对提高老百姓的生活水平没多大帮助。是这样的吗？

省政府的教育拨款不仅对扶贫有长远的意义，因为有了知识才能改变命运，而且在短期来说也提升了老百姓的福利水平。如图1-18所示，横轴表示该县的教育产品数量，纵轴表示其他产品数量，AB是原来的生产可能性曲线，它和社会无差异曲线U_1相切。省政府为该县拨付了这笔教育资金后，使该县的教育产品由OA增加到OC，生产可能性曲线

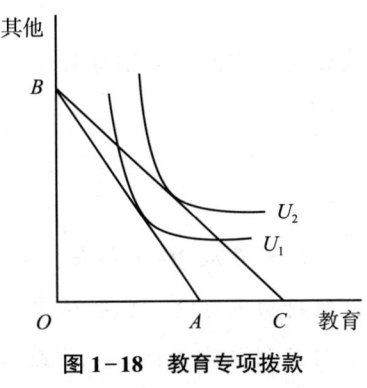

图1-18 教育专项拨款

由AB旋动到AC，AC和社会无差异曲线U_2相切，而U_2离原点比较远，表明老百姓的社会福利水平提高了。

> 【案例】 为了解决群众看病难的问题，政府对药品价格实行了管制，为什么问题仍得不到解决？怎样才能解决这个问题？

如图1-19所示，因为药品的需求缺乏弹性，生了病不能不吃药，所以需求曲线D比较陡峭；而药品的供给富有弹性，同样的生产线可以生产不同的药，所以供给曲线S比较倾斜。它们交于E点，决定了均衡价格为P'，均衡数量为Q'。政府对药品价格实行管制后，管制价格为P_0，低于均衡价格P^*，导致药品供给量由Q'减少为Q_1。生产者剩余的变化为$-A-C$，A为药价降低对生产者造成的剩余损失，C为生产者因价格低不愿生产一些药造成的剩余损失；消费者剩余的变化为$A-B$，A为买到便

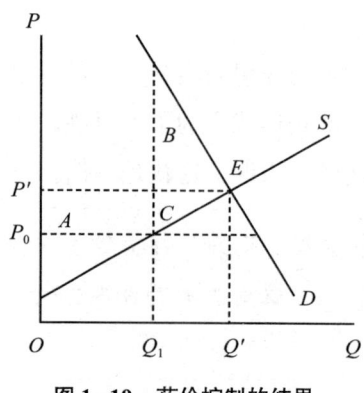

图 1-19 药价控制的结果

宜药的患者得到的福利，B 为买不到药的患者的剩余损失。这样，总剩余的变化为：$(-A-C)+(A-B)=-B-C$。可见，药品价格管制造成了无谓损失。政府的目的是保护消费者利益，可现在消费者剩余的增加量 A 可能小于损失量 B，剩余总量可能为负数。所以，解决群众"看病难"的问题不能对药品价格实行管制，而要切断"以药养医"的链条，由政府直接对医生的诊断治疗和手术费用给予补贴。

改革开放30多年来，中国发生了翻天覆地的变化。在这个过程中地方政府功不可没，已经从中央政府的"传送带"演变为具有自我意识和寻求自身利益的主体。地方政府经济学是研究地方经济的现状和发展规律，以及地方政府政策选择的一门综合性学科。它的理论基础是微观经济学、宏观经济学和国际经济学。它和中观经济学、区域经济学、公共经济学的关系比较密切。它的基本假设是经济人假设，研究方法以实证分析为主，规范分析为辅。它的研究工具主要是几何模型，即坐标与曲线。

1. 什么是地方政府经济学？它的理论基础是什么？和哪些学科的关系密切？

2. 地方政府经济学为什么要以实证分析为主？为什么要用几何模型？

3. 已知某一时期内某商品的需求函数为 $Q^d=50-5P$，供给函数为 $Q^s=-10+5P$。

（1）求均衡价格 P_e 和均衡数量 Q_e，并绘出几何图形。

（2）假定供给函数不变，由于消费者收入水平提高，使需求函数变为 $Q^d=60-5P$。求出相应的均衡价格 P_e 和均衡数量 Q_e，并绘出几何图形。

4. 假定某地区欲将其既定的资源用于 X 和 Y 两种产品的生产。在技术水平不变的情况下，在既定的资源得到充分而有效利用的情况下，要想增加 X 的生产就必须减少 Y 的生产，要想增加 Y 的生产就必须减少 X 的生产。问：该地区将如何进行选择？

5. 王县长到地区开会，碰到邻县的李县长。休息时两人聊天，发现巧得很，两县上年的大米和小麦产量都是70万吨。王县长说："如果我的大米产量减少5万吨，则希望小麦产量能增加10万吨。"李县长说："我和你不一样，如果我的大米产量减少5万吨，只要小麦产量能增加3万吨就够了。"你能从这两段话听出谁对大米生产更重视一些吗？请画图说明。

6. 某乡的气候和土壤条件适宜生产土豆，乡政府便号召农户种土豆并给予补贴。头一年土豆大丰收，农户年均收入增长了5400元。第二年不用政府说，农民们扩大了土豆种植面积。这一年土豆又获得大丰收，但没想到土豆的价格大跌，比上年跌了一半还多，农民们损失惨重。农民们说："不是十年河东十年河西，而是一年河东一年河西。"请用几何图形描述这种变化。

第二章

地方利益

司马迁曾明言:"天下熙熙,皆为利来;天下攘攘,皆为利往。"由此不难看出,了解地方利益是把握地区经济和地方政府政策选择的关键,是地方政府经济学的逻辑起点。那么,地方利益用什么来衡量?怎样才能实现地方利益的最大化?什么因素妨碍了地方利益的最大化?这些都是本章要讨论的问题。

第一节 地方利益的衡量

一、什么是地方利益

要搞清楚什么是地方利益,先搞清什么是利益。霍尔巴赫认为:"人们所谓的利益,就是每个人按照他的气质和特有的观念,把自己的安乐寄托在他上面的那个对象;由此可见,利益就只是我们每个人看作是对自己的幸福所不可少的东西。"[①] 这个定义揭示了利益对人们的作用,即幸福,但将利益主体仅局限于个人,忽略了个人以外的利益主体,如企业、政府、

---

① 霍尔巴赫:《自然的体系》,商务印书馆1964年版,第270—271页。

地方等。苏宏章认为:"所谓利益,就是在一定的社会形式中由人的活动实现的满足主体需要的一定数量的客体对象。"① 这个定义虽然简单,但比较全面,包括了利益主体、客体、利益的自然基础(需要)、社会基础(社会形式)、社会内容(人的活动)、实现过程(满足)和量的规定性等内容。

关于什么是地方利益的问题,人们的看法不同。笔者比较赞成全治平、江佐中的观点:"地方利益是指地方在经济上的好处。凡是在经济上对某个地方有利的东西,都属于该地方的经济利益。任何个人、企业事业单位或者经济管理部门,只要与地方经济活动发生联系,便感觉到它的存在。它是地方经济活动的物质动因。"② 这个概念包括了以下几层含义:

一是指出了地方利益的主体:个人、企事业单位和地方政府。它们是地方利益的获得者、享受者。只要地方利益这块蛋糕做大了,它们才有可能多分一些。

二是指出了地方利益的客体:主体追求的对象,地方利益本身。凡是对地方有利的东西,都属于地方利益。它可能是有形的,也可能是无形的,但只要与地方经济活动发生联系,便可以感觉到它的存在。

三是指出了地方利益的功能:地方经济活动的物质动因。我们已经知道个人利益是经济活动最原始的动力,而地方利益则是放大了的个人利益。尽管它不如个人利益那么直接,但关系到个人利益能否实现和在多大程度上实现的问题,所以构成了地区经济活动的物质动因。

二、地方利益形成的条件

任何事物的形成都是有条件的,地方利益形成的条件是什么呢?

(一)生产要素的不完全流动性

生产要素的不完全流动性,是指劳动、资本等生产要素在地区之间是

---

① 苏宏章:《利益论》,辽宁大学出版社 1991 年版,第 21 页。
② 全治平、江佐中:《论地方经济利益》,广东人民出版社 1992 年版,第 3 页。

可以流动的，但又不能完全自由地流动。如果能够完全自由地流动，那么如果某个地区存在高于别的地区的利益，其他地区的生产要素就会蜂拥而入，抢夺这块利益，导致该地方利益被平分，地方利益便不复存在。生产要素在地区之间流动要付出成本，如运输成本、谈判成本、地方保护造成的成本等，统称交易成本。正是生产要素的不完全流动性，使地方利益具有了差异性。

（二）经济活动的不完全可分性

经济活动包括很多环节，如生产、分配、交换、消费等。这些环节在地域上是可分的，如某产品在甲地生产，乙地销售；或在甲地生产部分零件，乙地生产部分零件，运到丙地组装。但是，这种可分性是受到限制的，是不完全的。即使排除地方保护主义的因素，这种限制仍然存在，它来自各地区要素禀赋的不同。有的地方资本比较充裕，劳动力比较缺乏，这种情况下硬要把资本密集型的产品从资本充裕的地方迁出去，就要蒙受经济上的损失。这种经济活动的不完全可分性就使得地方利益具有了趋向性。

（三）经济活动的外部性

外部性是指，一个人、一个组织或一个地区实施了某种直接影响其他人、其他组织或其他地区的行为，既不用赔偿，也得不到赔偿。不用赔偿是在实施了负的、消极的外部性的时候，如被污染的河水流向了下游；得不到赔偿是在实施了正的、积极的外部性的时候，如先进技术向周边地区的扩散等。外部性的存在使人们关注到了地方利益，形成了地方利益的邻接性。

地方利益正是因为有了这三个条件才得以形成。地方利益一旦形成，就具有差异性、趋向性和邻接性。

三、国内生产总值

正如人们用挣多少钱来衡量一个人的收入多少一样，人们用国内生产总值（GDP）来衡量一个地方的利益的多少。一个地方创造的 GDP 越多，它的地方利益就越多；创造的 GDP 越少，它的地方利益就越少。

（一）国内生产总值的概念

国内生产总值（GDP）是指经济社会（一国或一地区）在一定时期内运用生产要素所生产的全部最终产品（物品和劳务）的市场价值之和。

国内生产总值（GDP）的概念包含下面几个意思：（1）GDP 是一个市场价值的概念。这是因为最终产品多种多样，只有折合成市场价值才能加总。（2）GDP 测度的是最终产品的价值，而不是中间产品的价值，这样可以避免重复计算。（3）GDP 是一定时期所生产而不是所售卖掉的最终产品价值，剩下没卖掉的产品可看成企业自己买下来的存货投资。（4）GDP 是流量而不是存量。流量是一定时期内发生的变量，存量是一定时点上存在的变量。比如收入是流量，财富就是存量。（5）GDP 是一个地域概念而不是国民概念。也就是说不管你是本地人外地人，只要是在在本地生产的最终产品，其价值都计入本地的 GDP。而本地人到外地生产的最终产品，其价值是要计入外地的 GDP 中去的。（6）GDP 仅指市场活动导致的价值，而像家务劳动、自给自足生产等非市场活动所创造的价值不计入 GDP。

> 【练习】下列项目是否计入 GDP？为什么？（1）购买一辆用过的卡车；（2）购买普通股票；（3）购买一块地产；（4）购买公司债券所获利息；（5）购买政府债券所获利息；（6）企业向政府缴纳的间接税。

购买用过的卡车不计入 GDP，因为它在出厂时已计入当年的 GDP 了。购买股票也不计入 GDP，因为这是一种产权转移活动，而不是实际的生产经营活动。购买地产也不计入 GDP，因为土地不是最终产品。购买公司债券所获得的利息要计入 GDP，因为这是公司从人们手中借到了钱用于生产，创造了价值，付给人们提供资本这种生产要素的报酬。购买政府债券所获得的利息不计入 GDP，因为政府借的债不一定投入生产活动，往往用于弥补财政赤字。公债利息是从纳税人身上取得的收入加以支付的，习惯上被看成是转移支付。企业向政府缴纳的间接税要计入GDP，因为企业会通过提高产品价格的方式把它转嫁给消费者，使消费者的支出增加。

为了对不同时期的国内生产总值进行比较，就得选择某一年的价格水平作为标准，各年的国内生产总值都按照这一价格水平来计算。这个特定的年份就是基年，这一年的价格水平就是不变价格。用当年价格计算的GDP叫名义GDP，用不变价格计算的GDP叫实际GDP。

衡量地方利益还可以用以下指标：(1) 国民生产总值（GNP），它是指一国国民所拥有的全部生产要素在一定时期内所生产的全部最终产品（物品和劳务）的市场价值之和。(2) 国民生产净值（NNP），它是一个国家在一年中净生产的最终产品和劳务的市场价值的总额。国民生产净值=国民生产总值-资本消耗。(3) 国民收入（NI），它是指各种生产要素在现期商品和劳务的生产过程中获得的收入总额。国民收入=工资+利息+利润+租金。(4) 个人收入（PI），个人收入=国民收入-公司未分配利润-公司所得税及社保税+政府给个人的转移支付。(5) 个人可支配收入（DPI），个人可支配收入=个人收入-税金。

（二）国内生产总值的核算办法

1. 用支出法核算GDP

用支出法核算GDP，就是核算经济社会在一定时期内消费、投资、政府购买以及净出口这几方面支出的总和。消费，包括购买耐用消费品、非耐用消费品和劳务的支出。投资，指增加或更换资本资产（包括厂房、住宅、机械设备及存货）的支出。政府购买，指各级政府购买物品和劳务的支出。如给公务员发工资、盖学校修公路、购买飞机大炮等。净出口，指出口（用X表示）和进口（用M表示）的差额，即X-M。

用支出法计算GDP，就是将消费支出（C）、投资支出（I）、政府支出（G）和净出口这几项都加起来，即：

$$GDP = C + I + G + (X - M)$$

> 【练习】 下列项目是否是投资？为什么？（1）购买住宅；（2）购买债券和股票；（3）折旧；（4）某厂因产品滞销而导致的存货增加；（5）邻居为孩子读书而购买的教育基金；（6）小李向房东租的房子。

购买住宅是投资，投资分为固定资本投资和存货投资，住宅像别的固定资产一样是长期使用、慢慢消耗的。购买债券和股票不是投资，经济学意义上的投资指增加或更换资本资产（包括厂房、住宅、机械设备及存货）的支出，而人们购买债券和股票并没有增加或更换资本资产，所以不算投资。只有当公司从人们手中取得了出售债券或股票的货币资金再去购买或更换厂房或机器设备时，才算投资。折旧属于投资，叫重置投资。既然资本物品会损耗，损耗了就要重新购置。重置投资是用于重新购置资本设备的投资。总投资 = 净投资 + 重置投资。存货是投资，叫存货投资。购买教育基金和租房子不是投资，因为它们和增加、更换资本资产没有直接关系。

2. 用收入法核算 GDP

用收入法核算 GDP 即用要素收入亦即生产成本来核算国内生产总值。按收入法计得的国内生产总值为：

GDP = 工资 + 利息 + 利润 + 租金 + 间接税 + 企业转移支付 + 折旧

为什么要把企业转移支付计入 GDP？企业转移支付包括社会慈善捐款和消费者呆账。之所以要把它计入 GDP，是因为羊毛出在羊身上，企业会像间接税一样，把这笔支出通过提价转嫁给消费者，使要素收入减少。

（三）GDP 指标的意义和局限性

GDP 指标比起我国在计划经济时期使用的工农业生产总值等指标来说要进步得多，因为工农业生产总值有重复计算问题，GDP 没有；工农业总产值没有包括服务行业，GDP 中包括了，等等。但 GDP 指标的局限性也是不能忽视的：（1）不能反映社会成本；（2）不能反映经济增长方式付出的代价；（3）不能反映经济增长的效率和效益；（4）不能反映人们的生活质量；（5）不能反映社会收入和财富分配状况。

> 【案例】 我国GDP核算采取国家统计局统一制定的国家和地区分级核算的方法，即国家统计局计算全国的GDP，各省、自治区、直辖市统计局计算本地区的GDP。按理说这两者计算的GDP数据应该一致，但实际上始终存在着差距，2004年地区GDP汇总增速超出全国GDP增速3.9个百分点。问：这是什么原因？

从国民经济核算理论来讲，一个国家的GDP应该等于各地区GDP之和，但在实际操作过程中很难做到完全相等，这是因为地区汇总数据与国家相应的数据并不完全一致。两者之间存在一定差距是难免的，但这种差距不能太大，一般相对差在±3%的范围内是可以接受的。但我国从1997年开始，两者差距已超出合理范围。这在很大程度上是由于地方政府的虚报浮夸风造成的。为此，一方面要改变仅仅用GDP来考核地方官员政绩的做法，减轻地方政府这方面的压力；另一方面要加大依法统计的力度，使地方的统计数字真实可信。

第二节 地方利益的最大化

增加地方利益是地方政府的职责，为此就得增加投入。那么是不是投入越多地方利益就越多呢？不是，因为这里还有一个边际收益递减规律。

一、边际收益递减规律

什么是边际收益？边际收益就是每增加一个单位生产要素所增加的收益。

> 【案例】 有人做过这么一个试验，请来8个志愿者，先让他们单独用力拉绳，分别记录他们的拉力。然后把他们分成2人组、3人组

> 和8人组，要求各组用尽全力拉绳，再分别测试各组的拉力。最后将每个组的拉力和每个人的拉力相比较，结果发现：2人组的拉力只是这两个人单独拉绳时拉力总和的95%；3人组的拉力只是这3个人单独拉绳时拉力总和的85%；而8人组的拉力则降到这8个人单独拉绳时拉力总和的49%。不是说人多力量大吗？为什么会出现这种情况？

这是因为单独拉绳时每个人的责任心都很强，都拼了全力并占据了最好的位置、采用了最能发力的姿势；而几个人一起拉绳时，有的人因为责任心减少，会松懈甚至偷懒，这种人被称为"搭便车者"。还有的人因为几双手、十几双手同时拉一根绳子，无法占据最好的位置、采用最能发力的姿势。所以，多人拉绳时的拉力要小于这些人单独拉绳时拉力的总和，而且人越多这种效果越明显，这种 1+1<2 的现象就反映了边际收益递减规律。边际收益（产量或报酬）递减规律是指，在其他投入不变的情况下，当变动要素投入量增加到一定数量后，继续增加变动要素的投入会引起该要素边际收益（产量或报酬）递减。

边际收益递减规律是个普遍规律，因为"搭便车者"的存在是一种普遍现象。中国有句古话："一个和尚挑水吃，两个和尚抬水吃，三个和尚没水吃"。这是因为随着和尚数量的增加，每增加一个和尚所增加的责任心在减少。街上有人摔倒，很多人围观却没人相救。这是因为随着围观者数量的增加，每增加一个围观者所增加的责任心在减少。为什么人民公社垮台、国有企业经营不善？这是因为人民公社和国有企业的所有者很多，每增加一个所有者所增加的责任心在减少。

因为边际收益递减规律在起作用，所以如图 2-1 所示，总收益曲线 TR、平均收益曲线 AR 和边际收益曲线 MR 都是先随着要素的增加而增加，增加到一定程度就先后开始下降。MR 下降得最快，先是交于 AR 的最高点，然后和横轴相交。

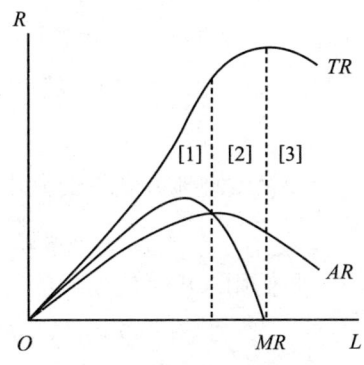

图 2-1　边际收益递减规律

和横轴相交时 TR 最大（这些结论都是可以用数学方法证明的）。这样就把生产分成了 [1]、[2]、[3] 三个阶段。要素的投入最多到第 [2] 阶段，这时虽然边际收益和平均收益都在下降，但总收益还在上升。如果要素的投入到了第 [3] 阶段，则所有的收益都在下降。

二、地方利益最大化原则

因为反映地方利益的指标 GDP 是个产出的概念，没有计算投入即成本，所以，为了准确地衡量地方利益，就必须把成本因素考虑进去。也就是说，地方利益相当于利润，它等于总收益减去总成本。怎样才能实现地方利益的最大化？这里有一个利润最大化的原则。

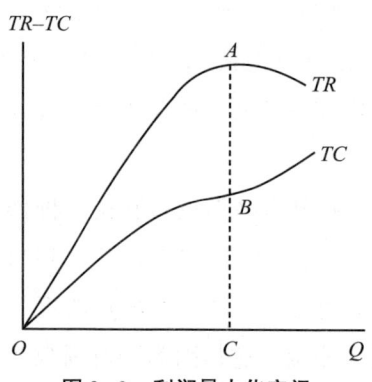

图 2-2　利润最大化空间

我们先看总收益的变化：起初随要素的增加总收益也增加，增加到一定程度后开始减少。这是因为边际收益递减规律在起作用。我们再看总成本的变化：刚开始要素的加入有个适应过程，所以成本增加得快；后来熟练了，成本的增加减缓；最后要素也会"疲劳"，成本又很快增加。现在把总收益和总成本放在一块来看地方利益的变化。如图 2-2 所示，TR 表示总收益，TC 表示总成本，它们所夹的部分就是总收益减去总成本，即地方利益。随着要素数量 Q 的增加，地方利益由小变大，到达 C 时达到最大，为 AB，然后又变小。可见，存在地方利益最大化的要素投入。

怎样实现地方利益最大化呢？设地方利益为 $\pi(Q)$，就有：

$$\pi(Q) = TR(Q) - TC(Q)$$

我们用求极大值的办法，对利益函数求导并令导数为零，就有：

$$d\pi(Q)/dQ = dTR(Q)/dQ - dTC(Q)/dQ = 0$$

得 $dTR(Q)/dQ = dTC(Q)/dQ$，即 $MR = MC$。

MR 是边际收益,是每增加一单位要素所增加的收益;MC 是边际成本,是每增加一单位要素所增加的成本。如果 $MR \neq MC$,说明经济活动存在改善的空间。当 $MR>MC$ 时,需要增加产出;当 $MR<MC$ 时,需要减少产出。这两种调整被称作帕累托改进。当 $MR=MC$ 时,地方利益达到最大化,这种状态被称为帕累托最优。

帕累托改进和帕累托最优的概念是意大利经济学家帕累托提出来的,帕累托改进是指如果一项改变能使一些人的处境变好,而其他人的处境不会变坏,这种变化就是帕累托改进。不能进行帕累托改进的状态就是帕累托最优状态。帕累托最优表明,这时任何调整都不可能在不使其他人状况变坏的情况下而使任何人的境况变好。

【案例】 假定有一个30座的客车,在这个客车没有满载之前,每增加一个乘客就是一个帕累托改进。当座位都坐满了以后,就达到了帕累托最优状态。因为这时如果有人想占两个座位,以使自己舒服些,就有人得站起来,他的处境会变差。

通俗地说,如果我们每一个人在不损害其他人利益的前提下还有可能争取自己的利益,那尽管去争取好了,这叫帕累托改进。但如果到了要争取自己的利益就必然要损害其他人利益的地步,也就是说已经不存在帕累托改进的空间了,这时就达到了帕累托最优状态,就不要做任何变动了。帕累托最优状态与马克思在《共产党宣言》中说的"自由人的联合体"的概念比较接近,在自由人的联合体那里,"每个人的自由而全面的发展是一切人自由发展的条件"。如果你为了自己的自由发展而影响到了其他任何人的自由而全面的发展,你就不能这么做了,否则就达不到帕累托最优状态,也不符合自由人联合体的要求。有人以为经济学教人不择手段地去追逐个人利益,这显然是一种误解。帕累托最优的概念让我们懂得经济学为个人利益的追求设置了边界,在这个边界之内每个人对个人利益的追求在"看不见的手"的作用下是能够促进社会的公共利益,在这个边界之外则不然。

有了帕累托最优状态原则,我们就不能盲目地增加投入,而应该考虑每增加一个单位要素能增加多少收益，增加多少成本。当增加的收益等于增加的成本时，即边际收益等于边际成本时，地方利益就实现了最大化，也就是说实现了帕累托最优。这时就不要再增加投入了，增加了也是浪费。

第三节 地区间的竞争

由于资源是有限的，各地方为了自己的利益必然会展开激烈的竞争。地区竞争就是地方利益主体为了实现地方利益而与其他地方利益主体进行的角逐。地区竞争对国家的发展和各地区利益的增进是有好处的。著名经济学家张五常就认为，地区竞争是我国改革开放取得显著成效的重要原因之一。

一、地区间的竞争与企业竞争

地区间在经济领域的竞争归根到底是地区间企业的竞争。

第一，尽管个人、企事业单位和地方政府都会参与地区竞争，但地区竞争主要还是地区间企业的竞争，这是因为生产要素只有通过企业才能整合在一起形成生产力。个人、事业单位和地方政府之间的竞争主要是围绕企业竞争展开的，企业发展了，地方经济才能上去；企业不发展，地方经济就上不去。

第二，企业竞争的不完全性。由于各地区处在不同的地理位置，因此拥有的资源不同，同样产品在不同地区的价格和消费群体也不同。有差别就有垄断，因此企业竞争是不完全的竞争。

第三，地区竞争既包括市场竞争，又包括非市场竞争。市场竞争包括引进人才、引进投资、扩大内需、增加政府购买和净出口的竞争。非市场竞争，如有的地方为保护本地区产业，地方政府会采用行政手段限制外地产品的进入等。

第四,地区竞争是区内企业竞争的延伸与扩展。区内的企业在竞争激烈的时候,会争相对区外甚至国外的企业压低价格,并不考虑地区利益或者国家利益是否会因此受损。因此,地方利益往往服从于企业的利益。

第五,地区竞争是跨区域竞争。一般竞争中有"酒香不怕巷子深"的说法,那是因为距离还不足够远。如果距离远到运输成本与边际成本之和等于或大于消费者愿意支付的最高价格时,消费者便不会舍近求远。这就有了邻近地区和非邻近地区之分。邻近地区是指该地区消费者愿意支付的最高价格大于运输成本与边际成本之和;否则就是非邻近地区。

二、地区间企业的非完全竞争性

地区竞争主要是地区间企业的竞争,而地区间企业的竞争都是不完全竞争。这是因为不同地区处在不同的地理位置上,近处的企业便自然在自己的邻近地区形成一定程度的垄断。所以,地区间企业的竞争分三种类型:区域垄断、区域垄断竞争和区域寡头竞争。

(一)区域垄断

区域垄断是指在邻近地区只存在一个企业、不存在竞争的市场结构。即使全国存在多个同类企业,只要其他企业都分布在非邻近地区,这个企业在该邻近地区仍属区域垄断。

由于邻近地区只有一个企业,所以市场的需求曲线就是区域垄断企业的需求曲线,它是一条向右下方倾斜的曲线。这时需求量增加一个单位平均收益就增加一个单位,所以平均收益曲线 AR 和需求曲线 D 是重合的;又因为边际收益是递减的,所以 MR 在 AR 的左下方。因为总成本曲线的形状接近三次函数,将它除以 q 是平均成本,成了二次函数;对它求导是边际成本,也是二次函数。可见平均成本曲线 AC 和边际成本曲线 MC 都表现为先降后升的"U"字形曲线,只是 MC 在它的上升段交于 AC 的最低点(证明过程略去)。企业为了实现利润最大化,须满足 $MR=MC$ 的条件,于是其要素数量就由 MR 和 MC 的交点确定,为 q_0。这时平均收益为

$q_0A=OP_0$,平均成本为 $q_0B=OF$。所以,区域垄断企业的超额利润 $FBAP_0=$ 总收益 Oq_0AP_0- 总成本 Oq_0BF,即图 2-3 中的阴影部分。

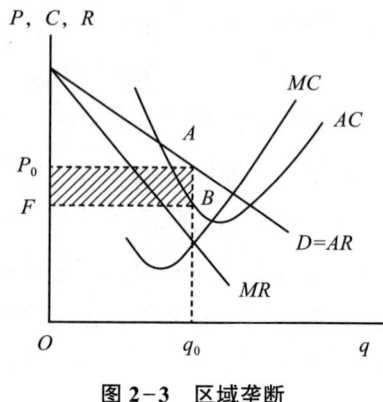

图 2-3 区域垄断

(二)区域垄断竞争

区域垄断竞争是指在邻近地区存在很多个同类企业、出售相近但非同质、具有差别的商品的市场组织。因为有差别,就产生垄断;又因为性能相近,具有替代性,就会有竞争。所以,垄断竞争是一种既有垄断又有竞争的市场结构。

短期内区域垄断竞争市场与区域垄断市场相像,企业可以凭借产品差别获得超额利润,如图 2-4 左图所示。但在长期,厂商不仅可以调整生产规模,还可以加入或退出该市场。该市场如果存在超额利润,其他厂商就会加入,产品多了价格就下降了,如图 2-4 右图所示,D 就会下移到和 AC 相切,超额利润就会消失。这时别的厂商不再加入该市场,原有的厂商也不退出该市场,于是市场实现了均衡,即处于相对静止的状态。

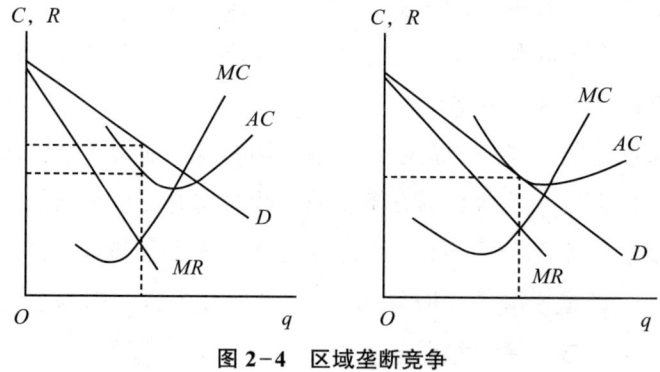

图 2-4 区域垄断竞争

(三)区域寡头竞争

区域寡头竞争是指在邻近地区存在几个同类企业,每个企业都会对竞争对手的行动作出相应反应的地区间市场结构。寡头竞争的情况比较复杂，很难像完全垄断和垄断竞争那样用曲线来表示其均衡。这里介绍一个用支付矩阵表示的方法，为此先介绍博弈论里的一个重要概念：纳什均衡。纳什均衡是指这样一种均衡，在这一均衡中，每个参与人都确信，在给定其他参与人策略的情况下，他选择了最优策略以回应对手。

> 【故事】 猪圈里有一大一小两头猪。猪圈的一头有一个猪食槽，另一头有一个按钮，只要按一下按钮，就有8个单位的猪食进入猪食槽。不管谁去按按钮，不光要自己损失2个单位猪食的热量，还会让另一头守在猪食槽边上的猪先吃到食。如果大猪先吃，可吃7个单位，小猪后吃只能吃1个单位；如果小猪先吃可吃4个单位，大猪后吃只能吃4个单位；如果两头猪同时都去按按钮再跑回来吃，大猪可以吃5个单位，小猪可以吃3个单位；如果两头猪都不去按按钮，就都吃不上食。问：最后是大猪还是小猪去按了按钮？

这个博弈叫"智猪博弈"。求解方法是：首先画出支付矩阵，如图2-5所示，将不同情况下每头猪所吃猪食减去它按按钮的成本之后的净支付水平列出来。在大猪按按钮小猪也按按钮这一档里之所以填"3，1"，是因为根据已知条件，两头猪都去按按钮，大猪可以吃5个单位，但它跑回来要损失2个单位，所以只剩3个单位；小猪可以吃3个单位，但它跑回来要损失2个单位，所以只剩1个单位。同样，在大猪按按钮小猪等待之一栏里之所以填"2，4"，是因为大猪去按按钮再跑回来，损失了两个单位热量，所以热量为4-2=2，小猪先吃食，吃到了4个单位。在大猪等待小猪按按钮这一栏里之所以填"7，-1"，是因为大猪先吃可得7个单位，小猪后吃得1个单位，再扣除跑回来损失的2个单位，就只能是1-2=-1了。最后一栏里填"0，0"，是因为大猪小猪都等待，就只能谁也吃不到食了。

然后，分别从每头猪的角度针对对方的不同策略找出对自己最有利的选择（即最大的数字），

		小猪	
		按按钮	等待
大猪	按按钮	3, 1	2, 4
	等待	7, -1	0, 0

图2-5 智猪博弈

并在该数字下划一杠。如从大猪角度出发，针对小猪按按钮的策略，它按按钮可吃 3 个单位，等待可吃 7 个单位，7>3，就在 7 下划一杠；针对小猪等待的策略，它按按钮可吃 2 个单位，等待可吃 0 个单位，2>0，就在 2 下划一杠。再从小猪角度出发，针对大猪按按钮的策略，它按按钮可吃 1 个单位，等待可吃 4 个单位，4>1，就在 4 下划一杠；针对大猪等待的策略，它按按钮可吃 –1 个单位，等待可吃 0 个单位，0>–1，就在 0 下划一杠。

最后，看哪个方框里有两道杠，那个方框的策略就是对双方都有利的策略，即"纳什均衡"。可见，智猪博弈的纳什均衡是大猪去按按钮小猪等待。

"智猪博弈"看起来像个智力游戏，其实是个博弈论模型。如果把"大猪"、"小猪"换成"大企业"、"小企业"，可以解释为什么大企业做广告、搞研发而小企业不做广告、不搞研发；换成"大股东"、"小股东"，可以解释为什么大股东监管企业而小股东不去；换成"发达地区"、"落后地区"，可以解释为什么新产品、新技术出自发达地区而不是落后地区。等等。

第四节　实现地方利益的主要障碍

由于地区竞争主要体现在地区企业的竞争上，而地区企业的竞争又都是不完全的竞争，这就影响了地方利益的实现。即使企业在主观上遵循了利润最大化的原则，客观上也会因为垄断的存在对地方利益造成损害。下面以完全竞争市场为参照系对这种损害进行评估。

一、作为参照系的完全竞争市场

地方政府的职能是使资源配置达到帕累托最优，而要使资源配置达到帕累托最优,必要条件之一就是完全竞争。所以,完全竞争市场是我们衡量地方利益实现程度的一个参照系。

完全竞争市场是竞争不受任何阻碍的市场结构。它具备以下一些条件:

(1)市场上有大量的买者和卖者。每一个买者的需求量和卖者的供给量只占整个市场份额的很少部分,不会对市场价格水平产生任何影响,只能被动地接受既定的市场价格。

(2)市场上每一个厂商提供的商品都是完全同质的。这种同质性不仅指商品质量、规格、商标,还包括购物环境、售后服务。这样一来,任何厂商想要通过产品差别来影响市场价格都是不可能的。

(3)所有的资源具有完全的流动性。这意味着厂商进出一个行业是完全自由和毫无困难的,自由竞争得以保证。

(4)信息是完全的。这就排除了任何厂商想要隐瞒信息影响自由竞争的可能。

完全竞争市场的价格是由市场的供给和需求决定的,每个厂商只是市场既定价格的被动接受者,所以厂商的需求曲线是一条由既定市场价格水平出发的水平线。价格为常数的情况下,平均收益曲线、边际收益曲线与需求曲线重合。所以,完全竞争厂商的平均收益曲线 AR、边际收益曲线 MR 和需求曲线 d 重叠,它们都用同一条由既定价格水平出发的水平线 d($AR=MR$)来表示。

边际收益 MR 等于边际成本 MC 是厂商实现利润最大化的均衡条件,因此图 2-6 中 MC 和 d($AR=MR$)交于 E 点,决定了利润最大化的产量为 Q_0。这时,总收益为 OQ_0EP_0,总成本为 OQ_0fg,有超额利润 $gfEP_0$(阴影部分)存在,于是就吸引别的厂商加入,导致价格下降,d($AR=MR$)下移,一直到与 AC 曲线最低点相切,如图 2-7 所示。这时超额利润消失,既没有厂商加入,又没有厂商退出,实现了均衡。

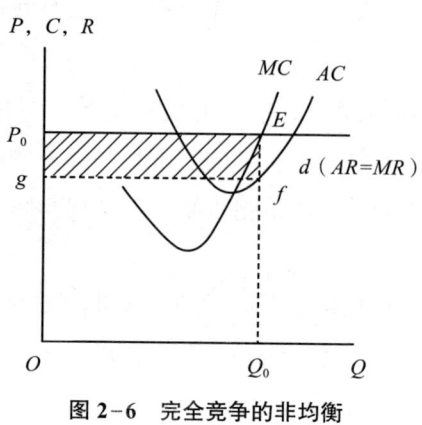
图 2-6 完全竞争的非均衡

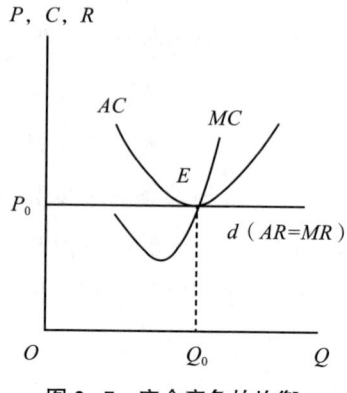
图 2-7 完全竞争的均衡

二、垄断造成低效率

地区企业的竞争都是不完全竞争，不论是完全垄断、垄断竞争还是寡头竞争，都有垄断的成分。其中垄断竞争市场的垄断程度较轻，我们拿它与完全竞争市场相比较，看都处于均衡状态时哪个的效率更高。

图 2-8 中，$d(MR=AR)$ 为完全竞争市场的需求（边际收益、平均收益）曲线，它切于平均成本曲线 AC 的最低点 G；$d(AR)$ 为垄断竞争市场的需求（平均收益）曲线，它切于平均成本曲线 AC 上的 E 点。E 点在 G 点的上方，这决定了：

（1）完全竞争的产量 $ON>$ 垄断竞争的产量 OM；

（2）完全竞争的价格（成本）$OH<$ 垄断竞争的价格（成本）OF；

（3）完全竞争的总产值 $ONGH>$ 垄断竞争的总产值 $OMEF$。

可见，垄断竞争与完全竞争相比，产量低、成本高、价格高、产值低，总之是效率低。垄断竞争尚且如此，完全垄断和寡头垄断就更不用说了。所以，垄断导致了低效率。

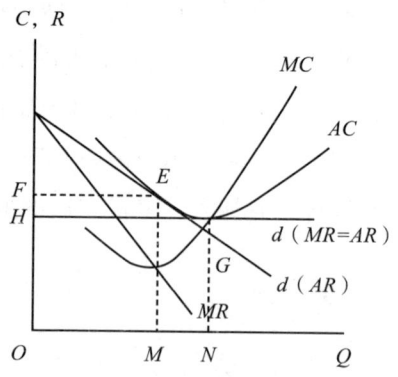
图 2-8 不完全竞争的低效率

但是，我们不能因此就反对所有的垄断，因为有些垄断还是必要的。垄断根据其形成原因分为几种：第一种是规模经济的需要，如一个城市的自来水由一家公司供给比较经济，否则几家公司都来安装自来水管就会造成浪费。这样的垄断称为"自然垄断"，是必要的。第二种是某些企业由于发明创造申请了专利，限制了其他企业的进入。这种垄断称为专利垄断，它能保证发明创造有回报，也是必要的。第三种是市场竞争形成的垄断，市场竞争中的赢家凭实力和策略将竞争对手挤出市场，使自己成为垄断者。这种垄断称为经济性垄断，是否必要存在着争议，如关于微软的反垄断诉讼在学界就有两种不同的意见。第四种就是各级政府及其附属机构运用行政权力，实质性地干涉和限制市场竞争的行为。这种垄断称为行政性垄断，它既会导致低效率，又完全没有必要，所以要反对。

三、行政性垄断的表现

行政性垄断在我国主要表现在以下几个方面：

第一，一些国有大型企业凭借行政垄断地位，不仅控制了资源、市场，而且员工工资超高，引起了人们的强烈不满。这些垄断企业主要来自石油、石化、通信、金融、交通运输、烟草专卖和电力系统。这些企业的员工工资是全国职工平均工资水平的3—4倍，企业高管更是高出十几倍。如果说他们的高收入是企业参与竞争而形成的收入分配秩序，人们也能理解。但问题并不是这样，他们的高收入是因为行政垄断造成的。高工资背后并不是高贡献、高效率，恰好相反，由于垄断扼杀了竞争，使得垄断企业缺乏竞争的动力，效率低下。以某国有大型企业为例，11115.4亿元的庞大体量，却只创造了143.9亿元的利润，人均利润只有1.1万元。某地一个国有发电厂，共有员工190名，而发电机组、功率一模一样的一家民营企业，只有32名员工，而那个国企的工资却比民企还高。这种"高工资低效率"一直为人们所诟病。

第二，一些地方政府为了本地区利益或自己的所谓政绩，利用行政权力搞地区垄断。据巴黎国际研究和发展中心的经济学家庞塞特估计，中国国内各省之间的贸易壁垒在1997年大约相当于46%，而在此前十年前相当于35%，接近于欧盟各国之间或加拿大和美国之间的水平。更糟的是，在进口关税不断下降的同时，各省之间的贸易壁垒从20世纪80年代以来却一直在增加。庞塞特还发现，1997年中国消费者购买本省生产的商品数量是其他省的21倍，而1987年是11倍。也就是说中国各省随国际一体化相伴的却是行政垄断引发的国内市场的分割化。这些年来这种情况有了很大的改变，但地方保护的痕迹仍然不时可以看到。

第三，地方政府通过户籍制度固定地将公民分为城里人和乡下人、本地人和外地人，使他们在工作、入学、社会保障等方面享受不同的待遇，限制了人口的自由流动和公平竞争。农民进城打工，干的是最脏最累的活，住的是拥挤简陋的住房，拿的是微薄的工资，还没有劳保、医保，时常被拖欠工资，孩子入学也受到限制。这个地方的人到那个地方找工作受到限制，用人单位只录用有本市户口的人。不同地区的考生，只因有不同地区的户口，在录取分数线上差别就很大。1999年武汉市理科第三批录取分数线是510分，而北京只要380分。重点线在武汉市是566分，北京却只有460分。在武汉上清华没有650分免谈，而在北京580分足矣。高考录取中的这种明显的歧视行为使人们对社会的公正产生怀疑，武汉学生饶嘉在给《中国青年报》的信中写道："我想大喊一声：这难道公平吗？"① 遗憾的是，十几年过去了，这种状况仍然没有多大改变。

第四，一些地方政府滥用权力，或者违背中央精神，制定土政策，搞"上有政策，下有对策"；或者给企业和老百姓办事设置很多障碍，搞层层审批，处处盖章；或者大搞形象工程、虚假工程，以骗取上级信任或拨款等。上级来视察粮仓了，连夜将别的地方的粮食运来，领导看完再运回去；上级来视察养牛情况了，连夜将别的村的牛牵来，领导看完再牵回去；上级来视察大棚种植了，连夜将大棚盖起来，领导看完连拆都不用拆，任凭它被大风刮走。这些项目是要花钱的，但花的是公家的钱，不是自己的钱，没人心痛。

---

① 见《中国青年报》1999年2月24日。

第五,一些地方政府把管政府机关的一套办法用以管文化、科研和教育部门。大学分副部级、厅级和副厅级,学校内部又是校长、处长、科长说了算,教授只是个职称和待遇,没有权力,发挥不了作用。教师在学术和教学上有了成绩就给个官当,使得教学第一线人才匮乏,不受重视。学校官员既掌握行政资源又掌握学术资源,拿课题和获奖的不是这个长就是那个长,他们没时间搞研究,就利用行政权力组织老师们搞,出了成绩再挂上他们的名。这就导致出现某高校1个副处长的职位竟有8个教授去竞聘的奇葩事。学校长期的官僚化、行政化倾向,挫伤了广大教师的积极性,使人才培养受到了很大的影响。

行政性垄断还有其他一些表现。我国正处在传统计划经济向市场经济转轨的特殊时期,行政垄断十分普遍,所以应引起各级政府的高度重视。

为了克服垄断的弊端,也为了与国际市场接轨,我国于2007年颁布了《中华人民共和国反垄断法》。该法吸收了国际反垄断法的一些有益经验,在总体框架和内容上与大多数国家的反垄断法基本一致,同时也立足于国情,反映了我国当前的经济发展水平。该法规制的不是垄断状态,而是垄断行为。例如经营者达成固定价格、限制产量、划分市场以及串通招投标等协议,拒绝交易、强制交易、搭售、非法的差别价格待遇等,都在该法惩治的范围之内。《中华人民共和国反垄断法》也禁止行政机关和公共组织滥用行政权力限定交易、妨碍商品流通、限制跨地区投资经营等行为。应当说,《中华人民共和国反垄断法》的颁布与实施,有助于遏制经济生活中的各种垄断行为,为建立和完善统一、开放、竞争有序的市场体系奠定了一定的法律基础。但该法也存在一定的局限性,很多行政性垄断没有限制,对国有垄断企业的规制也很不够,而且未对管制行业(如银行、电力、电信等)和寡头企业(如石油、烟草企业)的反垄断法的适用问题作出明确规定。这表明,我国反垄断和竞争体系的建设还有相当长的路要走。

四、不公平、不正当的竞争

和完全竞争相比,不公平、不正当的竞争也会导致低效率。市场经济要想正常发展，市场竞争必须是公平的、正当的。公平竞争就是各竞争者在同一市场条件下共同接受市场供求规律和优胜劣汰规律的评判，各自独立承担竞争的后果。通俗地讲，公平竞争就是在同一起跑线上的竞争。反之，就是不公平竞争。正当竞争是指经营者按照国家法律、法规，遵守社会公认的商业道德，信守诚信原则的竞争。反之，则是不正当竞争。我国早在20世纪90年代初就制定了反不正当竞争法，凡违反此法、损害其他经营者的合法权益、扰乱社会经济秩序的行为都是不正当竞争。比如，假冒或模仿他人注册商标、名称、包装，造成其商品与其他商品相混淆；用贿赂手段销售或购买商品，在账外暗中给对方回扣；捏造、散布虚假信息，诋毁竞争对手商业声誉；用不正当手段向上级部门要官、要项目、要补助，搞所谓"跑部钱进"等。

> 【案例】 2015年10月4日，有网友爆料称，在青岛市乐凌路92号"善德"烧烤店吃饭，点菜时已向老板确认过"海捕大虾"是38元一份，但在结账时变成38元一只，一盘虾要价1500余元。游客报警，民警来了，说这事不归我们管，走了。再打110，民警不出警。老板拿棍子威胁，反报警说"有人吃霸王餐"。110回来了，还是不管。物价局、政务热线都说管不了。直到事件曝光，当地立案，烧烤店被罚款9万元关门了事。

这件事出来以后，网上出了很多段子，青岛乃至山东人的形象严重受损，青岛乃至山东省的旅游事业也受到影响。山东的朋友愤愤不平：宰客处处有，为何灾难降临到青岛？有人认为这是权力的傲慢导致事件不可收拾。我们认为"冰冻三尺非一日之寒"，当地政府平日就对不公平、不正当竞争熟视无睹，才会造成这样的事情发生。否则烧烤店老板不会这么嚣张，公安、物价、政务热线等部门也不会管不了。解决的办法不是罚款了事，应以此为鉴，举一反三，完善各项规章制度，明确各部门的责任，在日常执法中就要对不公平、不正当竞争采取零容忍的态度，才能在关键时刻不出漏洞，维护好地区的形象。

本章小结

地方利益是地方政府经济学的逻辑起点,它是指地方在经济上获得的好处。地方利益形成的条件是:要素的不完全流动性、经济活动的不完全可分性、经济活动的外部性。地方利益的衡量指标是GDP,即一个地区在一定时期内运用生产要素所生产的全部最终产品的市场价值之和。GDP的核算办法主要有支出法,即:GDP=消费支出(C)+投资支出(I)+政府支出(G)+净出口(X-M);收入法,即GDP=工资+利息+利润+租金+间接税+企业转移支付+折旧。

边际收益是每增加一个单位生产要素所增加的收益,它有递减的趋势,被称为边际收益递减规律。边际成本是每增加一个单位生产要素所增加的成本。地方利益最大化的原则是边际收益等于边际成本。帕累托改进是指如果一项改变能使一些人的处境变好,而其他人的处境不会变坏,这种变化就是帕累托改进。不能进行帕累托改进的状态就是帕累托最优状态。帕累托最优状态与"自由人联合体"的概念比较接近。

地区之间的竞争主要是地区间企业的竞争,而地区间企业的竞争有邻近地区与非邻近地区之分。近处的企业能在自己的邻近地区形成一定程度的垄断。所以,地区间企业的竞争是不完全竞争,它分三种类型:区域垄断、区域垄断竞争和区域寡头竞争。区域垄断是指在邻近地区只存在一个企业、不存在竞争的市场结构。区域垄断竞争是指在邻近地区存在很多个同类企业、出售相近但非同质、具有差别的商品的市场组织。区域寡头竞争是指在邻近地区存在几个同类企业,每个企业都会对竞争对手的行动作出相应反应的地区间市场结构。与完全竞争相比,垄断会导致低效率,尤其是行政性垄断,以及不公平、不正当竞争,是实现地方利益的主要障碍。

思考题

1. 什么是GDP?它有哪两种核算办法?
2. 某地区在某时期发生了以下活动:(1)某农场主支付15万美元工

资给农业工人，种植了 100 吨小麦卖给一面粉厂，售价 20 万美元。（2）面粉厂支付 10 万美元工资给工人，制造了一批面粉卖给面包商，售价 50 万美元。（3）面包店支付 20 万美元工资给面包师，烘烤出一批面包卖给消费者，总售价 100 万美元。

（1）用最终产品法计算 GDP；（2）用收入法计算 GDP。

3. 什么是边际收益递减规律、利润最大化原则、帕累托改进、帕累托最优状态？

4. 在 20 世纪 60 年代，很多航空公司都遵循一个简单规则，就是只有乘坐率在 65% 以上时，它们才提供飞行服务，因为根据盈亏平衡分析，乘坐率在 65% 以下会亏本。但是美国大陆航空公司却不是这样，乘坐率在 65% 以下只要达到 50% 它们也飞行。当该公司宣布了这项政策后，它的股东们很愤怒，其竞争者也在等着看笑话。结果，该公司的利润却在继续增长。这是为什么？

5. 请画图说明区域垄断市场的超额利润是怎样形成的？

6. 钓鱼岛是中国固有领土，中国拥有无可争辩的主权。假设中日关于钓鱼岛只有两种选择：争夺主权和搁置争议，试说明这个博弈的纳什均衡是什么？我国政府应采取什么样的策略？

第三章

两极分化

在市场经济条件下，地区竞争的一个直接后果就是两极分化。这一章主要讲什么是两极分化、两极分化产生的原因、后果及其治理方法。

第一节 两极分化及其后果

一、两极分化的概念

关于什么是两极分化，人们有不同的理解。一种理解就是穷的越来越穷，富的越来越富，穷和富都向着极端化发展。这种情况比较少，因为社会总是在进步的，生产力总是在发展的，除非遇到战争、自然灾害或政治运动等特殊情况，穷的地方再穷也比过去要好。另一种理解就是认为两极分化是一个相对的概念，尽管穷的地方比过去要好，但它和富的地方相比，差距仍然很大，甚至有越拉越大的趋势。这种情况比较常见，无论是在我国还是外国，都是存在的。

我国地区间两极分化问题比较突出，主要表现为东部地区和西部地区的贫富差距越拉越大。国家统计局数字表明，1999年东部地区人均GDP为10732元，西部地区为4302元。到2005年，东部地区人均GDP为

22200元，西部地区为8970元。6年间东西部人均GDP差距由6430元扩大到13230元，增加了1倍多。不仅东部和西部之间存在明显的经济差距，各省市区之间、同一省市区的各地市之间、同一地市的各乡镇之间也存在明显的经济差距。

二、洛伦茨曲线和基尼系数

洛伦茨曲线是最常用的判断某一社会收入分配平均程度的曲线。图3-1中，横轴 OP 代表人口累积百分比，纵轴 OI 代表收入（或财产）累积百分比。连接原点与对角的45度直线 OY 是绝对平均线，两条直角边 OP 和 PY 构成的曲线是绝对不平均线。实际的收入分配线即弓形线，A 表示实际收入分配线与绝对平均线之间的面积，B 表示实际收入分配线与绝对不平均线之间的面积。则基尼系数为：

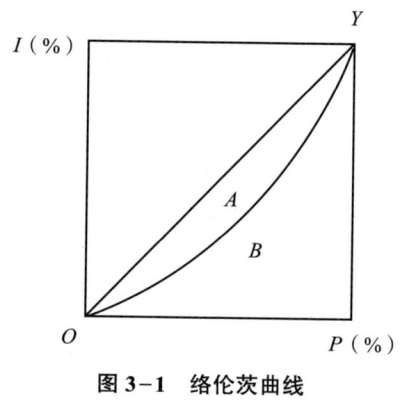

图3-1 络伦茨曲线

$$G=A/(A+B)。$$

基尼系数的性质：

（1）当 $G=0$ 时，收入分配完全平等；

（2）当 $G=1$ 时，收入分配完全不平等；

（3）基尼系数越大，收入分配越不平等；基尼系数越小，收入分配越平等。

国际上通常将基尼系数0.4作为警戒线，高于0.4就要采取措施了，否则将会导致一系列的社会问题。我国在计划经济时代实行平均主义，吃"大锅饭"，那时候基尼系数很低，经济效率也很低。改革开放以后，我们搞市场经济，推行"效率优先、兼顾公平"的政策，允许一些人先富起来，使得经济效率上去了，基尼系数也上去了。到了2014年，据国家统计局统计，我国基尼系数已经达到0.469，超过了警戒线。基尼系数过大，反映了我国贫富差距过大、城乡贫困人口过多的事实。

三、两极分化的后果

不同地区的经济发展水平有差距是正常的，一定的差距还是地区竞争和发展的动力。但这个差距不能太大，太大了就要出问题。两极分化不仅会带来经济问题、社会问题，还会带来信仰问题。

经济问题是指，由于两极分化，降低了社会的消费水平，从而阻碍了国民经济的发展。这个道理很简单，如果穷人很穷富人很富，穷人的边际消费倾向（即每增加一个单位的收入所增加的消费）高，想消费但没有钱，钱都在富人那里；可富人的边际消费倾向低，不想再增加消费，因为已经很奢侈了，再吃也是一个胃，再睡也是一张床。于是大量的钱存放在银行里，大量的产品积压在库房里，社会消费水平不提高，经济发展就受到影响。经济危机大多是生产过剩的危机，两极分化降低了人们的购买力，加大了经济危机爆发的可能。

社会问题是指，由于两极分化，贫困地区和人口的不满情绪增加，会导致社会动乱。社会动乱又反过来影响投资环境，使经济更加萧条，形成恶性循环。落后地区大多是少数民族地区，在当前世界民粹主义盛行和极端主义猖獗的大背景下，两极分化会被坏人利用，加深民族矛盾和分裂主义倾向，破坏祖国的统一和安定团结。

信仰问题是指，两极分化不符合社会正义，会使人们对中国特色社会主义产生怀疑。共同富裕是中国特色社会主义的本质特征，而两极分化与共同富裕背道而驰。在开放和信息的时代，人们会将两极分化的现状与发达的资本主义国家相比，从而产生信任危机、信仰危机。

所以解决两极分化问题不仅是中央政府的事，也是摆在各级政府面前的紧迫任务。

第二节 两极分化的原因

要避免两极分化,就要找到导致两极分化的原因。关于两极分化原因的理论有马太效应论、累积因果论、要素价格论、资源陷阱论和资源优势论等。

一、马太效应论

中国人受孔教的影响,"不患寡而患不均",喜欢搞平均主义;西方人受基督教的影响,讲"马太效应",对两极分化现象能够理解。

【故事】《圣经》马太福音第 25 章讲述了这么一个故事:主人要出远门,临行前交给一个仆人五千两银子,一个仆人二千两银子,一个仆人一千两银子。后来主人回来了,问他们银子的使用情况。第一个仆人说:"主人,你交给我的五千两银子,我已用它赚了五千两。"主人很高兴,说"你对我很忠诚,又很有才能,我要把许多事交给你管理。"第二个仆人说:"主人,你交给我的二千两银子,我已用它赚了二千两。"主人也很高兴,说:"我可以把一些事交给你管理。"第三个仆人说:"尊敬的主人,您的一千两银子还在这里,我把它埋在地里,听说您回来了,赶紧掘了出来。"主人不高兴了,说:"你这个又笨又懒的家伙,浪费了我的钱!"说完夺回了那一千两银子,交给了第一个仆人,并说:"凡是有的,还要加给他,令他有余;没有的,连他所有的也要夺过来。"

《圣经》中类似语录出现多次,其含义可能在于:接受光者,将有更多的光赐下来;拒绝光者,只能进入更深的黑暗。后来,人们用"马太效应"来说明两极分化的情况,如资本、劳动等要素源源不断地流向发达地区，导致发达地区更加发达，而落后地区则因大量"失血"而更加落后。

二、累积因果论

1957年，迈达尔提出了"累积因果论"。他说："市场力的作用倾向于扩大而不是缩小地区间的差距。"① 他认为在地区经济发展中有三种效应在起作用：极化效应、扩展效应和回程效应，正因为极化效应起着主导作用，所以才会导致两极分化。

（一）极化效应

根据迈达尔的理论，任何一个地区，不管是什么原因，只要它的发展达到了一定水平，超过了起飞阶段，就会有一种自我发展的能力，可以不断积累有利因素，为自己的进一步发展创造条件。这是因为：

第一，发达地区积累了科技、交通与通讯、基础设施、资本、消费等方面的优势，会对代表世界经济发展方向的新兴产业如电子电器、生物技术、高级材料等具有很强的吸引力，也会对引领世界潮流的各方面人才具有很强的吸引力。

第二，一个地区经济发展水平越高，就越有可能从规模经济与聚集经济中获得好处。规模经济是指一个企业规模大了分工才能精细，管理人员的效率才能提高，产品才能综合利用，采购原料和推销产品的条件才能更有利。聚集经济是指一个行业的企业聚集在一起，交通、人才、技术、信息等资源可以共享，从而使每个企业的平均成本降低。

第三，由于以上原因，使得发达地区的各经济部门、各生产环节紧密联系在一起，一项企业投资、政府购买或税收优惠，会在整个经济中引起连锁反应，导致地方收入成倍地增加。这叫乘数效应。为什么会有乘数效应？

假设政府购买增加100万元，它会成为一级部门的收入。如果一

---

① Myrdl. G. Fconomic Theory and Underdeveloped Regions, Duckworth, 1957: 16.

级部门把增加收入的80%用于消费（即边际消费倾向为0.8），则又有100×0.8=80万元成为二级部门的收入。如果二级部门把收入的80%用于消费，则又有100×0.8^2=64万元成为三级部门的收入……就这样，增加的100万元政府购买就会在该社会引起连锁反应：

1.0×100万元	100万元
0.8×100万元	80万元
0.8^2×100万元	64万元
+　　……	……
1/（1-0.8）×100万元	500万元

这是个无穷递缩等比数列，其和为原始项乘以1减公比的倒数。最后，这个地区的收入就成了500万元。这就是所谓的"乘数效应"。收入变化与带来这种变化的投资（或政府购买、转移支付、税费减免）的变化的比率，称为投资（或政府购买、转移支付、税收）乘数。显然这里的政府购买乘数为：

$$k=1/(1-b)$$

其中b为公比，这里就是边际消费倾向。

第四，发达地区往往是较高一级政府的所在地，"近水楼台先得月"，较高一级政府的采购、转移支付等会首先照顾到这里，出台的政策也会首先落实到这里。这些优惠条件又会成为发达地区吸引人才和投资的重要因素。

（二）扩展效应

所谓扩展效应，就是随着发达地区经济的发展，欠发达地区会在它们的带动下有不同程度的提高。在发达地区的带动下，欠发达地区可以在下述几方面得到发展：

第一，初级行业及其产品的初级加工工业的发展。随着发达地区产业的集聚，它们必须从更大的范围内寻求初级产品的稳定供应。为此，发达地区的企业会向欠发达地区投资、转让技术、收购产品，从而带动了欠发达地区相关产业的发展。

第二，劳动密集型工业的发展。任何产业的发展都要经历创新、发展、成熟、衰老四个阶段，当创新产业进入发展和成熟阶段以后，生产开始定型，技术含量开始下降，逐步变成了劳动密集型产业。而在发达地区，土地和劳动的价格又在不断上升，这就迫使这些产业向欠发达地区转移。这种现象被称为"外溢"现象。

第三，旅游观光等第三产业的发展。发达地区往往人口密集、交通拥堵、空气污染，于是人们向往那些风景秀丽、空气清新的地方，一到节假日便出去度假、旅游，于是就带动了欠发达地区的旅游业以及餐饮、客运服务业和商业。

第四，对环境有一定污染的产业的发展。随着发达地区人口的集中和生活水平的改善，人们对环境的要求越来越高，环境立法也越来越严。在这种情况下有污染的企业就待不下去了，不得不向欠发达地区转移，以寻求它们的最优区位。

第五，军事工业的发展。出于国防的考虑，军事工业在布局上要求比较分散，于是一些最初依靠发达地区资本技术的军工企业便有计划地向欠发达地区转移。我国曾出现的"三线建设"就是这种情况。

除上面几点之外，由于发达地区就业机会多，会吸引欠发达地区的人们去打工，这些人把挣来的钱寄回家乡，会对欠发达地区的经济发展起到积极的作用。还有，各级政府为了地方经济的均衡发展，会出台一些扶助欠发达地区的政策。中央政府也会在发达地区和欠发达地区之间拉线搭桥，促使它们签订对口支援协议。这都会增强扩展效应。

（三）回程效应

回程效应是在极化效应作用的同时，作为扩展效应的对立面而起作用的。它的存在加速了发达地区的发展。回程效应主要表现在以下几个方面：

一是资金回流。发达地区在扩展效应的作用下向欠发达地区的投资和贷款，是有利息要回报的，欠发达地区如果能够很好地利用这些投资和贷款，利息就能得到保证，回报的利润也很丰厚。欠发达地区由于扩展效应，人们的收入有所提高，但由于消费简单，社会保障相对缺乏，会把更多的钱存入银行。银行又由于当地缺少贷款对象和投资机会，会把这些储蓄投向发达地区，从而加速了发达地区的资本积累。

二是人才回流。计划经济时期发达地区也很困难，时不时还有天灾人祸，很多有头脑的青年人便自主流向边疆，被称为"盲流"。当时的大学生是计划分配，在职人员是计划调动，中央向欠发达地区和边疆分配和调动了很多大学生和技术人员，他们被称为"支边青年"。"文化大革命"后期，又有很多中学生响应号召，从城市来到农村边疆接受再教育。这部分人被称为"知识青年"。现在搞市场经济了，取消了粮食定量，放宽了户口控制，发达地区也发达了，很多"盲流""支边青年"和"知识青年"及其后代便回到了家乡，为发达地区提供了熟练劳动和人才。

三是企业回流。过去由于技术落后，很多原料只有很少一部分可转化为成品，所以不少发达地区的企业都建在原料产地，好就近开采就近生产，产品运到发达地区，废料就近处置。现在技术进步了，原料的利用率大大提高，像原油几乎全都能转化成数百种产品，长途运输变得合算，于是这些企业又回到发达地区，以便就近生产就近销售。过去为了国防需要，很多企业从发达地区迁到欠发达的山区，搞"三线建设"。现在和平发展是国际主流，这些企业又从欠发达地区迁回发达地区，以适应市场经济发展的需要。

在地方经济发展中，极化效应、扩展效应和回程效应都在起作用，极化效应、回程效应使地区差距加大，而扩展效应使差距缩小。地区差距的大小，取决于这三种力量的对比。由于在市场经济条件下极化效应和回程效应的作用要大于扩展效应，所以两极分化是不可避免的。

三、要素价格论

【案例】 在一次世界珠宝拍卖会上，有一颗名为"月光爱人"的钻石一下子就吸引了顾客的眼珠。它晶莹剔透、光彩夺目，最后卖出了8000万美元的最高价。这颗钻石是谁生产的？很多人都在表功。

"梦幻"珠宝公司的老板托尼洋洋得意地说:"我当初决定购买这座矿山开采权的时候,就觉得这里面一定有宝藏,现在果然应验了。"挖掘队队长鲍勃不服气了:"为了挖到这颗钻石,我和同事们付出了艰辛的劳动。我们夜以继日地工作,几乎找遍了矿山的每个角落,好不容易才发现了它。"而向"梦幻"公司提供挖掘设备的厂商却说:"我们公司的机器设备是世界一流的,如果没有我们提供的挖掘机,他们不可能在50米深的矿井中挖到这颗钻石。"最后,南非政府的官员说:"只有在我们国家的土地上才能找到如此宝贵的钻石。在我们的国土下面还埋藏着数不尽的矿藏资源,欢迎各国的企业家来投资开采。"
问:"月光爱人"到底是谁生产的?

在这个故事中,大家都认为"月光爱人"是自己生产的,其实离开了谁都不行。传统理论认为,只有劳动才创造价值,其他的收入都是"剥削"所得或"不义之财"。这是不对的,这种理论既不符合事实,也不利于劳动与其他要素的结合,阻碍了经济的发展。应该说,一个产品的生产离不开劳动、资本、土地和企业家才能这四大要素,而这四大要素分别是由工人、资本家、土地所有者和企业家提供的。所以,"月光爱人"的价值是由工人、资本家、土地所有者和企业家共同创造的,他们也应该得到相应的报酬。工人获得工资,资本家获得利息,土地所有者获得地租,企业家获得利润。工资、利息、地租和利润就分别是劳动、资本、土地和企业家才能的价格。

两极分化的深层次原因是收入的分配问题。收入是按什么在不同地区和人口中分配的?是按该地区和人口所提供的生产要素的价格分配的。价格又是由什么决定的?价格是由市场的供求关系决定的,供不应求时价格就上升,供过于求时价格就下降。所以,发达地区和富人为什么越来越富?是因为他们提供的要素供不应求,价格高;欠发达地区和穷人为什么越来越穷?是因为他们所提供的要素供过于求,价格低。

耶鲁大学的陈志武教授曾研究"为什么中国人勤劳但不富有"这个课题,他从安格斯·麦迪森的《世界经济千年史》中找到了25个国家的劳动时间与人均 GDP 的数据，放在一起一比较，得出了一个惊人的结论：越勤劳的国家，人均 GDP 越低。为什么会这样？这是因为越勤劳的国家劳动越多，工资就越低，所以人均 GDP 也就越低。贫困地区吃亏就吃亏在劳动太多资本太少上，所以贫困地区的劳动者竞相到发达地区去打工，地方政府也竞相从发达地区引进资本。

> 【案例】 美国财经资讯公司彭博 2003 年 8 月 13 日公布的一份报告显示，2002 年美国 243 家大型企业的 CEO 平均年薪已达 1200 万美元。其中年薪最高的是苹果计算机公司的 CEO 斯蒂夫·乔布斯，年薪高达 2.19 亿美元。问：这些 CEO 的年薪为什么那么高？

这是由他们提供的生产要素——企业家才能的供求决定的。在人才市场上，对优秀企业家的需求很大，而供给却很少，因此他们的年薪就很高。越是优秀的企业家，其需求就越大，供给就越少，年薪就越高。1997 年，苹果遭遇严重危机，其个人电脑和商业电脑的市场份额几乎丧失殆尽。此时乔布斯担任了临时 CEO，他重整旗鼓，励精图治，还出人意料地提出，1997 年自己只拿 1 美元的薪水。在乔布斯的领导下，苹果公司于 1998 年成功推出 iMac 电脑，这种电脑迅速成为全美最畅销的个人电脑。1999 年苹果公司又接连推出 iBook、G4 和 iMacDV 产品，到 2001 年又推出平面式 iMac 电脑，抢回更多的市场。像乔布斯这样优秀的企业家，年薪再高，也只占他创造财富的很小一部分，所以股东们对他拿高薪也都是认可的。

第三节　资源陷阱和资源优势

谈到两极分化时会涉及一个问题：为什么很多落后地区拥有丰富的自然资源仍然落后，而很多发达地区看起来没有什么自然资源仍然发达？这是因为自然资源有两面性，既有和经济发展背离的一面，又有和经济发展一致的一面。我们把前者称为"资源陷阱"，后者称为"资源优势"。

一、资源陷阱

所谓资源陷阱，是指随着科学技术的进步，自然资源在经济发展中的地位会发生变化，如果过分依赖一种资源，那么当这种资源的地位下降时，地方经济就会陷入困境。这就跟人一样，年轻漂亮是一种资源，可以带来很多好处，但如果过分依赖这种资源而忽视了其他方面的发展，一旦人老珠黄便会一无所有，陷入"红颜薄命"的境地。

自然资源在经济发展中的地位之所以会发生变化，有以下两个原因：

（一）替代品的出现

自然资源是有限的，随着开采的增加其数量会不断减少，价格会不断上升，于是就促使人们去寻找它的替代品。科学技术的进步为这种寻找提供了可能，于是更廉价的替代品出现了，老的资源的地位和价格也就下降了。

【案例】 20世纪80年代，美国有两位著名的经济学家因为观点不同，争论十分激烈。埃尔里奇认为，由于人口爆炸、不可再生性资源的消耗，人类的前途让人担忧。西蒙认为，人类社会的技术进步和价格机制会解决人类社会发展中出现的各种问题，所以人类社会的前途还是光明的。他们谁也说服不了谁，为此打赌，赌不可再生性资源是否会消耗完的问题。他们选了5种金属，各自以假想的方式买入1000美元。以1980年9月29日的价格为准，假如10年后这5种金属的价格在剔除通货膨胀的因素后上升了，埃尔里奇就赢了；反之西蒙就赢了。输的人要付给赢的人这些金属的总差价。最后谁赢了？为什么？

西蒙和埃尔里奇打赌，最后是西蒙赢了：5种金属无一例外都降了价。埃尔里奇还是很守信用的，他把这些金属的总差价57607美元交给了西蒙。为什么这5种不可再生性资源的价格都下降了呢？这是因为世界上任何资源都有替代品，当这些资源的价格上升时，会刺激人们去开发和使用它们的替代品，它们的需求就会减少，价格就会下降。比如在青铜器时代，人们用铜做器物：铜锅、铜盆、铜剑……甚至镜子和货币也是铜做的：铜镜、铜钱。现在为什么只能在博物馆看到这些东西呢？就是因为随着科学技术的进步，人们发现了很多青铜的替代品，比如用铁制锅和剑，用塑料制盆，用玻璃制镜，用纸制钱等。铜的需求就会大大减少，价格也就会下降。其他资源也一样，比如石油的价格高了，人们会去开发和利用水能、风能、原子能和太阳能，石油的地位和价格就会下降。

（二）工业布局的变化

一个地区要想发展，需要很多企业来支撑。自然资源本来是吸引企业的很好条件，比如石油蕴藏量大，会吸引炼油厂；铁矿石蕴藏量大，会吸引炼钢厂。但是，当前世界工业布局正在发生巨大的指向性变化，很多过去是原料燃料地指向的重要部门，现在转变成了消费地指向，从而使自然资源产地失去了吸引力。这是为什么？

第一，由于加工工业技术的进步，一些失重原料在加工过程中可以将其中越来越大的一部分转化为成品，这就使得一些原来的地方失重原料转变成地方纯原料或接近于纯原料，原料地的吸引力就减弱了。比如在石油工业中，早期的炼油厂要排除大量废气、废渣，只有原料中的一部分可以转化为石油制品（即所谓失重），因此炼油厂建在石油产地比较经济。如果建在别的地方，原油从开采地运到加工地，等于运了很多废料。但现在由于催化裂化技术的进步，炼油和石油化工的结合，使原油几乎全部都可以转化为数百种产品，这就不存在运废料的问题了。而且运输原油比运输成品更方便安全，于是厂商宁愿把炼油厂建在靠近消费地的地方，而不是在石油产地。又比如钢铁工业离不开铁矿石，这本来会提高铁矿产地对钢铁厂的吸引力，但由于选矿、造球技术的进步，贫铁矿可以经过初加工变成含铁量达65%的球团矿，长途运输的效益就提高了。这就使得铁矿产地对选矿、造球以外的其他钢铁生产过程失去了吸引力。

第二，由于现代企业规模越来越大，耗用的原料燃料越来越多，这就使得一个地点的原料燃料往往难以满足需要。可原料和燃料地往往比较分散，而且原料燃料会越开采越少，总有枯竭的一天。如果把工厂布局在原料燃料产地，一旦当地资源枯竭，工厂也就跟着"关门"了。我国很多老的石油产地如玉门，老的煤炭产地如大同，都存在这个问题。而消费地的消费却不会消失，随着人口的增加和收入的提高，对产品的需求量只会越来越多。工厂的兴衰又取决于产品是否适销对路，这就使得厂商更愿意把工厂建在消费地，以便随时了解市场信息，对产品结构进行调整。

第三，现代企业的发展越来越依赖于人才和技术，工厂如果建在资源产地，那里往往是荒郊野岭，没有商店、学校和娱乐设施，很难吸引管理人员、工程技术人员和他们的家属，也很难招到合适的工人。而把工厂建在消费地，这些问题就比较好解决。这也是资源地吸引力减弱、消费地吸引力增强的一个重要原因。

第四，把工厂建在消费地还有个好处，就是消费地可以就地回收废旧物资，以补充原料的供应。现代钢厂耗用的废钢占到原料的45%，塑料厂、造纸厂等企业更是离不开废物的回收利用，这也增加了消费地的吸引力。

当然，近年来随着人们生活水平的提高，对环境的要求也越来越高，城市对工厂越来越排斥。但这个问题是可以解决的，一是工厂不要建在城市而是建在周边；二是提高治污能力。只要提高治污能力所花的成本小于把工厂建在资源产地的成本，还是倾向于工厂建在消费地附近。所以，总的来说世界工业布局从原料燃料地指向转变成消费地指向，这是没有问题的。

二、资源优势

资源与经济发展虽然存在背离的一面，但也有统一的一面。这是因为自然资源分为两种，一种是可移动的，如石油、煤炭、铁矿石等；一种是不可移动的，如沿海、临江、近景区等。资源陷阱指的是可移动资源，而拥有不可移动的资源则被称为具有资源优势，也称地缘优势。资源陷阱是造成地区贫困的重要原因，欠发达地区往往存在产煤、产铁、产石油的资源陷阱；而地缘优势则是造成地区富裕的重要原因，发达地区一般都有沿海、临江、近景区的资源优势。资源陷阱主要是因为增加了交易成本，资源优势则主要是因为减少了交易成本。拥有沿海、临江的资源优势，一方面自己可以比较便捷地接受发达国家和地区的扩展效应，交易成本降低；另一方面可以为其他地区提供港口和码头服务，从它们节省的交易成本中收取一定的费用。而拥有近景区的资源优势，则可以通过门票和餐饮、住宿、交通获得收入。

资源优势都具有垄断性，都可以通过垄断经营获得超额利润。但超额利润不一定就是最大利润。这要看是否符合利润最大化的原则，还要看是否具有正的、积极的外部性。所谓外部性，是个人（包括自然人和法人）经济活动对他人造成了影响而又未将这些影响计入市场交易的成本与价格之中。外部性分为正的积极的外部性和负的消极的外部性两种。正的积极的外部性的例子，如一个企业对所雇用的工人进行培训，而这些工人可能转到其他单位去工作，其他单位就不用再花成本对这些人培训了。又如某个人在自己草坪或阳台上种了很多美丽的花朵，别的人路过也可得到不用花钱的美的享受等。负的消极的外部性的例子，如一个企业排放废水废气，污染了河水和空气，使别的企业和个人的利益受到损害而无法得到赔偿。又如某人在公共场合抽烟，使别人的健康受到影响也无法得到赔偿等。

> **【案例】** 杭州西湖是我国著名的旅游景区，为什么不收门票？同在杭州的灵隐寺也是我国著名旅游景点，为什么要收门票？离灵隐寺不远的虎跑泉是著名的泉水，用它泡龙井茶可称为绝配，很多人提着桶来这里排队接水，为什么不收钱？

我们先说灵隐寺和虎跑泉，它们一个是祖宗留下来的，一个是老天赐予的，都可以垄断经营，但各自的可替代程度不同。灵隐寺被誉为江南禅宗"五山"之一，其规模之宏伟居"江南之冠"，可替代程度低，需求缺乏弹性，所以需求曲线比较陡直。虎跑泉虽好，但消费者很难区分它和别的矿泉水有什么不同，可替代程度高，需求富有弹性，所以需求曲线比较平缓。假定它们都收钱，边际成本都为零，即增加一个人游览或饮用不会增加成本，从图3-2可知，它们利润最大化的点是边际收益曲线MR和

边际成本曲线 MC（与横轴重合）的交点 E，E 所决定的平均收益为 EF，价格为 OP_1，则超额利润为 $OEFP_1$。可见，灵隐寺的超额利润大，收钱值得；虎跑泉的超额利润小，收钱不值得。

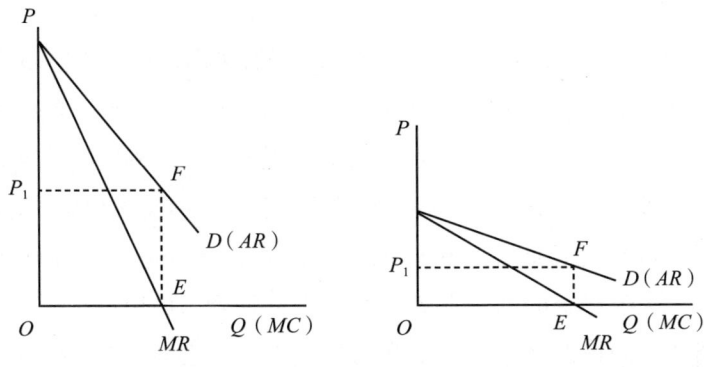

图 3-2　灵隐寺（左）和虎跑泉（右）超额利润分析

那西湖为什么不收钱？这不是因为西湖的可替代程度高，需求富有弹性。西湖作为国家 5A 级景区，其三潭印月、雷峰塔、断桥、曲院风荷、平湖秋月等景色都具有不可替代性，需求是缺乏弹性的，不来西湖肯定是人生的一大憾事，哪怕钱再贵都会有人来，尤其是 2016 年杭州 G20 峰会的文艺晚会在这里举行之后。那又为什么不收钱呢？这一方面是因为要收钱就得把西湖圈起来，会破坏景观；另一方面是因为不收钱可以充分利用西湖的正的、积极的外部性，通过吸引旅客来带动周边的餐饮业和旅馆业。西湖免费开放前杭州一年的旅游总收入是 549 亿元，免费开放后超过了 1191 亿元，足足翻了一番。杭州市政府眼光放得远，放弃一张门票的收入却带动了整个第三产业的发展，聚集了环境、经济、社会的三重财富。

第四节　对两极分化的认识

有人将我国社会存在的两极分化现象，归罪于改革开放和允许一些人、一些地区先富起来的政策，归罪于私有经济的崛起和市场经济的繁荣。

是这样的吗？

一、摆脱乌托邦幻想

1516年，英国人莫尔的《关于最完美的国家制度和乌托邦新岛的既有利又有趣的全书》（简称《乌托邦》）问世，轰动了欧洲。乌托邦是拉丁文"utopia"的译音，指的就是根本不存在的地方。《乌托邦》全书分为两部分，第一部分主要是对当时英国和欧洲各国社会中苦难现实的描述，第二部分则是对乌托邦仙岛上理想社会的描述。一边是充满苦难的现实世界，一边是尽善尽美的幻想世界，对比十分强烈。《乌托邦》认为，现实世界一切苦难的根源在于私有制和市场经济。只要有私有制存在，"大多数人类，并且是最优秀的人类，会永远被压在痛苦难逃的悲惨重负下"[①]。乌托邦的理想世界就是一个消灭了私有制和市场经济的世界。"一旦金钱废除，也就渐渐没有贫穷了。"[②] 在乌托邦仙岛，废除了私有制和市场经济，整个民族是生产资料的所有者，各地区都为整个民族而生产，剩余产品卖到外国的权力和收益也归整个社会。每个城市每年派三位最聪明的老人作代表，参加亚提乌罗提会议，商量全岛共同事宜，在各地之间调剂有无……全岛俨然是一个大家庭。莫尔以后产生的几十个著名的空想社会主义者都相同地宣传消灭私有制与市场经济这两大理想，其影响十分深远。

最初的社会主义国家，包括苏联和中国，无一例外地实施了消灭私有制和市场经济的政策，推行公有制和计划经济。结果，苏联解体了，社会主义阵营瓦解了，中国经济也滑到了崩溃的边缘。乌托邦幻想的破灭，迫使人们允许私有经济的存在，并引入了市场竞争机制，但仍没有完全抛弃乌托邦幻想。他们认为，社会主义的确需要市场经济，但社会主义需要的市场经济必须是具有社会主义性质的市场经济。兰格模型即市场社会主义构想便是这种设想的突出表现形式。20世纪30年代，兰格发表了"社会

---

① 莫尔：《乌托邦》，商务印书馆1982年版，第56页。
② 莫尔：《乌托邦》，商务印书馆1982年版，第125页。

主义经济理论"。他假定社会主义存在消费品和劳务市场，但不存在生产资料市场，生产资料公有并由政府分配。社会主义社会可以用竞争市场上的"尝试法"实现资源的合理配置。兰格模型在中国最初的改革中表现为"双轨制"，资源配置既受行政性规则支配，又受市场规则支配。结果计划经济的出路没有找到，反而使得一些人利用手中的行政资源获得紧俏物资的批文，然后倒卖出去，发了大财。贫富差距就这样拉开了。后来国有企业由于长期亏损，纷纷改制成股份制企业或私营企业，又有一些人靠贱卖国有资产获得了不菲的收入，贫富差距进一步拉大。所以，将两极分化归罪于私有经济的崛起和市场经济的发展是没有道理的，至少在中国，两极分化的源头还在传统的计划经济那里。没有传统的计划经济的失败，就不会有"双轨制"和国企改制，也就不会有国有资产的流失和少数人的一夜暴富，两极分化问题也就不会像现在这么严重。现在，"双轨制"已经完全取消，国企改制也已基本完成，中央又加大了反腐力度，在这种情况下再想把国有资产转变成私有财产就难了。中央明确表示，要大力发展民营经济，让市场在资源配置中起决定性的作用。这样，不少人的乌托邦幻想也应该彻底破灭了。

> 【案例】 莫尔在《乌托邦》中讲述了英国14、15世纪的"圈地运动"，称之为"羊吃人"的血腥暴力。中学历史课本上也讲，当时英国新兴资产阶级和新贵族通过暴力把农民从土地上赶走，把强占的土地圈占起来，变成私有的大牧场。是这样的吗？

事实不是这样。英国的市场经济兴起之前，村社中是领主有地—农民租地的形式，这种形式约定俗成，形成了事实上的佃户长期固定使用土地。但是随着市场经济的兴起，这种旧的租约受到了"价高者得"的冲击，有些人（比如要养羊人的）愿意出更多地租，地主也乐意租给他们，但原来的佃户不答应，于是就出现了暴力驱赶的情形。这种所谓"羊吃人"的暴力被夸大了，而且仅仅出现在这种打破租约的圈地上，其他的圈地形式则没有这种情况。比如零散土地的集中，这样的圈地完全是自愿的；比如对公荒地的圈占，也很少有人反对；再比如议会圈地，它的规模也不大。

英国的圈地运动在历史上是有进步意义的，正如我国的国企改制一样，尽管都存在缺陷。它们把不具有完全排他性的产权制度变为完全排他性的产权制度，促进了劳动的流动和人们从事经济活动的积极性，使资源配置更加合理。科斯定理说：不论产权的初始分配是否合理，只要产权界限是清晰的，而且是可以自由交换的，那么此时的市场机制就是充分有效的，可以通过当事人的谈判使资源得到最有效的配置。所以说，英国的圈地运动构筑起英国爆发工业革命的良好的制度环境，而我国的国企改制也奠定了我国城市经济体制改革的良好基础。

二、正确处理效率与公平的关系

两极分化的存在使得人们对社会公平产生怀疑，毕竟公平也是一个社会所追求的目标。效率与公平这两个目标有时是相互促进的，例如，加强对低收入者的教育与培训就能一举两得，既可以提高低收入劳动者的生产效率，又可以改善整个社会的收入分配。然而不容否认的是，在很多情况下这两个目标却又是相互矛盾的。一方面，为了提高效率，有时必须忍受更大程度的不平等；另一方面，为了增进公平，有时又必须牺牲更多的效率。社会常常不得不面临一个困难的选择：是要更高的效率呢，还是要更大程度的公平？如何在效率与公平之间权衡，找到二者在不同条件下的最优组合，这是经济学家也是地方政府官员需要思考的一个现实问题。

1. 缺乏公平的效率提高

为了说明在提高效率的过程中收入分配的变化，假定一个只有两个人的简单"社会"。图 3-3 中，横轴 1 和纵轴 2 分别表示两个社会成员所得到的产出数量，亦即收入，该社会最大产量为 Q，Q 要在两个社会成员中分配，QQ 线上每一点都是最有效率的，区别只在于收

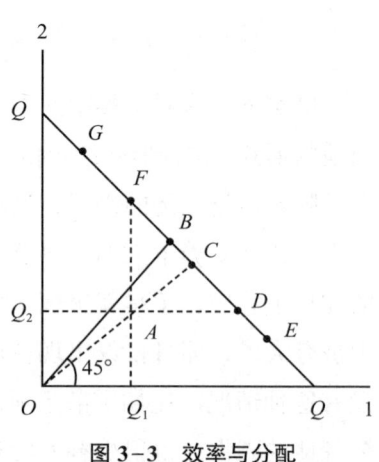

图 3-3 效率与分配

入的分配。OB 是 45 度线，线上每一点都是最公平的，表示 1 和 2 的收入完全相等。假定社会实际情况在 A 点，它表示 1 的产量为 Q_1，2 的产量为 Q_2，$Q_1>Q_2$，$Q_1+Q_2<Q$，说明该社会的分配不是绝对平等的，也不是最有效率的。从 A 向 QQ 移动可以提高效率，如果向 B、C 移动，每个人的收入都增加；向 D、F 移动，一人增加一人不变，都是帕累托改进。即使向 E、G 移动，也可让收入增加的"补偿"收入减少的，从而实现帕累托改进。

尽管从效率的角度看，从 A 向 QQ 线上任何一点都要比 A 点更好，但从公平的角度看，情况就不一样了。我们可以以 A 点的移动离 OB 更近还是更远来判断其收入分配是否改善。从 A 向 B 移动，分配随效率的提高而改善；向 C 移动，分配随效率的提高而不变；向 D 或 E 移动，分配随效率的提高而恶化；向 F 或 G 移动，分配随效率的提高先改善后恶化。可见，随着效率的提高，收入分配状况可能会恶化。

2. 缺乏效率的公平增进

那么，先改善收入分配、再提高效率怎样？也不行，因为收入的平等化会导致直接和间接的效率损失。直接的效率损失是指，为了把富人的一部分收入"转移"到穷人手里，必须建立一套制度，设立专门的机构和人员，这都要耗费大量的资源。如果这一套制度的建立还需要革命和流血牺牲，耗费的资源会更多。间接的效率损失是指，平等化本身可能造成对劳动、储蓄和投资等经济活动的各种"反刺激"效应。过去我们搞平均主义，吃"大锅饭"，干多干少一个样，扭曲了市场经济的"努力—报酬"机制，影响了人们的工作、储蓄和投资的积极性。现在我们搞市场经济，政府改善收入分配的两个重要手段——税收和转移支付，同样有反刺激效应。比如税收，它一方面提高了生产成本，减少了厂商对要素的需求；另一方面降低了要素的收入，减少了要素的供给。

3. 效率优先、兼顾公平

如何解决效率与公平的矛盾？较为普遍的认识就是"效率优先、兼顾公平"。所谓效率优先，就是让市场机制在收入分配领域充分发挥作用，让市场供求关系去决定各种生产要素的价格，去决定收入的分配。这就是要承认个人的天赋能力和后天努力及其结果的差别。所谓兼顾公平，就是要减少和消除不合理的收入，促进机会均等，限制某些行业、个人的垄断性收入，保障生存权利和消灭贫穷。

为什么要效率优先？因为只有效率优先，才能保证各种资源达到最优配置，社会财富才能最大限度地创造出来，每个人才有可能分得最多。否则，社会财富这块"饼"做不大，每个人分的再公平也只有很小一块。为什么还要兼顾公平？因为如果分配不公平，就会降低社会的消费水平和劳动者的生产积极性，效率也会受到影响。

效率和公平有时正如甘蔗一样难以两头甜，所以短期要讲效率，长期则不能不讲公平。比如公交车，城里不管多远都投币一元（或两元），讲的就是效率，可以省下售票员；出城距离远了则需要售票员（或售票机）售票，路远多掏钱，路近少掏钱，讲的就是公平。市场和政府也有分工，市场主要讲效率，政府主要讲公平。银行说是为了反电信诈骗，本来在自动取款机上转账立马就可以到账，现在却要等到24小时以后，这就是既不讲效率又不讲公平。

第五节 两极分化的治理

一、把扶贫与发结合起来

要治理两极分化，一方面要扶贫，即让发达地区和富人多交税，用这些钱去帮助欠发达地区和穷人。另一方面要开发，即鼓励资本和企业家到欠发达地区去，发展那里的经济。扶贫是必要的，但它仅从需求侧出招，解决不了根本问题，还会产生惰性和依赖症。开发则是从供给侧想办法，针对贫困地区和人口的主要问题，通过开发资源、培训人才、提供信息、改善交通、振兴实业、建设新的增长点，增强贫困地区和人口的竞争力。人们形象地比喻说，扶贫是输血，开发则是提高机体的造血功能。过去我们有重扶贫轻开发的倾向,现在应该改变思路,不仅要看贫困的结果,还要看造成贫困的原因。

造成贫困有两个重要原因:一个是懒,懒政,腐败;另一个是医药费和学费的拖累。第一个不能扶,越扶越懒、越贪、越腐败;第二个才值得扶,因为为贫困地区和人口减免医药费和学费,不仅是扶贫,也是人力资本的投资,是开发。现在虽说有了公费医疗、社会统筹、合作医疗,但据统计,城市居民中没有任何医疗保险的还有不少,农村中这个比例更大。即使参加了保险,报销比例也很有限,因病致贫的情况仍然很多。现在虽然有了义务教育,但只限于小学和初中,幼儿园、高中和大学都没有。很多家庭为孩子上学欠了很多债,又陷入了贫困。幼儿园如果免费,孩子送到幼儿园,大人可以出来挣钱。高中和大学如果免费,孩子通过学习具备了企业家才能,才能从根本上脱贫致富。

当然这些都需要钱,但如果把扶贫款主要用到医疗和教育上来,这个困难就不难克服。如图 3-4,横轴表示医疗和教育的产出,纵轴表示其他产出。AB 是原来的生产可能性曲线,U_1 是和 AB 相切的社会无差异曲线;$A'B'$ 是传统扶贫的生产可能性曲线,U_2 是和 $A'B'$ 相切的社会无差异曲线;BC 是医疗和教育扶贫的生产可能性曲线,U_3 是和 BC 相切的社会无差异

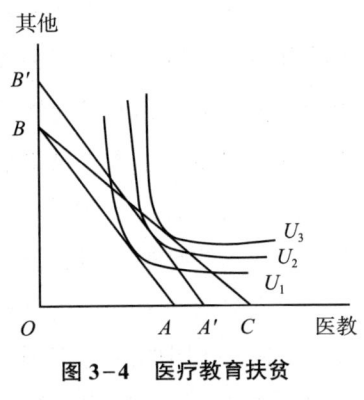

图 3-4 医疗教育扶贫

曲线。$BB'=A'C$,表示将扶贫款主要用到医疗和教育上来。因为 U_3 离原点比 U_2 更远,所以医疗和教育扶贫比传统的扶贫方式更能提升社会的福利水平。

为什么医疗和教育扶贫更能提升社会福利水平?是因为这种扶贫方式可以减少交易成本。传统的扶贫方式,地方为了获得扶贫款要"跑部钱进"投入成本。上级为了核实情况需要下来调查,又要花费成本。一些地方该给的不给,不该给的给了,或把扶贫款挪用,还要花费成本。如果采用医疗和教育扶贫的方式,这些成本都可以省了,有关部门直接按人头把钱打

到医院和学校的账上，没有中间环节，想"雁过拔毛"都没有可能，这才能做到精准扶贫。

二、把政策和制度结合起来

政策是执政党对组织成员作出决策或处理问题所应遵循的行为方针的一般规定。按理说，政策的约束力应该对组织的所有成员都是相同的，这才公平。但因为资源是有限的，不可能做到对组织所有成员都一样，于是就有了政策的差别性，就有了优惠政策。优惠政策是对组织的某些成员放松了要求，别人不能干的他可以干。于是政策又有了一个特性：灵活性。正是这个灵活性，使地方政府有机可乘，上有政策，下有对策，政策效果就大打折扣。

贫困地区和人口当然需要优惠政策了，优惠政策是稀缺资源，有时比增拨几百万元甚至几亿元资金的作用都大。但优惠政策又是歧视性政策，因为对某些地区和人口的优惠，就是对其他地区和人口的歧视，有违公平。改革开放以来，中央先是给东部地区很多优惠政策，使得东部地区锦上添花，发展速度很快，与西部的差距越拉越大。后来回过头要西部大开发了，但留给西部的政策空间已经很小。大家都优惠了，也就无所谓优惠不优惠了，优惠政策的边际收益递减，它对西部开发的作用不再像当年给予东部政策优惠的作用那么大了。因此，消除两极分化主要不能靠政策而是制度。

制度是社会全体成员都赞同的社会行为中带有规则性的东西，这种规则性具体表现在各种特定的重复的情形中，并且能够自行或借助某种外在权威来实现。制度和政策相比，一是约束力的广泛性，二是稳定性，三是公平性。政策稳定下来并通过一定的法律程序就可以变成制度。如个人所得税和公司所得税，不论是谁、什么公司，也不论是什么时候，只要收入达到某个标准，就要按一定税率上税。它就既是政策也是制度。

制度的重要性表现在以下几个方面：

第一，好的制度调动了人们的生产积极性。经济增长靠什么？当然离不开劳动、资本、土地和企业家才能这些生产要素。但这些要素只有在一定的制度下组合起来才能发挥作用。科斯论证了法律制度和产权界定对经济绩效的影响,诺斯和托马斯论证了西方世界兴起的奥秘:是制度提供了经济的刺激结构,随着该结构的演进,它规划了经济朝着增长、停滞或衰退的方向。欠发达地区之所以落后,首先就是产权制度问题没解决好,有的地方片面强调公有制所占比重,对公有制经济百般呵护,明明是僵尸企业还要补贴输血,而忽视甚至压制其他经济形式的发展。民营经济不能与公有制经济公平竞争,积极性就受到了压抑。

第二,好的制度保证了经济的有序发展。因为资源是有限的,竞争是难免的,所以,社会要发展出一套引导竞争、解决冲突和促进合作的规则和制度。这些规则和制度通过规定个人、企业和政府可以拥有权力的性质和边界,来规范被允许的行为范围。如果没有这些规则和制度,社会就缺乏秩序,经济发展就无从谈起。比如如果没有保证劳动可以自由流动的制度,欠发达地区的政府就会因为害怕人才流失而采取种种限制措施,结果想出的出不去,想进的就不敢进,反而阻碍了地方经济的发展。

第三,好的制度不仅可以"矫正价格",还可以"矫正政策"。"矫正价格"的例子,比如农产品维持价格是一项制度,它保证粮食多了政府收购,粮食少了政府放出,粮食价格就稳定了。"矫正政策"的例子,比如,有的地方政府为了政绩,随意出台或修改政策。如果有了制度,规定政府的这些行为必须经过人民代表大会表决,它就做不成了。很多欠发达地区越穷越折腾,今天一个政策,明天领导换了又是一个政策,干部和群众疲于奔命。

第四,好的制度可以维护经济的稳定发展。比如个人和公司所得税,经济膨胀时,符合纳税标准的个人和企业增多,所得税增加,可以抑制投资和消费,缓解经济膨胀的压力;经济萧条时,符合纳税标准的个人和企业减少,所得税减少,可以刺激投资和消费,起到提振经济的作用。这些都无须政府另外采取措施,所以被称为"自动稳定器"。

三、把移民和修路结合起来

贫困地区落后的原因之一就是交通不便,交易成本高。解决的办法有两个：一是移民，二是修路。移民和修路都有成本，如果修路的成本高就移民；如果移民的成本高就修路。过去贫困地区的政府常用"愚公移山"的故事来激励深山老林的居民开山修路，其实"愚公"讲的是一种精神，面对现实问题我们还是要像"智叟"一样算算经济账，该移民就移民。移民从长远来说也保护了山区的生态环境。

移民和修路的收益如图3-5所示。AB是生产可能性曲线，P_W+TC是移民或修路前的价格线，它和AB切于S_1，这是生产点；它和社会无差异曲线U_1切于E_1，这是消费点。$\Delta D_1 S_1 E_1$的一边$D_1 S_1$表示多生产的X，需要卖出；另一边$D_1 E_1$表示多消费的Y，需要买进。所以$\Delta D_1 S_1 E_1$被称为贸易三角形。移民或修路后由于交易成本减

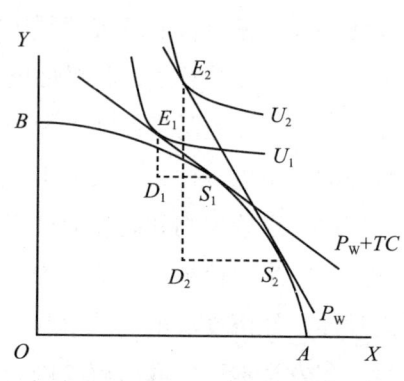

图3-5 移民和修路的收益

少，价格线变为P_W，P_W和AB切于S_2，这是新的生产点，而消费则沿P_W移动到和社会无差异曲线U_2的切点E_2，$\Delta D_2 S_2 E_2$是新的贸易三角形。$\Delta D_2 S_2 E_2 > \Delta D_1 S_1 E_1$，可见移民或修路后贸易规模扩大了。而且这时$U_2$比$U_1$离原点更远，表明该地区的福利水平也提高了。

四、把权利和机会结合起来

有的贫困地区一旦获得了政府扶助的资格，就像获得了某种权利，不愿再放弃，不想再去争取进一步发展的机会。因为对它们来说，贫困是常态，脱贫致富要努力，要冒风险，是非常态。一旦地方经济发展了，便失去了享受政府扶助的权利，要想再得到就不容易了，因而产生依赖症。所以，政府扶贫资金不能太少，也不能太多，维持在饿不死、吃不饱之间即可。饿死了什么都没了，有违人道；吃饱了又会产生依赖症，不思进取。只有吃不饱才会有动力，去争取吃饱、吃好。有的地方采取干部和贫困户一对一的扶贫办法，并且把扶贫效果和干部奖励升迁相挂钩。结果麦子熟

了贫困户睡大觉，死活都拽不起来，只好干部去收割。真是难为这些干部了。应该把扶贫作为一种激励措施，如图3-6所示，图中横线表示温饱水平N，那么，如果在贫困线上仍不扶持，这无疑是一种负激励；但如果扶贫资金太多，或者挂钩扶贫，使扶贫力度达到N+++，超过温饱水平N，就会产生依赖症，这也是一种负激励。只有扶贫标

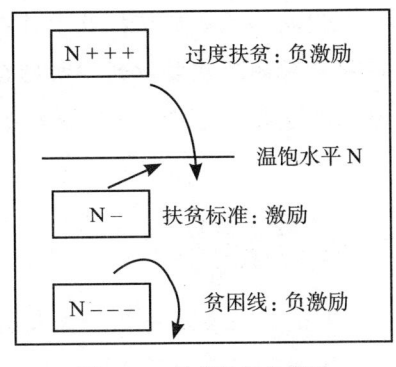

图3-6　扶贫的正负激励

准定在N-，离温饱还差一点，要想温饱自己还须努力，这才能起到激励作用。

本章小结

地区竞争的一个结果是两极分化。两极分化是一个相对的概念，指穷的地方和富的地方的差距越拉越大的状态。洛伦茨曲线是判断某一社会收入分配平均程度的曲线，基尼系数G=A/（A+B）。

造成两极分化的原因很多。累积因果论认为，在地区经济发展中有三种效应在起作用：极化效应、扩展效应和回程效应，正因为极化效应起着主导作用，所以才会两极分化。要素价格论认为，两极分化的深层次原因是财富的分配问题。财富是按该地区和人口所提供的生产要素的价格分配的，价格又是由市场的供求关系决定的。发达地区和富人之所以富，是因为他们提供的资本供不应求；欠发达地区和穷人之所以穷，是因为他们提供的劳动供过于求。资源论者则认为，自然资源和地区经济发展关系密切，如果过分依赖煤炭、石油等资源，就容易坠入"资源陷阱"；如果充分发挥沿海、沿江等资源优势，地区经济发展就快。

有人将我国社会存在的两极分化现象，归罪于私有经济的崛起和市场经济的繁荣。这是不对的。这其实是一种乌托邦幻想，世界和中国的实际都证明这种幻想早就应该破灭了。虽然效率和公平都是一个社会追求的目

标，但我们还是应该把效率放在前面，坚持效率优先、兼顾公平的原则。两极分化的治理要做到"四结合"：把扶贫与开发结合起来，把政策和制度结合起来，把移民和修路结合起来，把权利和机会结合起来。

1. 什么是基尼系数？我国基尼系数究竟是多少？
2. 什么是乘数作用？累积因果论认为两极分化的原因是什么？
3. 要素价格论认为两极分化的原因是什么？它和劳动价值论的区别在哪里？
4. 举例说明什么是"资源陷阱"？什么是资源优势？
5. 举例说明制度在治理两极分化中的作用。
6. 画图说明移民和修路对脱贫致富的意义。
7. 在湖南长沙城南有一口水井，叫"白沙井"，水质甘美、清莹如镜，并含有多种微量元素。据井边碑文记载，该井已有几百年历史，老百姓到此取水，从不收费，实乃"免费午餐"。同为长沙一景的岳麓山也是天赐之物，进山却要买门票。这是为什么？

第四章

地方保护

面对地区竞争和两极分化的压力，地方政府不得不采取措施保护地方利益。怎样才能有效地保护地方利益呢？这是本章要讨论的主要问题。

第一节　地方保护的理由

一、全民所有论

全民所有论认为，国有企业是全体人民共同拥有的财产，如果不对它进行保护，就可能使全民的利益受到损害。这个观点在计划经济时代是合理的，但在市场经济时代就有问题了，因为它违背了市场经济的一个重要原则——公平竞争原则。一旦公平竞争原则遭到破坏，市场经济就会名存实亡，全民的利益就会受到损害。国有企业即使再赢利也无法弥补这种损失。

何况，即使对国有企业进行保护，它也很难赢利。这是因为根据边际收益递减规律，国有企业是全民所有，每增加一个所有者所增加的责任心是递减的。所以，全民所有的结果是没人有责任心，这样的企业很难经营得好。有些国有企业已经资不抵债成为"僵尸企业"了，地方政府仍要保护它，不断往里注资，结果它就成了填不满的无底洞，全民的财产就这样不断流失。所以，要清理"僵尸企业"，该破产的破产，该重组的重组。更重要的是，国有企业只有改制成现代企业，才有希望成功。

有人说，现代企业就是股份制企业，它也有很多所有者，边际收益怎么不递减？这是因为股份制企业虽然有很多所有者，但他们拥有的股份是不一样的。小股东的股份少，对企业缺乏责任心，随时准备出卖手中的股票。但大股东的股份多，他们有责任心，会通过董事会严密监控企业的经营，以维护自己的权益。这一点我们从前面讲的"智猪博弈"模型中也可以得到解释。同时，股份制企业的所有权和经营权也是分开的，这就保证大股东不会陷入具体的事务当中去，分散他们的责任心。

当然，并不是说所有的国有企业都不值得保护。有些国有企业也是值得保护的，但不是因为它是国有企业，而是因为它属于幼稚产业。

二、幼稚产业论

所谓幼稚产业，是指处于成长阶段尚未成熟，但具有潜在优势的产业。幼稚产业论认为，幼稚产业无法和已成熟产业竞争，如果不提供保护，幼稚产业就会夭折，无法实现其潜在的优势。这个理由是站得住脚的，问题是：什么是幼稚产业？如果不定义清楚，谁都可以说他的产业是幼稚产业，要求保护。政府一方面保护不过来，另一方面，有些产业也不值得保护。

关于什么是幼稚产业，有不同的判断标准。

（一）穆勒标准

根据穆勒标准，当某一产业规模较小、其生产成本高于市场价格的时候，如果任由其参与自由竞争，该产业必然会亏损。这个时候如果政府给予一定的保护，使该产业能够发展壮大。当它实现了规模经济，成本降低了，能够面对自由竞争并取得利润了，政府就可以放弃对它的保护。

（二）巴斯塔布尔标准

根据巴斯塔布尔标准，判断一种产业是否属于幼稚产业，不仅要看将来是否具有竞争优势,还要将这种竞争优势的预期利润的贴现值和保护成本进行比较。如果预期利润的贴现值大于保护成本,该产业就值得作为幼稚产业加以保护;否则就不能作为幼稚产业加以保护。之所以要求的是贴现值,是因为考虑了通货膨胀的因素。

(三) 坎普标准

坎普认为,如果一个产业预期利润的贴现值大于保护成本,也不见得就要政府来保护。因为对于厂商和投资者来说,其决定是否投产的标准并不是眼前利益而是未来的预期收益。如果预期利润的贴现值大于保护成本,他们自己就会保护,用不着政府出面。那到底什么产业值得政府保护呢?如果一个产业具有显著的正的积极的外部性,它的存在和发展能够带动别的产业的发展,给社会带来额外的好处。那么,即使它的保护成本大于它预期利润的贴现值,也应该由政府出面来对它进行保护。

在衡量幼稚产业的这三个标准中,穆勒标准强调的是将来成本的优势;巴斯塔布尔标准要求将来利润的贴现要大于保护成本;坎普标准跳出了幼稚产业的界限,跳出了内部规模经济的界限,要求被保护对象具有外部经济,并给政府权力划了一个边界:凡是市场能解决的政府就不要干预,市场解决不了的政府再出手。

根据坎普标准,铁路运输业是值得政府保护的,虽然它是个传统行业,虽然它一直在亏本,但它具有正的积极的外部性,能降低其他行业的成本,提高人们的生活水平。正因为如此,很多地方政府不仅积极支持铁路建设,而且要求把火车站就建在自己的家门口。老百姓也批评一些地方政府:把火车站建得那么远,出行太不方便了。

第二节 地方保护的成本

有的地方政府为了保护地方利益,或明或暗地规定,在政府采购中只能购买本地产品,不能购买外地产品。或者限制外地商品和车辆的进入、限制本地资源的流出,限制外地厂商参与本地工程的招投标等。我们把这种地方保护称之为需求侧的地方保护。还有的地方政府不是从需求侧入手,而是从供给侧入手,给本地企业以补贴或退税,以降低其生产成本,提高与外地企业的竞争力。我们称之为供给侧的地方保护。现分析一下这两种保护措施的成本,看它们是否可取。

一、需求侧地方保护的成本

需求侧地方保护以限制政府购买为例,一是会降低本地的社会福利水平,二是会减少本地商品的输出,不可取。为什么这么说呢?

(一)本地福利水平降低

限制政府购买会导致政府可购买的商品数量减少,价格上升。价格的变动会影响各种经济活动。如图4-1所示,D 和 S 分别表示区内某商品的需求曲线和供给曲线,P_w 为限制政府购买前的商品价格,P_t 为限制政府购买后的商品价格,$P_t > P_w$。限制政府购买有以下几种经济效应:

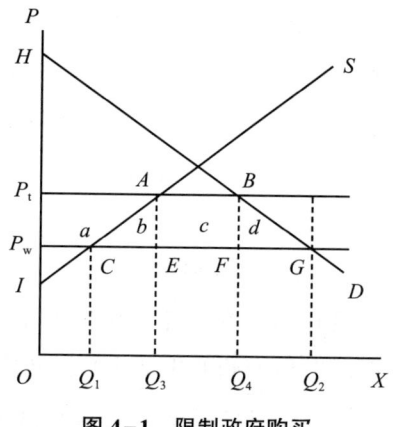

图 4-1 限制政府购买

1. 生产效应

限制政府购买前对应 P_w 的价格水平,区内生产为 OQ_1;限制政府购买后对应 P_t 的价格水平,区内生产为 OQ_3。也就是说,限制政府购买使区内生产增加了 Q_1Q_3,生产者剩余由 $\triangle ICP_w$ 增加到 $\triangle IAP_t$,净增梯形 P_wCAP_t 的面积 a。

2. 消费效应

限制政府购买前对应 P_w 的价格水平,区内消费为 OQ_2;限制政府购买后对应 P_t 的价格水平,区内消费为 OQ_4。也就是说,限制政府购买使

区内消费减少了 Q_4Q_2，消费者剩余由 ΔP_wGH 减少到 ΔP_tBH，净减梯形 P_wGBP_t 的面积 $a+b+c+d$。

将生产效应和消费效应结合起来看，地方福利的变动等于生产者剩余的变动加消费者剩余的变动，即：$a-(a+b+c+d)=-(b+c+d)$。也就是说，限制政府购买后虽然生产者剩余增加了，但消费者剩余减少了，地方福利总的来说减少了 $b+c+d$。其中，b 称为生产扭曲，它表示限制政府购买以后区内成本高的生产替代原来来自区外的成本低的生产，而造成的资源配置效率的下降。d 为消费扭曲，它表示限制政府购买后因价格上升所导致的消费者满意程度的降低。

（二）本地产品输出减少

以上分析的是限制政府购买对单个商品或资源的影响，现在分析对整个地区产品生产的影响。为方便起见，我们将本地产品的生产分为两个部门：产品输出部门 X 和外地产品输入替代部门 Y。如图 4-2 所示，AB 是生产可能性曲线，在没有限制政府购买前，面对国内相对价格 P_w，生产均衡点在 Q_w 点，这时 X 部门的生产为 OX_1，Y 部门的生产为

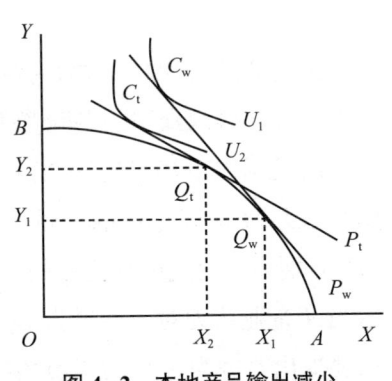

图 4-2 本地产品输出减少

OY_1。消费均衡点在 C_w 点，它与社会无差异曲线 U_1 相切。限制政府购买以后，外地商品进入受到限制，Y 部门产品在本地市场的价格上升，故区内生产者面对一个新的相对价格线 P_t，相对 Y 轴来说 P_t 比 P_w 更陡峭。这时生产均衡点为 Q_t 点，X 部门的生产为 OX_2，比原来减少了 X_2X_1；Y 部门的生产为 OY_2，比原来增加了 Y_1Y_2。消费均衡点为 C_t 点，它与社会无差异曲线 U_2 相切。也就是说，限制政府购买不仅使社会福利由 U_1 降低到 U_2，也使输出部门 X 的生产减少了。这是因为本地资源是有限的，用于输入替代部门 Y 多了，用于输出部门 X 的自然就少了。所以，限制政府购买措施不利于本地商品的输出。不用别的地区也限制政府购买，你自己就把

自己限制住了。这恐怕是限制政府购买的决策者所没有想到的。

一些地方政府为了缓解本地交通拥堵，限制外地车辆进入，其效果与此类似。外地车辆毕竟只占本地上路车辆的很少一部分，所以要解决本地交通拥堵问题，主要还是从增加本地道路供给和减少本地车辆对道路的需求入手。你限制外地车辆进入，你的车进入外地也会受到限制，这对繁荣各地的贸易往来是不利的，对自己也没什么好处。这里也有一个负的外部性的问题，会使人对你产生封闭狭隘的不良印象。假如你驱车到外地，尽管每到一个新的地界，路旁都会有"××省（市、县）欢迎你"的醒目标语，可实际上却不让你进，你会做何感想？

二、供给侧地方保护的成本

供给侧地方保护主要是扶持区内有影响的垄断企业或寡头垄断企业。如果是面向区内众多的垄断竞争企业，那保护成本就太高了。

假设国内市场只有来自 A 地区和 B 地区的两个企业，图 4-3 中横轴 OQ_A 表示 A 地区企业的产量，纵轴 OQ_B 表示 B 地区企业的产量，AA' 和 BB' 分别表示 A、B 两企业的反应曲线。反应曲线 AA' 的意思是，A 点表示当 A 企业认为对方产量为 O_A 时，它就选择退出市场，即 $OQ_A=0$。为什么要退出？因为 A 认为当市场需求为 OA 时，市场价格等于边际成本，它再生产就没有利润了。A' 点表示当 B 企业不存在时 A 企业的最佳选择。这时市场由 A 垄断，OA' 就是完全垄断的产量。B 的反应曲线 BB' 也一样。两条反应曲线的斜率为负，这是因为如果对方的产量越高，自己面对的剩余需求就越小，所选择的最佳产量也就越小。AA' 与 BB' 交于 E，表示当 A 的产量为 OQ_A^0、B 的产量为 OQ_B^0 时，市场实现了均衡。

现在假设 A 希望增加其利润所得，

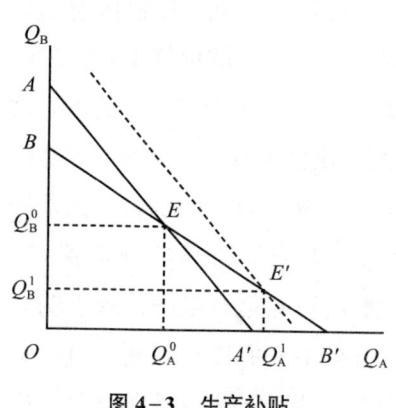

图 4-3　生产补贴

如果通过增加产量来达到目的，产量增加了市场价格必然下降，增加的收益就会被价格下降所抵销，利润还是没有增加。但如果 A 转而求助于本地政府，本地政府给它补贴的话，情况就会有所不同。A 输出产品的边际成本将低于生产中的边际成本，这时 A 增加产量，虽然价格下降导致边际收益减少，但边际成本也下降了，所以 A 增加产品输出仍可获得更多的利润。B 则会受到损失，不得不减少产量。如图 4-3，A 获得地方政府补贴后，反应曲线 AA' 向右移动，与 BB' 交于 E' 点，于是 A 的产量增加到 OQ_A^1，B 的产量则减少到 OQ_B^1。A 利润的增加是以 B 利润的减少为代价的，因此被称为"利润转移"或"租金抽取"。

生产补贴对地区的福利影响有两方面：一是增加了本地区寡头企业的利润；二是减少了地方政府的收入。由于不考虑地区内市场，所以生产补贴对本地区消费者福利没有直接的影响，不会造成消费扭曲。生产补贴会造成生产扭曲，但如果接受补贴的寡头企业具有较大的正的积极的外部性，则政府的补贴利大于弊，还是值得的。

三、提高有效保护率

生产补贴有两个办法，一个是对其最终产品进行补贴；还有一个是对其中间产品进行补贴。这两个办法的效果是不一样的，这里有个有效保护的问题。有效保护是指生产中新增加价值（即附加值）受保护的情况。所以，地方有效保护的程度以区内生产附加值的提高来衡量。有效保护率就是地方保护措施所引起的区内生产附加值的变动率。如果用 ERP_j 表示 j 行业或产品的有效保护率，V_j 和 V'_j 分别表示保护前后行业或产品的区内生产附加值，则：

$$ERP_j = \frac{V'_j - V_j}{V_j} \times 100\%$$

对中间产品补贴能提高有效保护率。为什么呢？假设某一最终产品在国内市场上的价格为 1000 元，该产品在区内生产时每单位产出需要使用 500 元的中间产品，那在没有地方保护的情况下该产品的单位产出附加值为1000-500=500元。如果对中间产品提供补贴，使其成本下降10%，那么该产品的单位产出附加值就为1000-500×（1-10%）=550元，有效保护率为（550-500）/500×100%=10%。如果对最终产品提供补贴，使其成本下降10%，那么该产品的单位产出附加值就为1000（1-10%）-500=400元，有效保护率为（400-500）/500×100%=-20%。也就是说，对中间产品提供补贴使有效保护率得到提高，而对最终产品提供补贴使有效保护率降低成负数。

对于厂商来说，为了提高对自身核心生产环节和技术的保护，可以把中间产品的生产和供应外包给平均成本更低的企业。这些企业可以是本地区的，也可以是外地区的，甚至是外国的。这样，自己就可以集中精力做好自己最擅长的部分，增加其附加值，提高其有效保护率。作为地方政府来说，建设和规范中间产品市场，降低中间产品的交易成本；改营业税为增值税，对中间产品不征税，也能提高有效保护率。

四、产业保护和扶持中的误区

根据以上理论，地方政府为了地方经济的发展，对本地区具有正的外部性的幼稚产业进行一定的保护和扶持是必要的。但由于种种原因，一些地方政府在产业保护和扶持中出现了一些误区，特举例如下。

1. 不看市场看领导

有的地方在产业扶持中，完全投上级领导所好，领导说扶持什么就扶持什么，领导喜欢什么就扶持什么，自己不做调查研究，不根据市场需求情况拿出一套切实可行的办法来。几年前，云南东北部某烤烟重点乡镇书记突然布局全镇发展蚕桑产业，又是挤出扶持资金，又是给村委会下达任务。一些村民受领取补助的刺激，勉强种了一些桑树，等补助一结束，又毁桑种烟了。也许镇书记考虑的是吸烟有害健康，烤烟业没有前途，那也得容村民们思想上有个过渡。何况发展蚕桑产业就有前途吗？做过市场调查了吗？

2. 不做产业做包装

一些企业为了获取主管部门的重视和支持，做项目计划非常积极，非常用心，但在项目获批后，主要是真金白银到手后，这些企业就没有了实际的动力，很多蓝图就停留在了纸上、墙上和宣传栏上。作为被挑选出来给予扶持的企业，有的成为当地标杆性企业，官员不断视察，同行不时参观，记者陆续报道，企业形象很好。但细究下来，企业经营乏善可陈，全靠扶持资金在勉强维持。个别企业甚至产品主要是样品，根本不在市场上出售。

3. 不去管钱却劫钱

一些地方确定重点产业后，相应地就会有产业扶持资金。由于监管不严，负责项目审批、资金拨付的部门和工作人员就趁火打劫、雁过拔毛。几年前，云南财政部门就有工作人员自己成立公司"接盘"产业扶持项目，产业扶持政策成为以权谋私的借口和幌子。

4. 锦上添花多，雪中送炭少

在一些地方的产业扶持中更多是"垒大户""造盆景"，获得扶持的企业会不断得到扶持，没获得扶持的企业以后也不会获得扶持。有些所谓"龙头企业"已经无法经营了，再扶持就是"打水漂"，但在错误的政绩观指导下，仍然在扶持。苟延残喘中，一些企业成了"吸血鬼""僵尸企业"。这些企业不仅消耗了宝贵的资源，也破坏了"优胜劣汰"的市场法则。

5. 产业扶持变"挟持"

在产业扶持中，有的地方政府采取的扶持举措违背了企业意愿，让扶持变成了"挟持"，企业只好硬着头皮上项目。前些年，中部地区一家知名有色金属加工企业就在当地政府的所谓"扶持"下，进入铅锌冶炼行业。但事与愿违，由于市场不景气和初涉新领域等原因，项目亏损严重。如今，企业已在这个项目上投资数十亿元，骑虎难下了。

第三节　制度保护

地方政府为了保护地方利益，与其给企业补贴，不如给企业松绑，在制度和法规上解除对他们的不必要的束缚。现在管企业的"婆婆"很多，每个部门都手执"尚方宝剑",都有一套置企业于难受、亏损甚至破产的法律法规。很多地方政府的职能部门为了凸显自己的作用,用很多严苛繁琐的规章制度去约束企业,使企业缺乏活力。企业如果缺乏了活力,地方利益还存在吗?

这里存在四大问题不容回避:

一是立法不慎重。职能部门有一种权力扩张的冲动,谁也不想被忽视。很多事情本来可以交给市场去解决,但他们却要强行把它们纳入规范中来,表面看这是为了安全,为了消费者利益,实际上带来的问题更多。比如原来气象局没什么权力,开会一直很低调。现在不同了,国务院出台了《防雷减灾管理办法》以后,不仅新开发的房子要经过他们验收,而且在施工过程中也有权干预有权让停工,甚至采用哪一支施工队伍也由他说了算。否则,防雷验收就通不过,整个工程的竣工、验收、销售就受影响,开发商就可能血本无归。在这种情况下,气象局这个清水衙门现在想不腐败都难了。一根避雷针,难道非要一个单独的部门来验收才行吗?以前没有气象局验收时大楼都没有装避雷针?

二是标准太苛刻。很多法规是职能部门请专家来制定的,而很多专家只追求质量这个单一目标,而对其他诸如成本、美观、方便、实用等关联因素视而不见。管理学里有个质量成本的概念,它包括预防成本与鉴定成本(即企业为了预防和鉴定不合格品所需要的费用)、内部损失和外部损失(即不合格品对企业造成的内部和外部损失)。如图4-4所示,预防成本和鉴定成本 C_1 随合格品率的上升而上升,内部损失和外部损失 C_2 随合格品率的上升而下降,于是质量总成本 C_3 呈先下降后上升的U字形。这样就把合格品率分成了三个区域:A点以前是质量改进区域,A、B两点之间是适宜区域,B点以后是至善论区域或质量过剩区域。现在有些标准已经到了质量过剩区域,完全没必要,就像玻璃杯没必要做到掉到地上不碎、抽屉内层没必

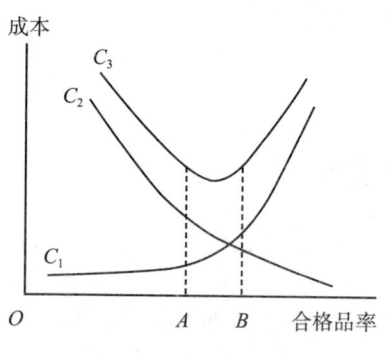

图4-4 质量特性曲线

要刷油漆一样。标准太苛刻，企业为了赚钱只能造假，结果整体的质量水平反而下降了。

三是体系不配套。现在各个行政部门都是按照自己管理的范围设计工作流程，部门之间的法规缺乏统筹协调，部门之间规章打架的现象时有发生。

> 【案例】 有个朋友想开一个酒店，租好房子后将200万资本金存入银行临时账号，银行告知这笔钱只能在营业执照办下来后有了公章才能启用。他验资后去工商部门办理营业执照，工商部门告诉他须卫生部门审查酒店是否符合卫生条件。他又到卫生部门要求出具卫生合格证，卫生部门说酒店装修好了再去验收。而他要装修就得去银行取钱，银行又要营业执照。就这样，兜了一个大圈问题又回到了原点。最后，这个朋友靠送礼打通了其中的一个环节，事情才办成。

四是收费不合理。近几年国务院针对一些地区和部门出现的乱收费、乱罚款和多种摊派的情况，曾多次发布文件严加制止。名地区、各部门虽进行了一些清理整顿，但总的说来效果不明显，问题仍相当严重。不少地区和单位继续违反国家规定，任意增加收费项目，提高收费标准，名目繁多。有的随意对企事业单位和群众罚款，甚至乱设关卡，敲诈勒索；有的搞建设、办事业不是量力而行，而是强制集资摊派；有的财务管理混乱，私设小金库，将收上来的钱肆意挥霍浪费，甚至据为己有。"三乱"屡禁不止，群众对此反映十分强烈。

> 【案例】 2012年9月5日，黑龙江省人大通过了《黑龙江省气候资源探测和保护条例》，气象局便是具体的执法单位，他们言之凿凿地要对使用太阳能资源的企业进行收费，理直气壮地声称《宪法》规定了气候资源属于国家，使用国家资源当然应该付费。这样说有道理吗？

这样说显然是不对的。首先，我国《宪法》第九条中提到的七种自然资源不包括风能、太阳能，法条具有排他性，不能作扩张解释。其次，《宪法》的解释权在全国人大常委会，地方人大或气象局对我国《宪法》条款作扩张性解释，超越权限。第三，风能、太阳能和矿藏、水流等自然资源不同，矿藏、水流是不可再生资源，具有竞用性，有人使用了别人就不能再使用；而风能、太阳能是可再生资源，不具有竞用性，有人使用了别人还可以再使用。对使用这样的资源收费有悖常理。第四，对于利用风能、太阳能的企业，地方政府不仅不应该收费，还应该减免税收甚至补贴。这是因为利用新能源的企业发展了，能够部分取代利用传统能源的企业，这对地区的可持续发展和环境的保护都具有重要而深远的意义。

第四节　环境保护

对于地方政府来说，为了保护地方利益，与其投入很多资源补贴生产，不如花大力气保护环境，这才是最根本的地方利益的保护。环境保护好了，一方面本地区人民的生活质量得以提高；另一方面也有利于吸引人才，吸引投资。所以，习总书记说"绿水青山才是金山银山。"

一、生态环境的价格

生态是指生物之间和生物与周围环境之间的相互联系、相互作用的状态。环境的概念泛指地理环境，是围绕人类的自然现象总体，可分为自然环境、经济环境和社会文化环境。生态与环境虽然是两个相互独立的概念，但它们又紧密联系、相互交织，因而出现了"生态环境"这个新概念。它是指生物及其生存繁衍的各种自然因素、条件的总和，是由生态系统和环境系统中的各个"元素"共同组成的一个大系统。

生态环境对我们每一个人都有影响，而这种影响又是一种非市场性的附带影响，我们把它称为外部性，就是在完全的市场条件下，影响者无需对被影响者要求补偿，被影响者也无法要求影响者赔偿。所以，生态环境的价格无法通过市场直接体现，即不存在一个生态环境市场。尽管如此，人们在购买房子时，比较好的地段和环境要支付更多的钱，这让我们找到了评估生态环境价格的另一条途径。

为了简便起见，良好的环境我们用空气污染的减少来表示。经验表明，空气污染轻微的环境房价高，空气污染严重的环境房价低，这表明洁净的空气是有价格的。如果以横轴表示空气的污染程度，纵轴表示与那些空气污染减少相关的房屋的价格，则某一房主对洁净空气的需求可以用图4-4中那条向右下方倾斜的线表示。

图4-5表示，该房主住在一个空气污染严重的城市里，污染水平达到10个单位。如果空气污染每减少1单位要花200元，他选择了需求曲线上的A点，以获得5个单位的污染减少，同时付出1000元的代价。那么因为他对污染减少的估价，除了最后一单位，都超过

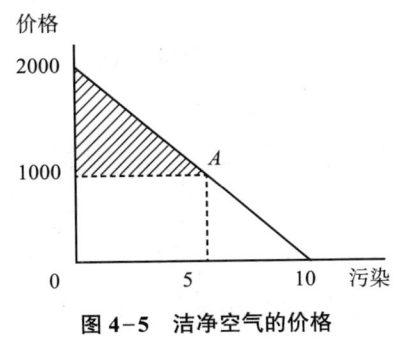

图4-5 洁净空气的价格

1000元，结果图中的阴影部分就是他的消费者剩余，即净化空气的价格（大于支付的数额）。因为阴影部分面积为5×1000÷2=2500，所以污染减少对他来说的价格就为2500元。

不同的人对污染减少生态环境的评价不同。对一个连温饱问题尚未解决的人来说，他宁愿忍受粉尘到井下挖煤，为的只是每天200元的工资。这时污染减少的价格低。对于一个已进入小康的家庭来说，即使给他一天500元工资，他也不会到那样恶劣的环境中去工作，那对他来说代价太大了，是健康甚至生命。但不论怎样，都说明生态环境是有价的，其价格随社会的进步和人们生活水平的提高而不断提升。

二、环境污染的代价

以上我们从良好环境的需求角度考虑了生态环境的价格，现在再从污染的供给角度考察一下环境污染的代价。如图4-6所示，横轴OQ表示钢铁产业的产量，纵轴OP表示钢铁产品的价格；d（AR）既是需求曲

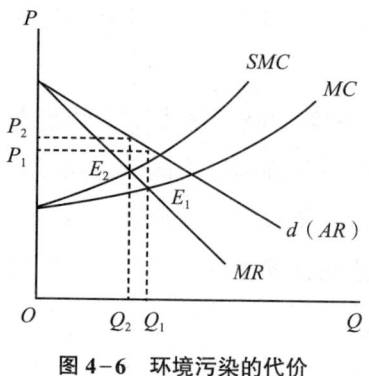

图 4-6 环境污染的代价

线,又是平均收益曲线;MC 是钢铁产业的私人边际成本。由于钢铁厂排出大量废气污染了环境,其成本却要社会来承担,所以社会边际成本 SMC 要大于 MC,SMC 曲线在 MC 曲线的上方。

对于钢铁产业来说,为了利润最大化,其产量由边际收益等于边际成本来确定,MC 与 MR 交于 E_1 点,决定了产量为 OQ_1,价格为 OP_1。但对于社会来说,为了社会利益最大化,其钢铁产量由边际收益等于社会边际成本来确定,SMC 与 MR 交于 E_2 点,决定了产量为 OQ_2,价格为 OP_2。$OP_2 > OP_1$,也就是说钢铁产品的社会代价高于钢铁产业的代价,其差额 $OP_2 - OP_1 = P_1P_2$ 即为环境被污染的代价。

三、污染治理的程度

作为一种负的消极的外部性,污染的产生增加了经济系统内社会的成本,应予以治理,但这并不是说可以将污染根除。这是因为减少污染也需要成本,并且还要考虑减少污染的收益与成本相比是否能实现人类物质利益的最大化。图 4-7 给出了技术条件一定的情况下,通过降低钢铁产量来减少污染的结果。横轴以百分比的形式表示污染的减少量,纵轴表示单位污染减少量所需要的成本。MR 是边际收益曲线,它向右下方倾斜,反映了边际收益递减规律,即刚开始每减少一单位污染给人们带来较多的健康和物质利益;当污染减少到一定程度后,每减少一单位污染给人们带来较少的健康和物质利益;在 C 点,污染的

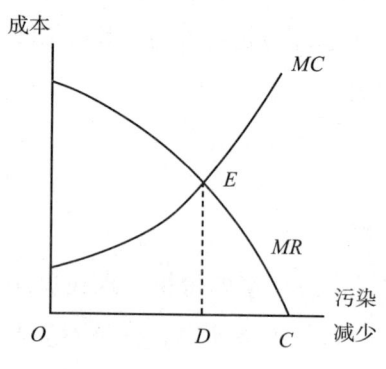

图 4-7 最佳污染治理程度

减少量已达到 100%，给人们带来的利益为零。MC 是边际成本曲线，它向右上方倾斜，反映了随污染的增多，治理成本也是递增的。

净收益最大化的条件是 MR=MC，所以 MR 和 MC 的交点 E 决定了最佳污染程度为 OD。为什么不彻底消除污染呢？在 C 点表示了污染的根除，但它所表示的净成本大于 D 点的净收益，造成了社会净损失。

四、治理污染的办法

污染的治理有三种办法：一是规定排放标准，超过标准将受到惩罚；二是对污染物排放收税；三是实行可转让许可证制度，即买到了许可证才能按规定排放。下面分别分析这三种办法。

图 4-8 中横轴 OQ 表示废物排放量，纵轴 OC 表示单位排放成本，SMC 表示排放的社会边际成本，MC 是减少排放的边际成本，即厂商安装废物处理设备的成本。MC 向右下方倾斜，是因为随排放量的增加，由于规模经济的原因，每增加一单位排放所增加的成本是递减的。SMC 和 MC 交于 E 点，表明这时社会边际成本与厂商减少排放的边际成本相等，决定了 OM 是有效排放标

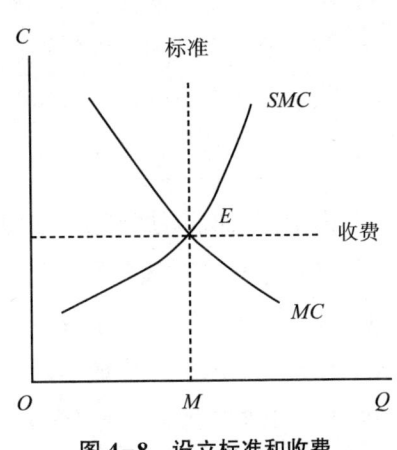

图 4-8 设立标准和收费

准。超过了这个标准，表明由此增加的社会成本无法得到补偿，因此厂商要受到惩罚。该标准的严格执行将迫使厂商安装匹配的废物处理设备。

控制污染的另一个办法就是对厂商排放废物收税，收税标准如图 4-8 所示，由 E 点确定。这种办法尽管对排放量没有限制，但排放多收税也多，也会迫使厂商采取措施减少排放。

设立排放标准和收取排放税的办法各有优缺点。当 SMC 很陡而 MC 较平坦时，不减少排放的成本是很高的，这时标准优于收税。在信息不完全时，标准使排放水平比较确定而减污成本不很确定。另一方面，收税使

减污成本比较确定而排放水平的降低不确定。因此,哪一种政策好取决于不确定性的性质和成本曲线的形状。①

假定我们要减少排放,但又由于有不确定性不想用排放税,还想避免使那些排放减少最多的厂商蒙受高成本,就可以通过可转让排放许可证的办法来实现这些目标。在这一制度下,每家厂商都必须有许可证才能排放,每张许可证上都明确规定了厂商可以排放的数量,任何厂商未经许可排放污染物都要受到重罚。许可证在厂商中间分配,所选择的许可数目是使排放达到理想的最高水平。因为这个办法把标准制度下的某些优点和收费制度下的某些优点结合了起来,所以还是很有吸引力的。

> **【案例】** 一个钢铁厂和一个造纸厂排出同样有害的东西,政府规定每个厂每年的排污量为300吨,违反了这一规定要处罚。这两个厂之间达成一笔交易:钢铁厂以500万元购买造纸厂100吨排污权,这样钢铁厂每年可排污400吨,造纸厂可排污200吨。这两个厂排污总量没变,对环境的影响也没变,但排污成本却减少了。这是为什么?

两个厂之所以愿意进行这种排污权的交易,说明双方都能在这种交易获得好处,其原因就在于各个厂减少污染的成本不一样。假设钢铁厂由于生产技术特点,减少污染成本很高,比如说减少100吨污染需要花600万元。而造纸厂减少污染成本低,减少100吨污染只需400万元。当双方以500万元100吨污染权的价格成交后,对钢铁厂而合,多排100吨污染物,节省了600万元-500万元=100万元。对造纸厂而言,少排100吨污染物,也增加收益500万元-400万元=100万元。这两个厂的交易共有200万元的收益,等于减少了排污成本200万元。

我国在2001年江苏南通天生港发电公司和南通醋酸纤维公司之间,达成了第一笔排污权交易。此后在山东、陕西、江苏、河南等省市,开展了二氧化硫排放总量控制及排污权交易的试点工作。具体做法是:环保部

---

① [美]平狄克·鲁宾费尔德:《微观经济学》,中国人民大学出版社1997年版,第514—518页。

门按照国家二氧化硫总量控制目标，确定某地区环境容量允许范围内的排放总量，并以排放许可证的形式发放到企业。无证企业不能排污，否则会受到严厉惩罚。当一个企业所分配的二氧化硫排放指标将用尽的时候，环保部门会给这个企业以警告。企业如果还不能够减少污染排放量，可以到市场上购买排放指标。出卖指标的是那些用上了脱硫设施的企业，它们通过出卖指标弥补购买脱硫设施的费用。当购买排放指标的企业觉得用这些钱还不如自己购置脱硫设备时，它就有了积极参与污染治理的动力。这样，治理污染就从一种政府的强制行为变成企业自主的市场行为。

不过，从我国雾霾越来越严重的情况来看，这种控制污染的办法是否有效值得怀疑。排污权交易的办法是从发达国家引进的，他们的政府是服务型政府。排污权交易的理论基础是科斯定理，它又反对政府干预。而我国的地方政府是管理型政府，它强力介入到地方经济之中。所以，外国的办法和理论到了中国，就遭遇了水土不服的困境。

五、正确处理几个关系

（一）现在和未来的关系

保护环境就是把可持续发展提升到绿色发展高度，为后人"乘凉"而"种树"，就是不给后人留下遗憾而留下更多的生态资产。生态资产的供给取决于生态环境的现期消费和未来消费之间的选择。所谓生态红利，就是人们为了生态环境的未来消费而放弃现期消费所得到的报酬。如图 4-9 所示，横轴 OC^0 表示现期消费，纵轴 OC^1 表示未来消费，WW' 表示消费可能线，它与社会无差异曲线 U_2 切于 B 点，表明现期消费 OC_0^1、未来消费 OC_1^1 可实现效用最大化。但我们现在的生态处于 A（C_0^0, C_1^0）点，即现期消费多未来消费少，没有实现效用最大化。所以，应该减少

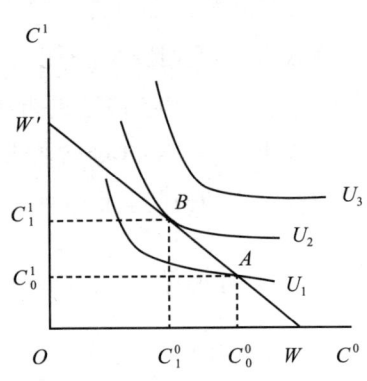

图 4-9 现在和未来的关系

$C_0^1 C_0^0$ 的现期消费，增加 $C_1^0 C_1^1$ 的未来消费，才能实现消费者均衡。

（二）节能和减排的关系

节能和减排既是统一的，又是矛盾的。比如，为什么现在的雾霾越来越严重？有环保工程师说，主要不是因为汽车尾气，而是因为热电厂烧煤；不是因为有害物质超标排放，而是因为排放温度不够。热电厂都按要求安装了冷凝脱硫设备，本来应该脱硫后加热到 80 度左右再排放，这样烟气才能扩散。可是热电厂为了节省能源，不开动加热器，致使排放的烟汽温度太低湿度太高，很难扩散到高层去，便形成了雾霾。发达国家不仅对排放含量有要求，对排放温度也有要求。我国仅对排放含量有要求，对排放温度没有要求，这就让热电厂钻了空子。还有很多工厂白天不生产，晚上生产，因为晚上排出的废气看不到，不用开动脱硫设备，可以节省能源。可见，节能和减排是有矛盾的，不能为了节能而降低减排标准。

（三）生产和生态的关系

生产和生态也有矛盾，生产创造 GDP，生态不创造 GDP，于是一些地方便重生产轻生态，补贴也是给生产不给生态。比如东北地区冬天取暖靠烧煤，为了减少劣质煤燃烧产生过多的有害气体，一些地方出现了一些专门生产煤核的工厂。有数据显示，煤核燃烧比较充分，产生的有害气体少。但由于煤核生产得不到政府补贴，老百姓还是愿意烧更便宜的劣质煤，空气污染问题就得不到解决。还有的地方因为排污企业的税收占地方财政收入的很大比例，所以地方政府下不了决心。如江苏徐州新沂市某钢铁有限公司因生产地条钢再次被央视曝光，记者采访该厂所在镇的负责人，他表示全镇一年财政收入为一千七八百万元，而这个小钢厂能提供上千万元，占财政收入的 55%。

（四）环境保护与文物保护的关系

生态环境中不能没有文物，所以文物保护是环境保护的一部分。所谓文物保护，指的是对具有历史价值、文化价值、科学价值的历史遗留物采取一系列措施防止其受到损害的过程。我国登记的不可移动文物近 77 万处,其中全国重点文物保护单位 2352 处。国家核定公布的国家历史文化名城 118 处,国家历史文化名镇名村 350 处。截至 2017 年 7 月,我国已拥有世界遗产 52 处,其中世界文化遗产 36 处,世界自然遗产 12 处,世界文化与自然混合遗产 4 处。文物保护中有几个问题不容忽视:一是重申报轻保护。有的地方申报遗产成功以后就万事大吉了,只管收门票,很少有保护措施,致使几年后文物损坏严重。二是重开发轻保护。一些地方搞城市改造,拆掉了很多文物,令人心疼和气愤。三是重金钱轻道德。有的地方为争西门庆出生地大打口水仗,不知想给后代留下什么样的文化。

第五节　地区合作

地区合作是最好的地方保护,它就像"抱团取暖"一样,既可以降低保护成本,实现地方利益的双赢或多赢;又可以通过合作组织提高谈判地位,以对抗合作区外的垄断势力,对地方利益实施有效保护。而且,很多环境污染都是跨地区的,只有地区合作才能有效地治理污染,保护好环境。

一、地区合作的前提

地区之间之所以要合作,是因为合作能增进各地区的利益。所以合作的前提是不损害对方的利益,每一次合作都是一次帕累托改进。

图 4-10 中,横轴 OA 表示 A 地区的利益,纵轴 OB 表示 B 地区的利益,ab 是现有制度条件下的利益可能性边界,OE 表示平均利益线,S 表示现实利

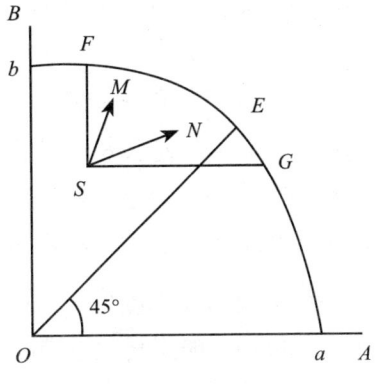

图 4-10　帕累托改进

益分布点，则由 S 点到直角扇面 SGF 中任何一点均为地区利益的帕累托改进。比如从 S 到 M，两地的利益都有所增进，只不过 B 地区利益增加得多，A 地区利益增加得少。又如从 S 到 N，两地的利益也都有所增进，只不过 A 地区利益增加得多，B 地区利益增加得少。即使是从 S 到 G（或 F），表明 A（或 B）地区的利益增加了，但 B（或 A）地区的利益也没减少，所以也是帕累托改进。因为 SM、SF 离平均利益线 OE 越来越远，表明两地的差距越拉越大，称之为发散型帕累托改进。因为 SN、SG 离 OE 越来越近，表明两地的差距越来越小，称之为收敛型帕累托改进。

由于 S 靠近 B 轴，表明 B 地区的利益积累多，经济发展水平高；A 地区的利益积累少，经济发展水平低。所以 A 地区对于收敛型的帕累托改进更感兴趣，合作倾向高。对于发散型的帕累托改进，虽然合作倾向低，但并不是不愿合作。即使是从 S 到 G，A 地区从合作中没有得到任何好处，但因为地方利益并没有受损，仍有合作的可能。超过 SG 则不行了，所以 SG 被称为 A 地区与 B 地区合作的底线。那么能不能由此推断 SF 是 B 地区与 A 地区合作的底线呢？还不能这么说，这是因为 B 地区本来就发达，与 A 地区差距拉大并不符合自身的长远利益，所以会愿意在一定条件下对 A 地区予以支援。这种支援暂时会使 B 地区利益受损，所以不属于帕累托改进，但因为对国家整体利益有好处，B 地区也可以从中得到补偿，因此可以称之为卡尔多—希克斯改进。

二、地区差距与合作

地区差距与合作有密切的关系。如图 4-11，横轴 OA 表示 A 地区的利益，纵轴 OB 表示 B 地区的利益，ab 是利益可能性边界，OD 是平均利益线，它们交于 D 点。OG 和 OC 是基尼系数线，两线中间表示两个地区的差距小，合作容易；两线以外表示两个地区的差距大，合作困难。DV 和 DH 是帕累托改进线，它们分别与 OA 轴和 OB 轴垂直，两线中间表示未来能够通过帕累托改进消除差距，两线以外表示未来不能通过帕累托改进消除差距。这样，两条基尼系数线 OG、OC 和两条帕累托改进线 DV、

DH 就将整个空间分成三类：一类是自由合作区，它包括 OFD 和 OED。在这个区域两地的差距小，又能通过帕累托改进消除差距，所以上级政府不用管，它们自己可以通过"自由恋爱"找到合作对象。一类是困难合作区，它包括 OHF、FGD、EDC 和 OEV。在这个区域两地的差距虽然大，但能通过帕累托改进消除差距；或者虽然不能通过帕累托改进消除差距，但两地差距没那么大。所以上级政府可以通过税收等办法

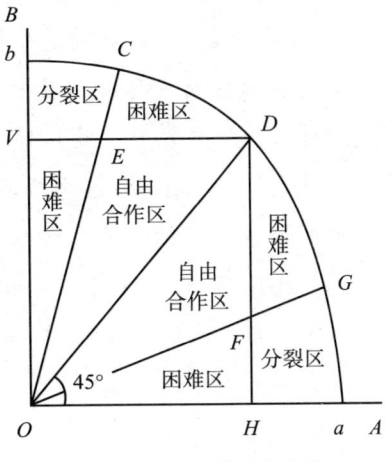

图 4-11　地区差距与合作

加大对贫困地区的支持力度，缩小地区差距。还有一类是分裂区，它包括 $HaGF$ 和 $VECb$。在这个区域两地的差距很大，又不能通过帕累托改进消除差距，如果任由市场来选择，它们是很难合作的，因此表现出比较强的分裂主义倾向。

三、地区分裂与制度创新

一个地区一旦进入分裂区，仅靠优惠政策已经解决不了问题了，必须依靠制度创新。如图 4-12 所示，制度创新可以使利益可能性边界 ab 向外扩展到 $a'b'$，相应的帕累托改进线 DV、DH 也向外移动到 $D'C$ 和 $D'G$，于是分裂区 $HAGF$ 和 $VECb$ 可以分别进入到困难合作区 OaG 和 OCb，而困难合作区 FGD 和 EDC 也可以分别进入到自由合作区 OGD' 和 $OD'C$。可见，制度创新是解决分裂问题的最好办法，也是对贫困地区利益的最好保护。

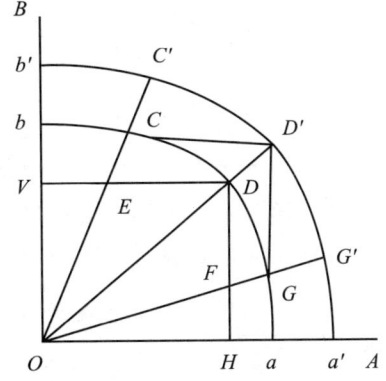

图 4-12　制度创新与合作

【案例】 对口支援是一种制度创新，它是以中央政府为主导、经济发达地区对贫困地区实施的一对一的援助。2008年"5·12"特大地震后，中央发布《汶川地震灾后恢复重建对口支援方案》，全国18个省市以"一省市帮一重灾区市县"的制度分别对口支援四川、甘肃、陕西严重受灾的县市，使灾区经济很快恢复和发展起来。借鉴此模式，2010年3月30日，全国对口支援新疆工作会议在北京闭幕，新疆维吾尔自治区的80余个贫困县，获得了来自全国19个省市区的对口支援，地方经济发生了很大的变化，这对新疆的发展和扼制分裂主义起到了很好的作用。

本章小结

面对地区竞争和两极分化的压力，地方政府不得不采取措施保护地方利益。地方保护主要是对幼稚产业的保护。幼稚产业是指处于成长阶段尚未成熟，但具有潜在优势的产业。关于什么是幼稚产业，有穆勒标准、巴斯塔布尔标准和坎普标准。坎普认为，如果一个产业具有显著的正的积极的外部性，它的存在和发展能够带动别的产业的发展，给社会带来额外的好处，那么即使它的保护成本大于它预期利润的贴现值，也应该由政府出面来对它进行保护。

地方保护的措施分为需求侧地方保护和供给侧地方保护两种，前者如限制政府购买，它会使本地福利水平降低、产品输出减少，不可取。后者如生产补贴，虽有一定作用，但会加重政府负担。应该对幼稚产业的中间产品给予必要补贴，以提高有效保护率。环境保护是最根本的地方保护，污染的治理有三种办法：一是规定排放标准，超过标准将受到惩罚；二是对污染物排放收税；三是实行可转让许可证制度，即买到了许可证才能按规定排放。环境保护要处理好现在和未来的关系，把可持续发展提升到绿色发展高度，为后人"乘凉"而"种树"，不给后人留下遗憾而留下更多的生态资产。生态资产的供给取决于生态环境的现期消费和未来消费之间的选择。所谓生态红利,就是人们为了未来消费而放弃现期消费所得到的报酬。环境保护还要处理好节能和减排、生产和生态、环境保护与文物保护的关系。地方保护离不开地区合作,地区通过市场合作的前提是这种合作必须是帕累托改进,为此政府须进行制度创新,以扶持贫困地区。

1. 什么是幼稚产业?什么是穆勒标准、巴斯塔布尔标准和坎普标准?你赞成哪个标准?

2. 什么叫限制政府购买?为什么说这种保护措施不可取?

3. 什么叫生产补贴?如何提高有效保护率?

4. 为什么说环境保护是最好的地方保护?画图说明某工厂污染环境的负的外部性。

5. 保护环境要处理好哪些关系?为什么说生态红利是指人们为了未来消费而放弃现期消费的报酬?

6. 地区差距与合作是什么关系?为什么要制度创新?

7. 我国的空气污染是很严重的,欧盟委员会的全球大气研究排放数据库的图表显示,中国在2011年制造了97亿吨二氧化碳,几乎是美国的两倍。2011年,中国的水泥工业排放了8.2亿吨的二氧化碳,超过德国。该图表还显示,德国是污染第六严重的国家,美国第二,中国第一。有人在网上说,北京的雾霾之所以越来越严重,是因为内蒙古、河北建的风力发电厂太多了,挡住了吹往北京的风。所以建议在雾霾严重的日子里停止这些风力发电厂的生产。你认为这种说法有没有道理?北京雾霾的罪魁祸首究竟是什么?

第五章

比较优势

地方保护是被动防御,最好的防御则是主动进攻。贫困地区仅仅靠地方保护是很难脱贫致富的,根本出路还是要发挥自身的优势,积极主动地参与到地区分工与合作中来。问题是:贫困地区还有优势吗?

第一节 绝对优势原理

一、区际分工与合作

区际分工是社会分工发展到一定阶段的产物,是地区内部的分工超越地区界限广泛发展的结果。早在1776年,亚当·斯密就在《国富论》中充分肯定了分工的作用。他以制针业为例,说在没有分工的情况下,一个工人既要将钢丝截短,又要将一头磨尖,还要将另一头打眼,每天至多能制造20枚针,有的甚至连一枚也制造不出来。有了分工以后,有人专门将钢丝截短,有人专门将一头磨尖,还有人专门将另一头打眼,这样不仅提高了劳动的熟练程度,节省了工具转换的时间,还能用机器代替手工,劳动生产率大大提高,平均每人每天可制针4800枚。

区际分工是地区合作的基础,是区际贸易的必要条件。斯密说:"如果一件东西在购买时所花费的代价比在家里生产时花费的小,人们就永远不会在家里生产,这是每一个精明的家长都知道的格言。裁缝不想制作他自己的鞋子,而是向鞋匠购买。鞋匠不想制作他自己的衣服,而雇裁缝制作……他们都感到,为了他们自身的利益,应当把他们的全部精力集中使用到比邻人处于某种有利地位的方面,而以劳动生产物的一部分或同样的东西,即其一部分的价格,购买他们所需要的任何其他物品。"[①] 一个家庭是这样,一个地区也是这样。如果每个地区都把精力集中到比别的地区处于更有利地位的方面,并将产品拿到共同市场上去交换,再用所得的收益去购买自己所需要的产品,这不仅对自己有好处,也是别的地区所希望的。地区间的贸易就这样展开了,各个地区就这样繁荣起来。

二、绝对优势原理

裁缝和鞋匠相比,裁缝在制衣方面具有特长,处于绝对优势地位;鞋匠在制鞋方面具有特长,处于绝对优势地位。他们各自生产自己拥有绝对优势的产品,然后用部分产品进行交换,这对双方都有好处。同样道理,各个地区都生产自己拥有绝对优势的产品,进行专业化分工,然后用部分产品和别的地区进行交换,则能使各个地区都受益。这就是绝对优势原理。

【案例】 假设有两个地区:A 地区与 B 地区,它们都生产大米和棉花,但各自生产大米和棉花的效率不同,如表 5-1 所示。问:它们怎样分工合作才能使双方都受益呢?

表 5-1　　　　　　　　两个地区的绝对优势

	A 地区	B 地区
大米(吨/小时)	6	1
棉花(吨/小时)	4	5

[①] 亚当·斯密著,郭大力、王亚楠译:《国民财富的性质和原因的研究》上卷,商务印书馆 1992 年版,第 29 页。

由表 5-1 可知，A 地区在大米生产上具有绝对优势，因为它每小时可生产 6 吨大米，而 B 地区只能生产 1 吨；B 地区在棉花生产上具有绝对优势，因为它每小时可生产 5 吨棉花，而 A 地区只能生产 4 吨。所以，根据绝对优势原理，A 地区专门生产大米并用部分大米和 B 地区交换棉花，B 地区专门生产棉花并用部分棉花和 A 地区交换大米，这对双方都有利。这是为什么呢？如果两个地区按照 1∶1 比例交换大米和棉花，A 地区 6 吨大米可换 B 地区 6 吨棉花，比自己生产可多得 2 吨棉花，因为自己在同样时间只能生产 4 吨棉花。B 地区 5 吨棉花可换 A 地区 5 吨大米，比自己生产可多得 4 吨大米，因为自己在同样时间只能生产 1 吨大米。可见，两地区在不同商品上各具绝对优势的情况下，按绝对优势进行专业化生产然后交换，可以使双方都受益。

> 【故事】 三个人出门，一个人带着伞，一个人带着拐杖，还有一个人空手，什么都没带。结果回来时下大雨，带伞的淋湿了，拿拐杖的摔倒了，反倒是什么都没带的啥事没有。这是为什么？

这个故事说明，绝对优势并不是万能的，过于依仗它有可能坏事。什么都没有带的人下了雨知道躲闪，雨停了再找没水的地方走。不像带伞的，凭借着雨伞的绝对优势，雨大了也不躲，结果就被淋湿了；也不像拿拐杖的，凭借着拐杖的绝对优势，雨停了不顾泥泞大胆走，结果就滑倒了。

第二节 比较优势原理

一、比较优势原理的概念

绝对优势原理告诉我们，各地区都生产自己拥有绝对优势的产品，然后进行交换，则能使大家都受益。可现实情况是，贫困地区往往什么绝对优势都没有。一些贫困地区原来还有资源优势，由于世界工业布局的指向性变化，这个优势也不复存在。那贫困地区怎么办？难道就不能参与到地区间的分工合作中来吗？

比较优势原理告诉我们，即使 A 地区在两种产品的生产中都拥有绝对优势，而 B 地区在两种产品的生产中都拥有绝对劣势，只要 A 地区专门生产优势较大的产品，B 地区专门生产劣势较小的产品，则通过专业化分工和区际交换，双方仍能得到比自己什么都生产更大的收益。

我们仍以刚才的例子说明这个道理，只不过为了符合 A 地区在两种产品的生产中都拥有绝对优势、B 地区在两种产品的生产中都拥有绝对劣势的假定，对其中一个数字做了改动。

> 【案例】 假设有两个地区：A 地区与 B 地区，它们都生产大米和棉花，但各自生产大米和棉花的效率不同，如表 5-2 所示。问：它们怎样分工合作对双方都有利？

表 5-2　　　　　　　　　　两个地区的比较优势

	A 地区	B 地区
大米（吨/小时）	6	1
棉花（吨/小时）	4	2

表 5-2 表明，A 地区在两种产品的生产中都拥有绝对优势：它每小时可生产大米 6 吨，B 地区只能生产 1 吨；每小时可生产棉花 4 吨，B 地区只能生产 2 吨。但是，如果单就 A 地区来看，就它的大米生产和棉花生产相比，大米的优势更大一些，每小时可生产 6 吨，棉花才 4 吨，这是它的比较优势。如果单就 B 地区来看，虽然它在两种产品的生产中都处于绝对劣势，但如果就它的大米生产和棉花生产相比，棉花生产的优势更大一些，每小时可生产 2 吨，大米才 1 吨，这是它的比较优势。按照比较优势原理，A 地区只生产大米，B 地区只生产棉花，然后相互交换。A 地区用 6 吨大米交换 B 地区 6 吨棉花，比自己生产可多得 2 吨棉花，因为自己同样时间只能生产 4 吨棉花。B 地区用 6 吨棉花交换 A 地区 6 吨大米，比自己生产可多得 3 吨棉花，因为自己同样时间只能生产 3 吨棉花。可见，

不管一个地区和另一个地区相比是否拥有绝对优势，但自己和自己相比总有比较优势，只要两地区都按比较优势进行分工生产，然后再交换，则双方都能得到好处。

二、基于机会成本的比较优势

既然比较优势是自己生产的不同产品相比较得到的，那就可以用机会成本的概念来表述。所谓机会成本，就是指在资源既定的条件下，额外生产一种产品所必须放弃的另一种产品的数量。比如，A 地区一小时可生产大米 6 吨，或者棉花 4 吨，则多生产一吨大米就必须放弃 2/3 吨棉花，多生产一吨棉花就必须放弃 3/2 吨大米，所以大米的机会成本是 2/3 吨棉花，棉花的机会成本是 3/2 吨大米。这样，两地各自生产大米和棉花的不同机会成本就如表 5-3 所示。

表 5-3　　　　　　　　两个地区的比较优势与机会成本

	A 地区	单位机会成本	B 地区	单位机会成本
大米（吨/小时）	6	2/3 吨棉花	1	2/1 吨棉花
棉花（吨/小时）	4	3/2 吨大米	2	1/2 吨大米

可见，两地拥有比较优势的产品，都是机会成本比较低的产品。如 A 地区的大米具有比较优势，其大米的机会成本为 2/3 吨棉花，就低于棉花的机会成本 3/2 吨大米；B 地区的棉花具有比较优势，其棉花的机会成本为 1/2 吨大米，就低于大米的机会成本 2/1 吨棉花。所以，比较优势原理可以这样来表述：在资源有限的情况下，如果各地都只生产机会成本低的产品，那么通过交换大家就都能从中受益。

比较优势原理中的两个地区可以推广到多个地区，两种产品可以推广到多种产品。有了机会成本的概念，各地区之间也可进行比较了。如有 A、B、C 三个地区，生产 X、Y 两种产品，其生产效率和机会成本如表 5-4 所示。

表 5-4　　　　　　　　三个地区的比较优势与机会成本

	X	机会成本	Y	机会成本
A	12	1/3Y	4	3X
B	10	1/2Y	5	2X
C	10	1Y	10	1X

表 5-4 显示，生产 1 单位 X 产品的机会成本，A 地区为 1/3Y，B 地区为 1/2Y，C 地区为 1Y，可见 A 地区的机会成本最低，其次是 B 地区，最后是 C 地区。而生产 1 单位 Y 产品的机会成本，A 地区为 3X，B 地区为 2X，C 地区为 1X，可见 C 地区的机会成本最低，其次是 B 地区，最后是 A 地区。因此，典型的互利模式是：A 地区专门生产 X 产品，C 地区专门生产 Y 产品。

那 B 地区呢？B 地区生产什么取决于商品的需求强度和区际交换的条件。假如 A 与 C 的交换比例为 2∶1，恰好等于 B 地区内两商品的交换比例，这样的话 B 的商品将不会进入 X 和 Y 的区际贸易市场，区际贸易仅在 A 与 C 之间进行。但如果 A 对 Y 的需求增大，从而使区际交换比例变为 2∶1.5，这时 B 就在 Y 上获得了比较优势，B 也生产 Y，和 C 共同向 A 输出 Y。同理，当 C 对 X 的需求增大，从而使区际交换比例变为 2.5∶1，这时 B 就在 X 上获得了比较优势，B 也生产 X，和 A 共同向 C 输出 X。

第三节　比较优势原理的几何分析

一、机会成本不变的比较优势

在连续生产一种产品机会成本不变的情况下，生产可能性曲线是一条直线。如图 5-1，AB 为 A 地的生产可能性曲线，A'B' 为 B 地的生产可能性曲线。在两地没有合作关系时，产品组合点分别为 S(50, 25) 和 S'(30, 45)。显然，各地都只能消费本地生产的大米和棉花，生产点和消费点重合。由于 AB 比较倾斜,$A'B'$ 比较陡峭,表明 A 地区在大米生产上机会成本低,拥有比较优势;B 地区在棉花生产上机会成本低,拥有比较优势。两地合作之后,A 地专门生产大米,生产点移至 A 点,大米产出为 100 万吨;B 地专门生产棉花,生产点移至 B' 点,棉花产出为 90 万吨。这时,两地不再沿原来的生产可能性曲线去消费,而是根据共同市场的价格重新选择。假设两地的相对价格为 1:1,那么两地的价格线就是分别从 A 和 B' 出发与横轴成 45°夹角的直线 AB_1 和 A'_1B'。于是,两地的消费点就会分别到 $E(60,40)$ 和 $E'(40,50)$。A 地生产大米 100 万吨,自己只消费 60 万吨,剩余 40 万吨和 B 地交换棉花;B 地生产棉花 90 万吨,自己只消费 50 万吨,剩余 40 万吨和 A 地交换大米。这样,两地的消费水平都比原来提高了,A 地可多消费大米 60-50=10(万吨),多消费棉花 40-25=15(万吨);B 地可多消费大米 60-40=20(万吨),多消费棉花 50-45=5(万吨)。

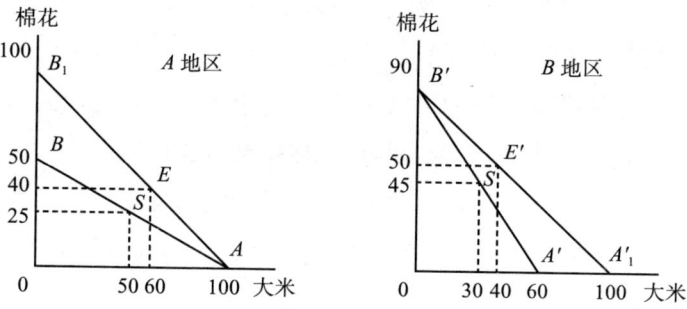

图 5-1 机会成本不变的比较优势

二、机会成本递增的比较优势

在现实经济中,商品生产的机会成本往往不是固定不变的,而是递增的。所以生产可能性曲线就不是直线了,而是一条凹向原点的曲线。在这种情况下,比较优势原理还成立吗?

图 5-2 中,横轴 OX 表示 X 商品的生产,纵轴 OY 表示 Y 商品的生产,AB 是 A 地区的生产可能性曲线。在没有和 B 地区分工合作以前,A 地区生产处于 S_0 点的组合,即本地生产并消费 a_0 的 X、b_0 的 Y。P_d 是与 AB

切于 S_0 的价格线,其斜率反映了本地 X 和 Y 交换的比例。在与 B 地区分工合作以后,假设共同市场上 Y 便宜 X 贵了,P_d 就会变得陡峭成为 P_W,A 地居民就不再满足于 AB 上的消费组合,而是沿 P_W 选择适当的消费点,比如 E(a_2,b_2)点,以改善其福利。有利的交换条件会使 A 地区不断扩大其具有

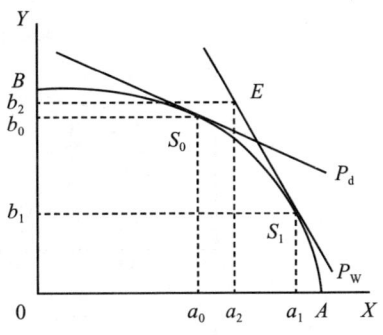

图 5-2 机会成本递增的比较优势

比较优势的 X 的生产,生产点移到 AB 与 P_W 的切点 S_1(a_1,b_1),于是在 A 地区,X 的生产是 a_1,消费是 a_2,多余(a_1-a_2)的 X 可卖给 B 地区;Y 的生产是 b_1,消费是 b_2,缺少(b_2-b_1)的 Y 可向 B 地区购买。用同样方法还可以分析 B 地区的生产消费模式。

比较图 5-2 和图 5-1,可以发现在机会成本不变的条件下,两地可实行完全的专业化分工,但在机会成本递增的条件下,两地只能实行不完全的专业化分工。所谓不完全的专业化分工,就是 A 地区尽管在 X 产品生产上具有比较优势,但并不能将全部资源都用以生产 X,使产量达到 OA,而只是能将大部分资源用以生产 X,还有少部分资源要用以生产 Y。这是因为随 X 产量的增加,其机会成本也在增加,当机会成本超过价格时再继续生产便会得不偿失。B 地区也一样。

三、地区分工合作的优势

现在来分析不同地区都按比较优势进行专业化分工的效果。如图 5-3,SS 和 $S'S'$ 分别是 A 地区和 B 地区的生产可能性曲线,U_0、U_1 和 U'_0、U'_1 分别是 A 地区和 B 地区的社会无差异曲线。在 A 地区和 B 地区没有合作的时候,各自的生产可能性曲线与社会无差异曲线分别切于 S_0 和 S'_0,即 A 地区在 S_0 点消费自身产出,B 地区在 S'_0 点消费自身产出,两地的福利水平分别为 U_0 和 U'_0,价格线分别是 P_d 和 P'_d。因为 P_d 的斜率小于 P'_d 的斜率,所以 A 地区在 X 产品的生产上具有比较优势,B 地区在 Y 产品的

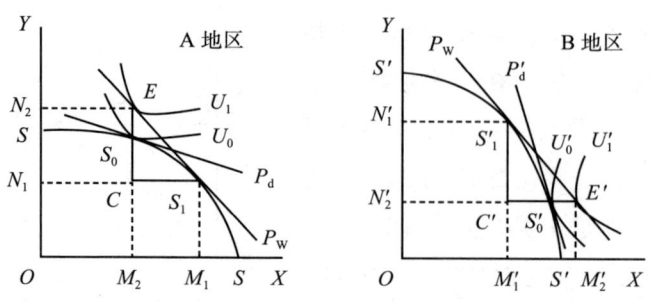

图 5-3 各地区分工合作的优势

生产上具有比较优势。

如果两个地区不是彼此孤立而是分工合作，A 地区输出 X 换取 Y，B 地区输出 Y 换取 X，那么随着贸易的开展，A 地的 X 减少价格上升，Y 增加价格下降，P_d 便沿着 SS 向下转动，斜率逐渐增大；B 地的 Y 减少价格上升，X 增加价格下降，P_d' 便沿着 S'S' 向上转动，斜率逐渐减小。最后，P_d 和 P_d' 都到达 P_w 的位置，两地市场形成一个比较稳定的价格，生产和消费都实现了均衡。这时对 A 地区来说，P_w 与 SS 切于 S_1，表明 X 的产量为 OM_1，Y 的产量为 ON_1；P_w 与 U_1 切于 E，表明 X 的消费量为 OM_2，Y 的产量为 ON_2。因为 $OM_1>OM_2$，说明 X 有 M_2M_1 的剩余，可卖给 B 地；因为 $ON_2>ON_1$，说明 Y 有 N_1N_2 的不足，可从 B 地购买。如果 A 地正好能用 M_2M_1 的 X 换回 N_1N_2 的 Y，福利水平就能由 U_0 提高到 U_1。

这时对 B 地区来说，P_w 与 S'S' 切于 S_1'，表明 X 的产量为 OM_1'，Y 的产量为 ON_1'；P_w 与 U_1' 切于 E'，表明 X 的消费量为 OM_2'，Y 的产量为 ON_2'。因为 $OM_2'>OM_1'$，说明 X 有 $M_1'M_2'$ 的不足，可从 A 地购买；因为 $ON_1'>ON_2'$，说明 Y 有 $N_2'N_1'$ 的剩余，可卖给 A 地。如果 B 地正好能用 $N_2'N_1'$ 的 Y 换回 $M_1'M_2'$ 的 X，福利水平就能由 U_0' 提高到 U_1'。因为 $\triangle ECS_1$ 为 A 地的贸易三角形，$\triangle E'C'S_1'$ 为 B 地的贸易三角形，所以当市场出清的时候，$\triangle ECS_1 \cong \triangle E'C'S_1'$。

由以上分析可知，A、B 两地各自根据自己的比较优势进行专业化生产，然后相互交换，能使双方的福利水平都上一个新台阶。

四、地方利益的分配

尽管按比较优势分工对各方都有好处,但这个好处还是有差别的,差别的大小主要取决于具有比较优势产品的供给弹性。

如图 5-4,横轴 OQ_Y 表示 Y 产品的数量,纵轴 P_Y/P_X 表示 Y 产品相对 X 产品的价格。在两地没有贸易前,A 地需求曲线 D_A 与供给曲线 S_A 交于 E_1,决定了均衡价格为 P_1,均衡数量为 Q;B 地需求曲线 D_B 与供给曲线 S_B 交于 E_2,决定了均衡价格为 P',均衡数量为 Q'。两地有了贸易后,因为 $P_1>P_2$,表明 B 地拥有 Y 产品的比较优势,所以 Y 由 B 地向 A 地流动,导致 A 地 Y 的价格下降,B 地 Y 的价格上升,最后价格为 P 时实现了共同市场的均衡。这时 A 地的消费者剩余增加了 $a+b+d$,生产者剩余减少了 a,整个地区的利益变化为 $(a+b+d)-a=b+d$。也就是说,尽管 A 地从 B 地输入 Y,使得生产者剩余减少,但消费者剩余增加了,整个地区的利益是增加的,增加的幅度为 $b+d$。同样的分析可知,B 地通过向 A 地输出 Y,消费者剩余减少但生产者剩余增加了,整个地区的利益增加了 f。

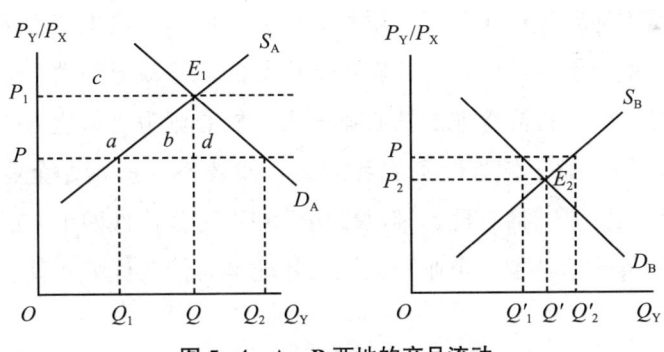

图 5-4 A、B 两地的产品流动

现在来分析两地的贸易给哪个地区带来更大利益。由于 $b+d$ 是 A 地从 B 地输入 Y 后给 A 区消费者带来的利益,f 是 B 地输出 Y 后给 B 区生产者带来的利益,所以,贸易给哪个地区带来更大利益的问题又归结到 $b+d$ 和 f 哪个大的问题。以 S 表示 Y 的输出供给曲线,输出供给等于 B 地对 Y 的超额供给 S_B-D_B;以 D 表示 Y 的输入需求曲线,输入需求等于 A

地对 Y 的超额需求 D_A-S_A。显然,S 和 D 在纵轴上的截距分别等于封闭条件下 A、B 两地的均衡价格 P_2 和 P_1。而 S 的斜率,和 S_B 的弹性系数正相关;D 的斜率,和 D_A 的弹性系数正相关。由图 5-5 可知,当 S 的斜率大于 D 的斜率(左图)时,Y 的价格 P 比较高,$f>b+d$,B 区获得了更大的利益;当 S 的斜率小于 D 的斜率(右图)时,Y 的价格 P 比较低,$f<b+d$,A 区获得了更大的利益。

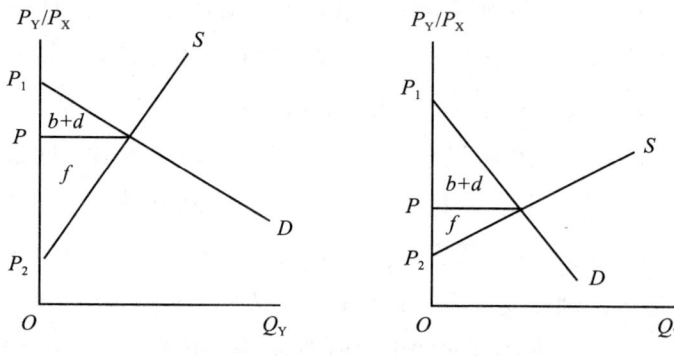

图 5-5　两地区贸易利益的分配

由于消费者的利益比较分散而生产者的利益比较集中,所以地方政府往往更看重本地区生产者利益的增长。而要想使本地区生产者的利益有较大的增长,就要使本地区具有比较优势产品的供给缺乏弹性。而要想使供给缺乏弹性,就要提高企业的核心竞争力。核心竞争力指能为企业带来相对于竞争对手的竞争优势的资源和能力。如表 5-5 所示,企业的核心竞争力包括有无价值、稀有性、难以模仿性和不可替代性四个方面,只有这四个方面的条件都具备,企业乃至地区才能具有持久优势,其业绩才能大于平均回报。

表 5-5　　　　　　　　　核心竞争力的四个标准

有无价值	稀有性	难以模仿性	不可替代性	竞争后果	业绩评价
×	×	×	×	没有优势	<平均回报
√	×	×	√ ×	优势对等	=平均回报
√	√	×	√ ×	暂时优势	≥平均回报
√	√	√	√	持久优势	>平均回报

第四节　比较优势原理的意义

比较优势原理最早是由李嘉图提出来的，至今被公认是十分正确和重要的原理。美国著名经济学家萨缪尔森在哈佛当学生的时候，他的一个同学要他在所有社会科学原理中，指出一个既正确又重要的理论。萨缪尔森这个当时已经崭露头角的高才生，一下子竟被难住了。此后30年中，这个问题一直萦绕在他的脑海中，直到他获得诺贝尔经济学奖的前一年，也就是1969年，才找到了答案。萨缪尔森认为，李嘉图的比较优势原理是那些可以称作既正确又重要的社会科学原理中首屈一指的。

一些贫困地区之所以贫困，是因为那里的干部和群众缺乏信心，总认为自己这也不行那也不行，只能等着别人来帮助和救济。比较优势原理告诉我们，即使我们各方面比别人都不行，和自己相比总有一方面要好一些，这就是我们的比较优势。只要我们充分发挥自己的比较优势，就能参与到社会分工和合作的大潮中，顺势而上。

一些发达地区之所以停滞不前，是因为那里的干部和群众盲目乐观，总认为自己这也行那也行，什么都舍不得放弃。比较优势原理告诉我们，你即使各方面都比别人强，也不能什么都干，应选中自己的比较优势进行产业结构的优化和调整，集中精力干好它，而把其他优势拿来与其他地区分享。这样既对自己好，对别的地区好，对国家也好。

有的领导说，我们地区什么什么比别的地区好，这是我们的比较优势，要发扬光大。错了，这不是比较优势，而是绝对优势。绝对优势是和别人相比较显现出来的，比较优势则是和自己相比较显现出来的。一个地区可能没有绝对优势，但不可能没有比较优势。在这一点上大家都是公平的，都站在同一条起跑线上。所以，贫困地区不要气馁，发达地区也不要骄傲，只要能客观地分析自己的绝对优势和比较优势，并按绝对优势或比较优势原理进行专业化分工，则对双方都有好处，就都能得到发展。

> **【故事】** 有人问上帝：什么是地狱，什么是天堂？上帝领他到一个地方，见许多人围着一口大锅喝汤。锅里有好喝的汤，每个人都准备了长柄的勺，因为柄不长就舀不到汤。可舀到了汤却因为柄太长送不到自己嘴里，大家都很沮丧。上帝说，这就是地狱。上帝又领他到一个地方，也是许多人围着一口大锅舀汤喝。虽然勺的柄也很长，但他们不是舀汤给自己喝，而是你舀汤给我喝，我舀汤给你喝，结果都能喝到汤，大家很高兴。上帝说，这就是天堂。

在这个故事里，带长柄的勺就是比较优势，每个人都有。但为什么不能把汤送到自己嘴里？就是因为比较优势都是为别人准备的，就像商品都是为别人生产的一样。如果一个地区有了比较优势而不能与其他地区分工合作，这种优势就发挥不出来，和没有一样。所以，既要有比较优势，还要有合作共赢的思想和有助于分工合作的政策、制度。

比较优势原理不仅可以用以解释经济现象，也可以用以解释其他现象。

> **【案例】** 有人说，中国为什么获得诺贝尔科学奖的人少之又少？一个重要原因就是很多优秀学者都担任了行政职务。据统计，中国科学院院士当中具有行政职务的人占总数的63%，而诺奖得主具有行政职务的只占总数的19%。中国工程院院士中兼职的就更多了，783名工程院院士共有5610个兼职，平均每个人有兼职7.2个。有这么多兼职，哪有时间搞科研？你同意这个观点吗？

我同意这个观点。有人认为，优秀人才不仅业务好，管理能力也强，不给个行政职务不是浪费人才吗？也无法体现政府对人才的重视呀。这里有三个问题需要搞清楚：一个是比较优势问题。一个人即使科研和管理都好，具有绝对优势，也总有一方面更好一些，这是他的比较优势；另一个人即使在科研和管理上都不如他，也总有一方面更好一些，这也是他的比较优势。根据比较优势原理，两个人都根据自己的比较优势进行专业化分工，即一个人专门搞科研，一个人专门搞管理，这对双方都有好处，组织的整体效益也才能最大。第二个问题是怎样才能体现对人才的重视？如果社会的大气候是官本位，有点成绩就给个官，好像只有当官才能体现人才的价值，那么，很多人才就会被吸引去当官，人们的注意力也会被吸引到官员身上，其他部门和职位就会因为缺乏人才和重视受到影响。第三个问题是如何调动大家积极性的问题。行政资源是有限的，学术资源也是有限的，如果行政资源和学术资源都集中在少数人手上，科研课题和奖项的获得者不是这个长就是那个长，这些人又忙于行政事务，没时间搞科研，很多成果都是科研人员辛辛苦苦搞出来以后挂上了他们的名，这就不公平，很难激发起广大科研人员的工作热情。

本章小结

一个地区仅靠地方保护是很难发展的，根本出路还是要发挥自身的优势。

裁缝和鞋匠相比，裁缝在制衣方面具有特长，处于绝对优势地位；鞋匠在制鞋方面具有特长，处于绝对优势地位。他们各自生产自己拥有绝对优势的产品，然后用部分产品进行交换，这对双方都有好处。同样道理，各个地区都生产自己拥有绝对优势的产品，进行专业化分工，然后用部分产品和别的地区进行交换，则能使各个地区都受益。这就是绝对优势原理。

比较优势原理告诉我们，即使A地区在两种产品的生产中都拥有绝对优势，而B地区在两种产品的生产中都拥有绝对劣势，只要A地区专门生产优势较大的产品，B地区专门生产劣势较小的产品，则通过专业化分工和区际交换，双方仍能得到比自己什么都生产更大的收益。有了机会成本的概念以后，比较优势原理可以这样来表述：在资源有限的情况下，如果各地都只生产机会成本低的产品，那么通过交换大家就都能从中受益。

尽管按比较优势分工对各方都有好处，但这个好处还是有差别的，差别的大小主要取决于具有比较优势产品的供给弹性。供给缺乏弹性的地区获得的利益要大于供给富有弹性的地区。而要想使供给缺乏弹性，就要使企业拥有核心竞争力，它包括产品有无价值、稀有性、难以模仿性和不可替代性。

比较优势原理具有重要的现实意义。它能使发达地区丢掉包袱，集中精力扶持具有比较优势的产业，始终保持领先地位；也能使贫困地区认识到自己也有比较优势，从而增强信心，迎头赶上。比较优势原理还能应用于人才的分工问题，一个人即使科研和管理都好，具有绝对优势，也总有一方面更好一些，这是他的比较优势；另一个人即使在科研和管理上都不如他，也总有一方面更好一些，这也是他的比较优势。根据比较优势原理，两个人都根据自己的比较优势进行专业化分工，即一个人专门搞科研，一个人专门搞管理，这对双方都有好处，组织的整体效益也才能最大。

思考题

1. 机会成本不变和机会成本递增的生产可能性曲线有什么不同？为什么？

2. 举例说明什么是绝对优势原理？

3. 举例说明什么是比较优势原理？

4. 画图说明比较优势原理对地区经济发展的意义。

5. 一位校长，他在管理和打字方面都比秘书要强。问：校长的绝对优势是什么？比较优势是什么？秘书有没有绝对优势？有没有比较优势？他们应该怎样分工合作才能使学校的利益最大？

6. 举例说明比较优势原理在经济领域和其他领域的应用。

第六章

要素组合

一个地区的比较优势是怎么来的？它和这个地区所拥有的不同生产要素的组合及其相对比例有关。这一章主要从要素组合的角度解释比较优势产生的原因，以及它对地区经济发展的影响。

第一节 要素组合的比例

一、生产和要素禀赋

长期以来，我们总认为生产就是创造物质产品的活动。其实，从广义上说，生产是一种投入生产要素产出人类所需要的产品和服务的活动。服务活动包括运输、旅游、金融、文化等活动。俗话说："巧妇难为无米之炊"，任何企业进行生产，都必须投入劳动、资本、土地、企业家才能等生产要素。这些投入的生产要素在各种生产经营活动中要按一定的比例组合起来。一个地区的要素禀赋，就是这个地区所拥有的两种生产要素的相对比例。通常这两种生产要素是指劳动和资本。若 A 地区拥有的资本数量为 K，劳动数量为 L，则其要素禀赋为 K/L。或者说，一个地区的要素禀赋就是这个地区单位劳动所拥有的资本的数量。

要素禀赋的大小取决于两个因素：一是企业所采用的技术。技术越先进，投入的资本就越多，劳动就越少，要素禀赋就越大；技术越落后，投入的资本就越少，劳动就越多，要素禀赋就越小。二是企业本身的性质。有的企业如快递公司，投入的劳动就比资本多，要素禀赋就小；有的企业如钢铁公司，投入的资本就比劳动多，要素禀赋就大。

要素禀赋是个相对的概念。若一个地区的要素禀赋大于另一个地区，则该地区为资本丰富的地区，或劳动稀缺的地区；而另一个地区则为劳动丰富的地区，或资本稀缺的地区。图6-1中，横轴 OL 表示劳动数量，纵轴 OK 表示资本数量，E_A 和 E_B 分别表示 A 地区和 B 地区的要素组合。E_A 表示 A 地区拥有资本 OK_A，劳动 OL_A，OE_A 的斜率为 OK_A/OL_A，这就是 A 地区的要素

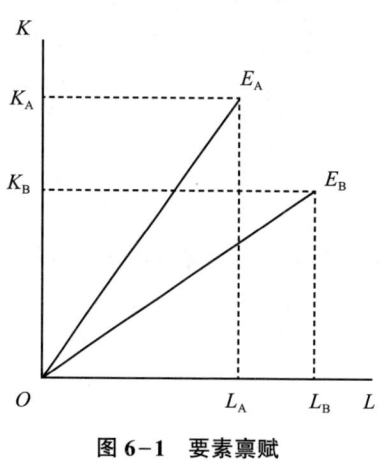

图 6-1 要素禀赋

禀赋。E_B 表示 B 地区拥有资本 OK_B，劳动 OL_B，OE_B 的斜率为 OK_B/OL_B，这就是 B 地区的要素禀赋。由图可知，OE_A 的斜率大于 OE_B 的斜率，所以，A 地区为资本丰富的地区，B 地区为劳动丰富的地区。

一般来说，发达地区的要素禀赋要大于贫困地区，并且这个差距还在继续扩大。例如，上海与贵州要素禀赋的差距，1985年为9.0倍，1990年为11.6倍，1993年为14.9倍，1994年为21.2倍，1997年为22.1倍。

由于要素的价格是由该要素的供给与需求决定的，所以，一个地区某要素的价格高，说明该要素稀缺；某要素的价格低，说明该要素丰富。由于一个国家各地方资本的价格即利率相差不大，所以可以简单地用劳动的价格即工资来判定一个地区要素禀赋的大小。工资高，要素禀赋也高；工资低，要素禀赋也低。一般来说，发达地区工资高，要素禀赋也高；贫困地区工资低，要素禀赋也低。

二、要素密集度和丰裕度

一种产品的生产,既要投入劳动,也要投入资本。所谓要素密集度,是指生产某种产品所投入的两种生产要素的比率。如果一种产品的生产投入的资本多、劳动少,则称这种产品为资本密集型产品;如果一种产品的生产投入的劳动多、资本少,则称这种产品为劳动密集型产品。

对于绝大多数产品来说,投入的劳动和资本的比例是可变的。如果劳动的价格高,厂商倾向于投入更多资本;如果资本的价格高,厂商倾向于投入更多劳动。如果在任何相同的要素价格下,一种产品的生产所投入的资本—劳动比率,均大于另一种产品,则称这种产品为资本密集型产品,另一种产品为劳动密集型产品。

> 【案例】 进入怡达快速电梯有限公司的车间,数控车床隆隆作响,电焊机器人挥舞着机械臂。自2014年起,怡达快速连续投入了8000多万元用于设备提升和智能化建设,引进了萨瓦尼尼钣金柔性生产线、自动喷粉线及上下线机器人。与其他单位共同研发的产品还有:厅门自动钣金生产线,合成激光切割线,轿底、轿顶自动焊接线,自动扶梯龙门工装定位线,曳引机装配线,门机装配线等。问:很多工作人工就可以干,为什么还要花大价钱引进这些设备?

这不仅是因为现在人工越来越贵,也是因为用这些先进的设备效率更高,质量更能得到保证。怡达快速自从开展"机器换人"工作以后,企业的形象、知名度以及产品的品牌质量都得到极大的提升,国内外的订单纷至沓来。目前,企业的产品不仅卖到其他地区,还远销世界58个国家。如果说该产品原来还是劳动密集型产品的话,现在则是典型的资本密集型产品。

要素丰裕度,是用来说明一个地区某要素丰裕程度的概念。假设 A、B 两地的劳动价格分别为 ω_a、ω_b,资本价格用资本收益率表示,分别为 i_a、i_b。如果 $\omega_a/i_a > \omega_b/i_b$,则称 A 地为劳动丰裕或资本稀缺的地区,B 地则是资本丰裕或劳动稀缺的地区。一般来说,发达地区资本丰裕而贫困地区劳动丰裕。

一个地区生产可能性曲线的形状与其要素丰裕度有关。如图 6-2 所示,如果 A 地资本丰裕且 X 是资本密集型产品,B 地劳动丰裕且 Y 是劳动密集型产品,则 A 地的生产可能性曲线 AA' 更倾向于 X 轴;B 地的生产可能性曲线 BB' 更倾向于 Y 轴。之所以如此,是因为 A 地资本丰裕,当所有要素全都用于生产资本密集型产品 X 时,所生产的 X 产品较多;B 地劳动丰裕,当所有要素全都用于生产劳动密集型产品 Y 时,所生产的 Y 产品较多。

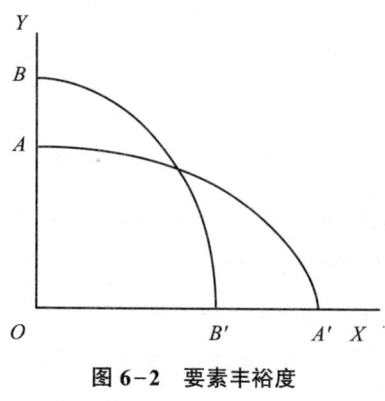

图 6-2 要素丰裕度

生产可能性曲线反映了一个地区的供给能力。A 地的生产可能性曲线倾向于 X 轴,意味着 A 地 X 产品的供给能力较强;B 地的生产可能性曲线倾向于 Y 轴,意味着 B 地 Y 产品的供给能力较强。也就是说,劳动丰裕的地区,劳动密集型产品的供给能力较强;资本丰裕的地区,资本密集型产品的供给能力较强。

第二节 要素组合与比较优势

一、相对价格与比较优势

假设 A、B 两地除要素禀赋不同外,其他条件都相同。A 地资本丰裕,B 地劳动丰裕。X 为资本密集型产品,Y 为劳动密集型产品。

假设 P_X 和 P_Y 分别表示 X 和 Y 的货币价格(也称名义价格),那么 P_X/P_Y 就是 X 的相对价格。它的含义是用 Y 代替货币作为 X 的计价单位,1 个单位 X 能换到几个单位的 Y。

两地之间商品为什么会流动？是因为存在相对价格的差异。如果 A 地 X 的相对价格低，X 就会向相对价格高的 B 地流动，以赚取更多利润。这就和水往低处流、人往高处走一样。A 地 X 的相对价格低，说明 A 地在 X 的生产上具有比较优势。从这个意义上说，两地之间的贸易取决于比较优势，即每个地区输出具有比较优势的产品，输入处于比较劣势的产品。

二、要素禀赋与比较优势

两地相对价格差异是如何形成的？它是由两地供给方面的差异造成的，而供给差异又是由两地要素禀赋差异造成的。所以，两地相对价格差异就是由要素禀赋差异引起的。

如图 6-3，AA' 和 BB' 分别是 A 地和 B 地的生产可能性曲线，因为假设条件之一是两地的消费者偏好相同，所以它们共同拥有一组社会无差异曲线。起初，两地的相对价格不同，P_A 由 AA' 与社会无差异曲线的切点 E_A 决定，比较陡峭；P_B 由 BB' 与社会无差异曲线的切点 E_B 决定，比较平缓。因为 $P_A < P_B$，说明 A 地在 X 的生产上具有比较优势；B 地在 Y 的生产上具有比较优势。也就是说，资本充裕的地区在资本密集型产品的生产上具有比较优势；劳动充裕的地区在劳动密集型产品的生产上具有比较优势。

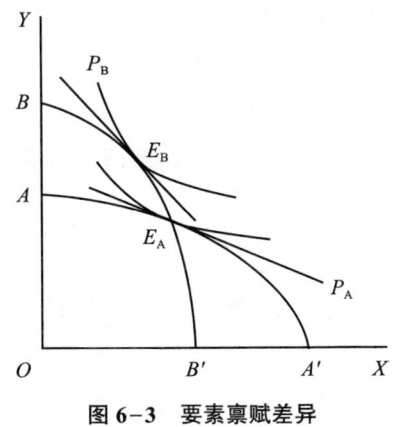

图 6-3 要素禀赋差异

后来，厂商发现了两地相对价格的这种差异，X 由 A 地向 B 地流动，Y 由 B 地向 A 地流动，使得价格线 P_A 变陡，P_B 变缓，最后斜率趋于一致，形成统一的价格 P_W，如图 6-4 所示。这时，A 地的生产点为 Q_A，消费点为 C_A，$\triangle O_A Q_A C_A$ 为贸易三角形；B 地的生产点为 Q_B，消费点为 C_B，$\triangle O_B Q_B C_B$ 为贸易三角形。如果 $\triangle O_A Q_A C_A$ 和 $\triangle O_B Q_B C_B$ 全等，即 A 地输出 $O_A Q_A$ 的 X 恰好等于 B 地输入 $O_B C_B$ 的 X，B 地输出 $O_B Q_B$ 的 Y 恰好等于

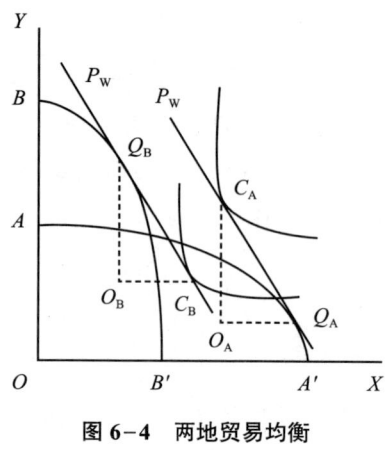

图 6-4 两地贸易均衡

A 地输入的 $O_A C_A$ 的 Y，则两地的贸易实现了均衡。

综上所述，起初由于 A、B 两地的要素禀赋不同导致比较优势和相对价格的差异，后来由于商品的流动形成了统一的价格，实现了均衡。结论是：一个地方输出密集使用其丰富要素的产品，输入密集使用其稀缺要素的产品。这个结论首先是由瑞典经济学家赫克歇尔和俄林总结出来的，被称为 H-O 理论。发达地区由于资本充裕，所以主要输出资本密集型产品；贫困地区因为劳动充裕，所以主要输出劳动密集型产品。我们常说"靠山吃山，靠水吃水"，就是这个道理。

三、对要素禀赋理论的理解

（一）要素逆转

在一定条件下，劳动可以转化为资本。劳动可分为熟练劳动和非熟练劳动，因为熟练劳动是通过教育、培训和经验积累形成的，这个过程类似于物质资本的投资，所以也可称之为人力资本。这样，资本的概念就被拓展了，既包括有形的物质资本，也包括无形的人力资本。发达地区因为资本充裕，主要输出资本密集型产品，其中既包括物质资本密集型产品，也包括人力资本密集型产品。

同样一种产品，在这个地区是劳动密集型产品，在另一个地区可能就是资本密集型产品。如农产品，在欠发达地区主要靠人力种植，是典型的劳动密集型产品；而在发达地区，由于农业机械化程度高，资本投入比重大，则是资本密集型产品。这种情况叫要素逆转。在一些发达地区输出的产品中，看起来劳动密集型产品占了不少比例，但一深究，在这些产品的生产中投入了更多的资本和技术，所以它已经不是劳动密集型产品了，而是资本密集型产品。

(二) 需求逆转

在要素禀赋理论中，假设两地消费者偏好是相同的，所以它们的社会无差异曲线是一样的。但现实中有这样的情况，某地拥有某一产品生产的比较优势，按理说应当输出这种产品，但因为该地居民特别偏好这种产品，其需求量很大，结果这一产品非但没有输出，反而要输入。这种情况被称为需求逆转。

图 6-5 中，A 地由于资本充裕，所以在资本密集型产品 X 的生产上具有比较优势；B 地由于劳动充裕，所以在劳动密集型产品 Y 的生产上具有比较优势。但在消费上，A 地居民特别偏好 X 产品，B 地居民特别偏好 Y 产品，由于需求逆转的原因，X 的相对价格 P_X 反而高于 Y 的相对价格 P_Y，导致 A 地反而输入 X，B 地反而输出 X。这时，需求方面的影响超过了供给方面的影响。

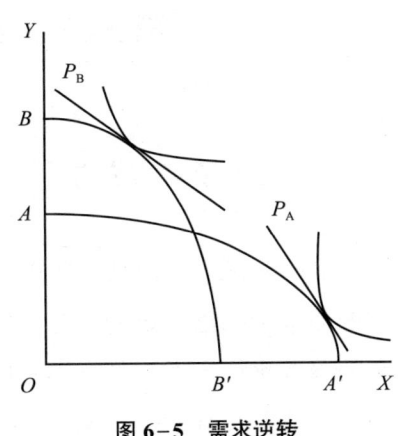

图 6-5　需求逆转

(三) 比较优势逆转

如果时间足够长，要素积累或经济增长可能会改变一个地区比较优势的形态，即以前具有比较优势的产品，现在可能由于经济增长而变为比较劣势；而以前处于比较劣势的产品，现在可能变为具有比较优势。

如图 6-6，A 地区在经济增长之前在 Y 商品上具有比较优势，所以输出 Y，输入 X。但由于经济增长偏向 X 部门，

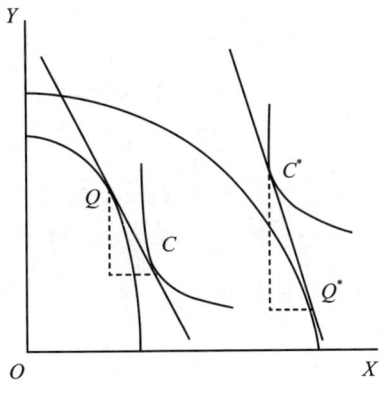

图 6-6　比较优势逆转

使得 X 的供给能力不断提高，最终 X 部门由原来的比较劣势变为具有比较优势，A 地区也改为输出 X 输入 Y。

深圳在改革开放前只是一个村庄，劳动密集型产品具有比较优势，资本密集型产品处于比较劣势。改革开放后，深圳作为经济特区，资本迅速积累，资本密集型产品具有了比较优势，成为输出产品，而劳动密集型产品则失去了比较优势，成为输入产品。

第三节 要素组合与收入分配

一、生产要素的价格

生产要素也是商品，所以它的价格也和别的商品的价格一样，是由它的需求和供给决定的。和别的商品价格不同的是，要素的价格指的是它的服务价格，而不是它本身的售价。比如厂商购买了工人 8 小时的劳动，付给工人 100 元工资，工人只是为厂商提供 8 小时的劳动服务，8 小时以后工人拿了钱就走了，不归你管了。不像你花一元钱买了一个苹果，苹果的所有权就归你了，你什么时候想吃就吃，想送人就送人，哪怕放烂了也没人管你。

【案例】 某超市经常丢东西，总经理陆续增加保安人员，使失窃率不断下降。在一次经营会上，保安部经理夸口说，超市失窃率已降到 1%，如果再给他们增加 2 名保安人员，他们有望将失窃率降为 0。其他部门经理也同意再增加保安人员，但总经理说，保持一定的失窃率是必要的，不同意再增加保安人员。大家你望我，我望你，不明白总经理的意思。

总经理的意思是，失窃率为 0 固然好，但那样的话，增加保安的费用将大于失窃的损失，得不偿失。利润最大化条件是边际收益等于边际成本，现在增加保安所减少的失窃损失已降为1%，约每月2000元左右，这是边际收益；而增加保安所增加的工资是边际成本，也是每月2000元左右，和边际收益相等了。这说明利润最大化已经实现了，所以不用再增加保安了。

这个案例告诉我们，生产要素的价格取决于要素的边际产品价值，即追加1单位某种要素所增加的产品的价值。当资本不变时，如果厂商雇用的最后那个工人所增加的产品价值高于这个工人的工资，厂商就会雇用这个工人。否则，厂商就会停止雇用甚至裁员。当劳动不变时，厂商增加的最后那个单位资本所增加的产品价值（即资本的边际产品价值）决定了利息率。如果利息率高于资本的边际产品价值，厂商就会减少使用资本；如果利息率低于资本的边际产品价值，厂商就会增加使用资本；只有利息率等于资本的边际产品价值，厂商才会维持现有的资本使用量。

二、要素收入的分配

如果用 P_L、P_K 分别表示劳动和资本的价格，P_X、P_Y 分别表示 X、Y 商品的价格，MP_{LX}、MP_{LY} 分别表示劳动在 X、Y 两个部门中的边际产出，MP_{KX}、MP_{KY} 分别表示资本在 X、Y 两个部门中的边际产出，则：

$$P_L = P_X \cdot MP_{LX} = P_Y \cdot MP_{LY} \qquad P_K = P_X \cdot MP_{KX} = P_Y \cdot MP_{KY}$$

如图6-7所示，在以劳动 L 为横轴、工资率 W 为纵轴的坐标中，由于边际产量递减规律的作用，劳动 L 的边际产品价值曲线 MP_L 向右下方倾斜。当劳动投入为 L_0 时，工资率为 W_0；当劳动投入增加为 L_1 时，工资率下降为 W_1。如果产品的价格上升，MP_L 向右平移到 MP_L'。这时同量的劳动投入 L_0 可获得较高的工资率 W_0'。这里，MP_L 以下、与 OL_0 所围成的面积 OL_0DCW_0' 即 $c+d$ 的面积表示该产业在给定产品

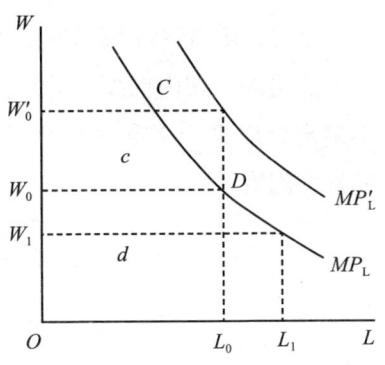

图6-7 劳动和资本的收入

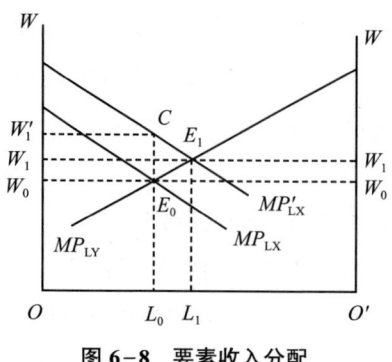

图 6-8 要素收入分配

价格和劳动投入下的总产值,其中矩形 OL_0DW_0 即 d 的面积为劳动总收入,余下的曲边梯形 W_0DCW_0' 即 c 的面积为资本总收入。

现在我们在这个基础上分析劳动和资本的收入分配问题。假设 A 地有两个产业 X 和 Y,X 为输出产品,短期内劳动流动而资本不流动。如图 6-8 所示,OO' 表示 A 地劳动总供给量,从 O 向右度量 X 产业的劳动投入,从 O' 向左度量 Y 产业的劳动投入,左、右纵轴分别度量 X、Y 产业的工资率,MP_{LX} 和 MP_{LY} 分别表示 X 和 Y 产业的劳动边际产品价值线。

起初,MP_{LX} 和 MP_{LY} 交于 E_0,决定了 X 产业雇佣劳动 OL_0,Y 产业雇佣劳动 OL_0',要素的竞争保证两个产业的劳动获得相同的工资率 W_0。后来,区际贸易使 A 地输出 X,导致 P_X 上升,增幅为 E_0C,于是 MP_{LX} 向上移动到 MP_{LX}',和 MP_{LY} 交于 E_1,有 L_0L_1 的劳动由 Y 流入 X,两个产业的工资率都提高到 W_1。

对劳动者来说,区际贸易使工资率提高,但工资增量 W_0W_1 小于 X 的价值增量 E_0C。对资本所有者而言,在 X 产业,劳动流入使资本边际产品增加,利率上升,实际收入水平(i/P)提高;在 Y 产业,劳动流出使资本边际产品减少,利率下降,实际收入水平下降。用同样方法还可分析 P_X 下降对要素收入分配的影响。

总之,随着区际贸易的发展,固定要素(这里是资本)的收入在外向型产业增加,在内向型产业减少。流动要素(这里是劳动)的收入变化则不确定,取决于 X 和 Y 的相对价格、边际产品价值曲线的斜率以及消费偏好等因素。

第四节　要素积累与悲惨增长

在前面的要素禀赋模型中，我们一直假定一个地区的要素总量是不变的。这一节将去掉这条假定，探讨要素总量变化对地区经济发展的影响。

一、罗伯津斯基定理

我们先用几何方法证明一个定理：在商品相对价格不变的前提下，某一要素的增加会导致密集使用该要素的生产增加，而另一部门的生产将下降。这就是罗伯津斯基定理。

在图 6-9 中，横轴 OL 和纵轴 OK 分别代表劳动和资本，E 表示一个地区要素变化前的劳动和资本的组合，此时相对要素禀赋为 K_0/L_0，直线 OX、OY 的斜率分别表示均衡时 X、Y 两个部门的要素使用比例。由于 X 是资本密集型产品，Y 是劳动密集型产品，所以 OX 在 OY 之上。X、Y 点所对应的 OL_X、OK_X 和 OL_Y、OK_Y，分别表示两个部门的要素投入量。因为 $OL_X+OL_Y=OL_0$，$OK_X+OK_Y=OK_0$，所以 $OYEX$ 是平行四边形。

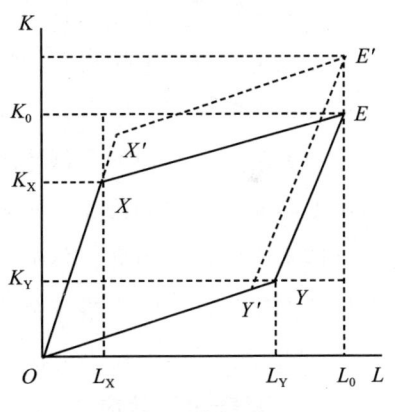

图 6-9　罗伯津斯基定理

现在劳动不变、资本由 OX 增加到 OX'，于是要素禀赋点由 E 变为 E'。假设这时两部门要素使用比例仍保持不变，为保证要素充分利用，就有了新的平行四边形 $OY'E'X'$，X、Y 两部门的产出水平相应地也变为 OX' 和 OY'。由此可知，X 部门的产出增加了 XX'，而 Y 部门的产出则减少了 $Y'Y$。

> **【案例】** 据《南方日报》报道，华为2013年销售收入达2390亿元人民币，同比增长8.5%，首次超越爱立信成为全球最大的通讯设备制造商之一。与此同时，又有消息说，华为的一些部门已经从深圳迁往东莞。这是为什么？有人猜测，这和深圳的房价太高有关。又有人说，华为人收入高，不差钱。众说纷纭，莫衷一是。

我们认为，华为的迁出一方面是因为深圳房价太高、已成为阻碍人才流入的障碍；更重要的是因为深圳的土地供给紧张，使得华为的发展受到了限制。根据罗伯津斯基定理：某一要素的增加会导致密集使用该要素的生产增加，而另一部门的生产将下降。深圳在改革开放前只是一个渔村，后来土地面积扩大了才成为城市，这就使得密集使用土地这种要素的房地产业发展很快。原来房地产业和其他产业的用地矛盾还不太突出，因为那时的其他企业都还不太大。现在随着华为等一批企业的做大做强，这个矛盾便凸显出来了。土地的收益率在房地产业是很高的，因此它们舍得花大价钱去买地，再加上投机客的炒作，土地的价格便一路飙升，这给其他产业造成很大的压力。所以，土地的供给如果完全交给市场，那只能是房地产业一家独大，其他产业百花凋零。这时政府必须出面，在土地招投标过程中不能光看谁出的价高，而应根据产业结构调整的长远规划，给不同产业划定不同的用地指标，各个企业都在自己产业的用地指标内竞争，这才能保证像华为这样的高科技企业有足够的发展空间。

二、要素积累效应

运用上述结论，我们来分析要素积累对一个地区福利的影响。

首先，要素积累会使生产可能性曲线向外移动，其移动方向取决于要素禀赋变化的类型。这里假设资本增加、劳动不变。如图6-10，对应两条斜率相同的相对价格线 P 和 P'，资本增加前 P 与生产可能性曲线 TT 切于 Q；资本增加后 P' 与生产可能性曲线 $T'T'$ 切于 Q'。资本增加导致资本密集型产品 X 生产的增加；劳动密集型产品 Y 生产的减少，所以生产可能

性曲线的外移偏向 X 轴，新的生产均衡点 Q' 位于原来生产均衡点 Q 的右下方。

其次，如果一个地区要素积累导致经济增长偏向产品输出部门，则一方面，经济增长使居民收入水平由 U 提高到 U'，消费点由 C 移动到 C'；另一方面，经济增长使输出产品数量增加，价格下降，相对价格线旋转到更为水平的位置 P_w，新的生产和消费点变为 Q_w 和 C_w，新的社会无差异曲线 C'_w 处于 C' 的下方。可见，经济增长的利益被部分抵消，抵消部分通过价格降低的方式被输入地区所享有。

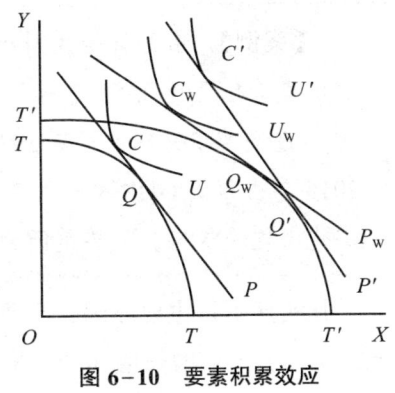

图 6-10　要素积累效应

三、悲惨增长

如果因为经济增长而输出产品的价格下降，使得转移到其他地区的利益超过了增长的利益，那么该地区的福利水平将低于增长前，这种情形被称为"悲惨增长"。

如图 6-11，由于经济增长使得输出产品的价格大幅下降，导致经济增长后的消费点 C_w 位于原消费点 C 之下，通过 C_w 点的社会无差异曲线所代表的福利水平低于增长前的福利水平。

一般来说，悲惨增长的出现需要几个前提条件：(1) 经济增长偏向产品输出部门；(2) 输出产品在国内市场占有相当比例，它的变动足以影响市场价格；(3) 输出产品需求价格弹性很低；(4) 增长地区输入产品会因经济增长显著增加。

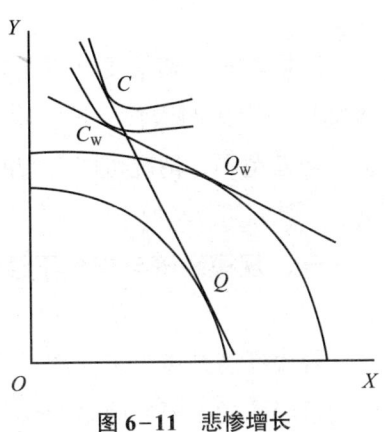

图 6-11　悲惨增长

> 【案例】 山西省是我国产煤大省，近几年因煤炭行业不景气，山西煤炭价格已连续55个月下降，2015年吨煤综合售价为265元，比历史最高点2011年下跌393元。煤炭业不景气，导致GDP下降，2015年山西省GDP增长仅3.1%，位列全国倒数第三。有人说，山西省处于这种状态，主要是因为产能过剩。是这样的吗？

其实这不是主要原因，主要原因是山西省的情况符合悲惨增长的几个条件：（1）经济增长偏向产品输出部门——煤炭产业，其他部门并未相应发展；（2）输出产品煤炭在国内市场占三分之一，足以影响国内煤炭价格；（3）输出产品煤炭的需求价格弹性很低，因为煤炭在生产和生活中的替代品很少；（4）因卖煤收入颇丰，山西省输入产品显著增加，高档轿车满街跑。所以，山西省要想改变悲惨增长的命运，不能静等煤炭市场的回暖，而是要调整产业结构，改变煤炭产业独挑大梁的状况。

第五节 规模经济与范围经济

悲惨增长是其他要素不变只增加一种要素生产一种产品。如果所有要素都按一定比例增长，扩大生产规模；或者由单一产品向相关产品延伸，扩大经营范围，情况可能会有所不同。

一、规模经济与规模不经济

规模经济是指由于生产规模扩大而导致长期平均成本下降的情况。产生规模经济的主要原因是劳动分工与专业化，以及技术因素。比如一个农村小学，一年级有4个学生，二年级有3个学生，三年级有2个学生，只有一个老师一个教室。学生只能在一个教室上课，老师先给一个年级讲课其他年级写作业，再给一个年级讲课其他年级写作业，教学效果很难提高。

如果这个小学和其他学校合并，有了规模，学生可以分年级在不同教室上课，老师可以分专业给不同年级教课，教学质量就可以提高，平均每个学生的成本也会下降。这就是规模经济。

规模不经济是指企业由于生产规模扩大使得管理无效而导致长期平均成本上升的情况。企业规模过大会造成管理人员信息不通、企业内公文旅行、决策失误等。现在高校扩招，随便一个大学动辄两三万人，管理成本上去了，教学质量就下来了。

一个厂商因为生产规模扩大由自身内部引起的长期平均成本下降，被称为内在经济。引起内在经济的主要原因有：一个厂商规模扩大后可使用更先进的设备，实现有利于技术提高的精细分工，充分发挥管理人员的效率，对产品进行综合利用，以更有利的条件采购或推销产品。一个厂商因为生产规模扩大由自身内部引起的长期平均成本上升，被称为内在不经济。

整个行业的规模扩大了，使得个别厂商因此长期平均成本下降，被称为外在经济。引起外在经济的原因主要是：个别厂商可以从整个行业的扩大中得到更加方便的交通辅助设施、更多的信息和更好的人才，可以实行更细微的专业化分工、更广泛的合作。整个行业的规模扩大了，使得个别厂商因此长期平均成本上升，被称为外在不经济。

内在经济不经济是企业自己的事，外在经济不经济就是地方政府的事了。地方政府可以通过加强基础设施建设和政策优惠等办法将生产同种产品的相关企业聚集在一起，形成产业集群，以充分发挥其外在经济的效应。这就好比只有把五个手指紧握起来形成拳头，才能有力地促进地方经济的发展。

> 【案例】 改革开放以来，产业集群在我国发展十分迅速。比如浙江省湖州市织里镇就是远近闻名的童装产业集群，全镇9万人，有童装生产企业6600家，还带动起466家印花企业、1021家绣花企业、872家面料辅料企业、39家缝纫机配件户、37个联托运站，整个织里镇就是一个没有围墙的童装大工厂。问：这么多相关企业聚集在一起有什么好处？

产业集群的发展靠的就是外在经济。很多生产童装的企业聚集在织里镇，每个厂商都可以从整个行业的扩大中得到更加方便的辅助设施、更多的信息和更好的人才，更细微的专业化分工、更广泛的合作。规模化的生产降低了成本，企业之间的竞争又增加了花色品种，降低了价格。名声出去以后又会吸引全国乃至国外的客商到这里来选购产品，因为到这里来比到各地分散的企业选购更能节省交易成本。1999年，织里镇生产童装1亿件（套），产值25亿元，占全国童装市场的15%。

二、范围经济

范围经济是指在相同的投入下，由一个单一的企业生产联产品比多个不同的企业分别生产这些联产品中的每一个单一产品的产出水平要高。相反则称为范围不经济。联产品是指不同的产品之间存在某种生产上的联系，如卡车和客车、汽油和柴油、理科生和工科生等。企业同时进行多产品的生产称为联合生产。联合生产可以共享生产设备或其他投入物，进行统一管理和营销，从而获得产出和成本方面的好处。但如果盲目扩大经营范围，而不顾新旧产品之间的联系，反而会削弱其核心竞争力。现在很多学校都要求改名，职专改学院，学院改大学。这里既有规模经济的考虑，也有范围经济的考虑。但是，大家都这么做的结果是大学贬值了，各个学校的专业特色没有了，不仅规模不经济，范围经济也难以形成。

三、精简机构和大部制改革

我国原有的政府机构是计划经济的产物。在计划经济时代，政府要直接管理所有的微观经济活动，政府机构必然非常多，而且分工很细，仅机械工业就从一机部到七机部、八机部。中央政府有多少机构，下面各省、地、市、县甚至乡政府也都相应有多少部门，不仅人浮于事，而且形成机构重叠、职权交叉、政出多门的矛盾。这就是一种规模不经济。政府也进行了几次精简机构的改革，但因为没有确立市场在资源配置上的决定性地位，收效甚微，甚至出现政府机构越精简越多的局面。随着市场化经济体制改革的逐步推进，2013年我们又进行了政府机构的大部制改革。"大部制"体现的是一种范围经济，就是把一些具有联产品的部门合并成一个部门，如卫生和计划生育；食品和药品；新闻、出版、广播和电视；海洋、海监、海警和渔政；能源和电力等，这些部门分别都有联产品，合并成一个部门比分成几个部门管理可以减少很多交易成本，更有效率。大部制改革既精简了机构，解决了规模不经济的问题，又整合了资源，实现了范围经济。我们相信，随着政府职能的转变，由管理型向服务型过渡，政府机构还可以精简，纳税人的负担还可以减轻。

本章小结

一个地区的比较优势来自该地区不同要素的比例。若A地区拥有的资本数量为K，劳动数量为L，则其要素禀赋为K/L。所谓要素密集度，是指生产某种产品所投入的两种生产要素的比率。如果一种产品的生产投入的资本多、劳动少，则称这种产品为资本密集型产品；如果一种产品的生产投入的劳动多、资本少，则称这种产品为劳动密集型产品。一个地方输出密集使用其丰富要素的产品，输入密集使用其稀缺要素的产品。这个结论被称为H-O理论。

罗伯津斯基定理告诉我们，在商品相对价格不变的前提下，某一要素的增加会导致密集使用该要素的生产增加，而另一部门的生产则下降。根据这个定理，如果因为经济增长而输出产品的价格下降，使得转移到其他地区的利益超过了增长的利益，那么该地区的福利水平将低于增长前，这种情形被称为"悲惨增长"。

规模经济是指由于生产规模扩大而导致长期平均成本下降的情况。产生规模经济的主要原因是劳动分工与专业化，以及技术因素。一个厂商因为生产规模扩大由自身内部引起的长期平均成本下降，被称为内在经济；整个行业的规模扩大了，使得个别厂商因此长期平均成本下降，被称为外在经济。规模不经济是指由于生产规模扩大使得管理无效而导致长期平均成本上升的情况。范围经济是指在相同的投入下，由一个单一的企业生产联产品比多个不同的企业分别生产这些联产品中的每一个单一产品的产出水平要高。相反则称为范围不经济。大部制改革就是把一些具有联产品的部门合并，这样既精简了机构，解决了规模不经济的问题；又整合了资源，实现了范围经济。

思考题

1. 什么是要素禀赋、要素密集度？
2. 举例说明什么是 H-O 理论？
3. 画图说明什么是罗伯津斯基定理？
4. 举例说明什么是"悲惨增长"？它需要符合哪些条件？
5. 某地区积极发展电子商务，会不会导致"悲惨增长"？为什么？
6. 举例说明什么是规模经济？什么是范围经济？什么是内在经济？什么是外在经济？
7. 有人统计过，一个官吏，汉代管理 7945 人，唐代管理 3927 人，元代管理 2613 人，清代管理 911 人，今天管理 30 人。不久前，某省一位副省长在会议上指出，省属国企层级多、干部多，一个煤炭集团相当于处级的干部一两千人都有，职工意见很大。你认为为什么会出现这种情况？怎样解决这个问题？

第七章

劳动流动

上一章的经济模型中隐含一个假设，就是生产要素缺乏流动性，因此地区经济的发展取决于各地区要素禀赋的差异。实际上，劳动、资本等生产要素是流动的，能在企业内外、行业之间和地区之间流动。常言道："树挪死，人挪活。"这一章我们探讨一下劳动流动的经济效应问题。

第一节 劳动的供求关系与失业

一、劳动流动的风险与成本

劳动流入企业叫就业，流出企业叫失业，在我们国家叫下岗。不管是流入还是流出、下岗还是"下海"，劳动流动都是有风险与成本的。所谓风险，就是收益前景的不确定性。所谓成本，就是流动的代价，包括中介、交通、信息、安家等费用。因为流动而丢掉原来工作的成本，即机会成本，也应考虑在内。劳动者在流动前总是要将预期的收益与可能的风险、成本相比较，如果前者大于后者，他会流动；否则他不会流动。

图 7-1 中，劳动流动前和流动后的预期收益曲线都是先升后降，反映了边际收益递减规律。劳动者流动后一般都要从头做起，所以 B 点比 A

点低。但劳动者之所以要流动，是因为预期流动后的收益增长得快，在某个时点（如 C）以后要高于流动前的收益。图中阴影部分即为流动的风险与成本，只有 C 点以后两条曲线所夹的面积大于阴影面积，劳动者才会考虑流动。

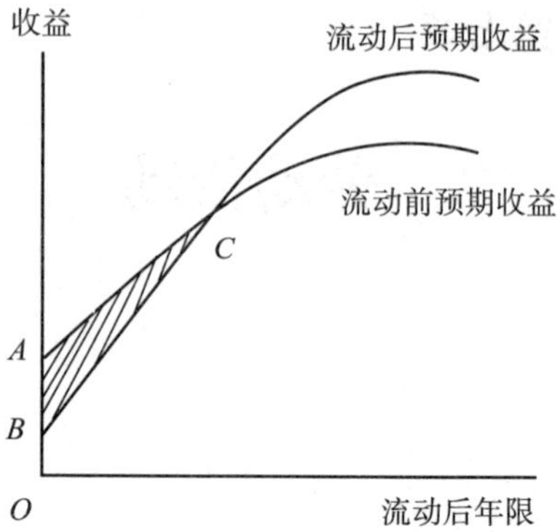

图 7-1 劳动流动的收益和成本

二、劳动的需求与供给

劳动的收益是工资，工资取决于劳动的供给与需求。劳动的需求取决于最后增加的工人所增加的收益，即边际收益（或曰边际产量）。劳动的供给取决于劳动的成本，它包括实际成本与心理成本。实际成本是维持劳动者及其家庭生活必需的生活资料的费用和培养、教育劳动者的费用；心理成本是以牺牲闲暇的享受为代价给劳动者心理上带来的负效用。

工资的变动会产生两种效应：替代效应和收入效应。工资提高使得闲暇相对昂贵，劳动者倾向于用劳动替代闲暇，这是替代效应。工资提高使得收入增加，劳动者可以购买更多的闲暇了，这是收入效应。一般来说，工资较低时替代效应大于收入效应，劳动的供给曲线向右上方倾斜。当工资提高到一定程度后，闲暇就显得十分宝贵了，这时收入效应大于了替代效应，劳动的供给曲线开始向左弯曲，如图 7-2 所示。为什么农民工喜欢加班？因为加班有加班费，加班费是双倍的平日工资，可以多挣钱。这时候他们更倾向于用劳动替代闲暇，替代效应大于收入效应，劳动的供给曲线向右上方延伸。为什么让白领加班他们不高兴？因为他们的工资已经比较高了，对他们来说有闲暇时

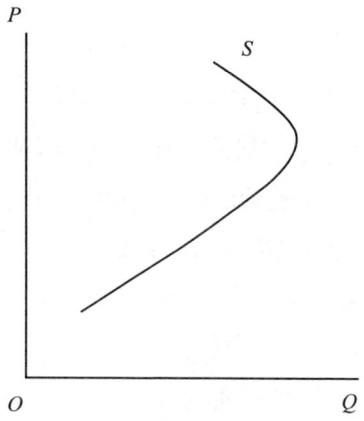

图 7-2 劳动的供给曲线

间陪陪家人更重要,尽管加班费高,他们也宁愿用减少收入来换取更多闲暇。这时候收入效应大于替代效应,供给曲线向左弯曲。

> 【案例】 为争创"双一流",即一流学校、一流专业,不少高校不惜血本到处"挖"人。有的学校开出的条件是年薪100万元+1套房子+2000万元科研启动经费,有的甚至更高。有高校校长表示:"特别害怕听到某某人又被评上了'长江学'者这类消息,因为他们一旦有了头衔,就会被人盯上,不少学校的优惠条件就来了。"校长们的苦恼这些年一直没有间断。最早的是20世纪八九十年代开始的"孔雀东南飞",中西部高校的有实力教师被吸引到东部发达地区。处在祖国最西部的大学——喀什大学(原喀什师范学院)不少老师都走了。连历史悠久、声名显赫的兰州大学也出现了某一学科人才断档的局面。大学老师应该是白领阶层了吧,为什么他们仍然那么看重工资呢?

这说明我国大学老师的工资其实并不高,其收入效应远没有高于替代效应,劳动的供给曲线仍然在向右上方倾斜。这不光是个工资问题,还有受重视程度和学术环境的问题。东部发达地区对人才比较重视,学术环境也比中西部地区要好,在这里人才的价值更容易得到体现。

三、失业的原因和影响

失业是指劳动力没有工作又在寻找工作的状况。失业率是指劳动力中没有工作又在寻找工作的人所占的比例。设 N 代表劳动力,E 代表就业者人数,U 代表失业者人数,则有:$N=E+U$,失业率即为 U/N。自然失业率为经济社会在正常情况下的失业率,它是在劳动市场处于供求稳定状态(既不会造成通货膨胀也不会导致通货紧缩)时的失业率。与自然失业率相对应的概念是自然就业率,自然失业率和自然就业率之和为100%。

失业分两种情况,一种是自愿失业,是指工人不愿接受现行工资水平而形成的失业。另一种是非自愿失业,是指愿意接受现行工资但仍找不到工作的失业。如图7-3,左图表示竞争性劳动市场的一般情况,劳动的需

求曲线 D 与供给曲线 S 交于 E 点，表示在均衡状态下厂商愿意以 W' 的工资雇佣 N_1 的工人。另有 $N'-N_1$ 的工人虽愿意工作，但却要求较高的工资，被认为是自愿失业。右图表示如果市场工资过高，达到 W''，这时寻找工作的工人数量大于职位数，愿意接受 W'' 的工人数为 N_2，而企业只能接受 N_1，N_2-N_1 表示的是这部分非自愿失业的失业者数量。

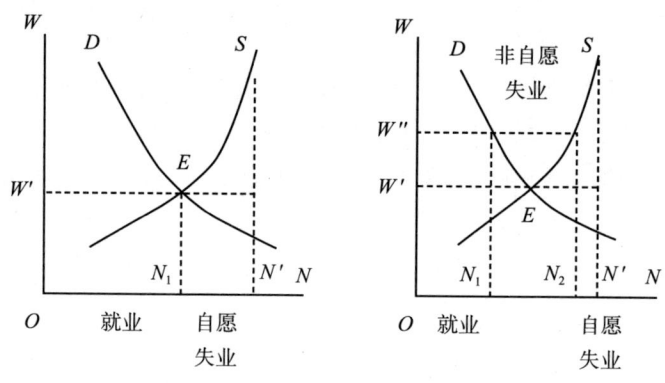

图 7-3 失业的经济学解释

造成失业的原因也分几种情况。一种是工人在工作搜寻过程中所引起的失业。如大学生毕业、农民工进城、国企职工下岗，正在找工作。这种失业被称为摩擦性失业，是生产过程中由于难以避免的摩擦而造成的短期、局部性失业。一种是由于经济处于周期中的衰退或萧条阶段，因需求下降而造成的失业。这种失业被称为周期性失业。当经济形势好转，周期性失业人口会陆续就业。还有一种是由于劳动力的供给与需求不匹配所造成的失业，其特点是既有失业，又有职位空缺，失业者或因不具备相应技能，或因居住地太远，因而无法填补职位空缺。这种失业被称为结构性失业。

与摩擦性失业相比，结构性失业问题更严重。这是因为摩擦性失业的失业者能够胜任可能获得的工作，只是暂时没找到那个工作而已，只要自己耐心点，政府为失业者提供更多的就业信息，摩擦性失业就会减少。但结构性失业就不同了，政府即使提供了就业信息，企业也存在职位空缺，但失业者没有相应的能力，而这种能力的培训也需要较长的时间。

政府的目标是实现充分就业，但充分就业不是指有劳动能力的人都有工作，失业率等于零。即使经济能够提供足够的岗位，失业率也不会等于零，经济中仍会存在摩擦性失业和结构性失业。在一个日新月异和有活力的社会，永远会存在职业流动和行业的结构性兴衰，所以总有少部分人处于失业状态。失业人口的存在即是新企业、新产业的后备军，又促使在职工人努力工作。凯恩斯认为，如果消除了"非自愿失业"，失业仅局限于摩擦性失业和自愿失业的话，经济就实现了充分就业。

地方政府一般都比较关注本地区的失业问题，因为这是关系到社会稳定和人民生活水平提高的大事。失业的影响分为社会影响和经济影响。失业首先对个人心理造成创伤，心理学指出，失业造成的创伤不亚于亲人去世或失恋造成的痛苦。一个地区如果失业率很高，治安状况必然恶化，劳动流动必然加剧，社会生活必然动荡。失业的经济影响可以用机会成本的概念来理解。失业率上升时，经济中本可由失业工人生产出来的产品和劳务就损失了。有统计数字显示，失业率每高于自然失业率1个百分点，实际GDP将低于潜在GDP2个百分点。或者说，相对于潜在的GDP，实际GDP每下降2个百分点，实际失业率就会比自然失业率上升1个百分点。这个结论被称之为奥肯定律。

【案例】 辽宁省阜新矿业集团的前身是阜新矿务局，它成立于1949年，属于国有特大型企业，但由于长期开采，资源已日趋枯竭，面临着严重的产业结构转型和失业工人安置的问题。2002年，矿区下岗职工有4.93万人，这些人如果安置不好，必然会影响社会的稳定。问：怎样才能解决这个问题呢？

阜新矿业集团解决这个问题的主要措施有两条：一是拓宽就业的产业领域。他们一方面向煤炭采掘的上游发展，实现煤矸石、煤层气和矿井水利用的产业化；另一方面向下游延伸，加大对煤的深加工，发展煤化工。他们还重点发展了现代农业、建筑业、运输业等，为下岗工人提供更多的就业机会。二是跨区域迁移并实现再就业。阜新矿业集团从21世纪初在阜新市政府和大连市政府支持下，国家投资帮助部分下岗职工及家属迁移到大连市炮台镇，在那发展。由于措施得当，长期以来阜新市一直未发生严重影响社会稳定的事件。

第二节 劳动在部门间的流动

一、要素的流动性和特定性

要研究劳动的流动，最好假设资本是不流动的。其实资本在短期内也可以被看成是不流动的，这是因为资本在短期内是"特定要素"。所谓特定要素，是指一种要素的用途通常仅限于某一部门，而不适合于其他部门。例如，钢铁行业的资本——高炉不适合于纺织部门，纺织部门的资本——织布机也不适合于钢铁部门。由于资本的特定性，短期内它在不同部门间的流动性很小，甚至为零。但是劳动则不同，它的流动性就比较大。尽管有"隔行如隔山"的说法，但比起资本来说，劳动的流动性还是比较强、特定性还是比较弱的。

但资本的特定性只是短期的，长期来说所有部门的资本都是可以流动的。例如，钢铁部门的高炉可以通过加速折旧转化为货币资本，然后转向纺织部门进行固定资产投资。也就是说，在长期，所有部门的资本特定性都会消失，都可以自由流动。所以，在经济学里，长期和短期不是根据时间的长短划分，而是根据在这个期间所有要素是否都可以调整，都可以流动。如果可以，就是长期；如果不可以，就是短期。因此，我们这里只进行劳动流动的短期分析。

二、劳动在部门间流动的经济模型

为了研究劳动流动，需要建立经济模型。为了建立经济模型，需要做些假定:(1)两种产品的生产使用劳动和资本两种要素;(2)劳动是同质的,可在部门间自由流动的，总量是固定的，并且是充分就业的；(3) 资本是特定要素，每个部门的资本投入都是固定不变的；(4) 商品市场和要素市场都是完全竞争的。

根据上述假定，可以建立劳动在部门间流动的模型。如图 7-4 所示，该模型是一个上端开口的埃基沃斯方

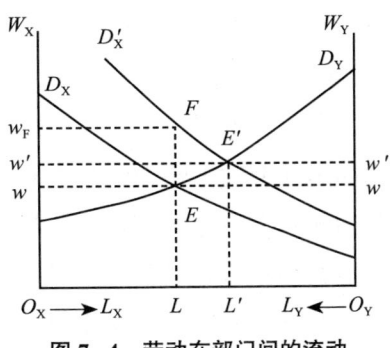

图 7-4 劳动在部门间的流动

框，底边 $O_X O_Y$ 的长度表示劳动总量，两边 $O_X W_X$ 和 $O_Y W_Y$ 分别表示 X、Y 部门中的工资。在商品价格不变时，工资和劳动之间成反比，所以 X 和 Y 部门的劳动的需求曲线（即边际生产价值曲线）D_X 和 D_Y 分别向右下方和左下方倾斜。D_X 和 D_Y 交于 E，表明两部门工资相等，劳动在两部门的分配达到均衡。假设两地贸易的发展使该地区依据比较优势输出 X 输入 Y，于是 X 的相对价格上升，D_X 向右上方移动到 D'_X，X 部门的工资由 w 上升到 w'，引起劳动由 Y 部门向 X 部门流动，其结果是 X 部门劳动增加，Y 部门劳动减少。根据边际收益递减规律，X 部门的边际劳动生产力将下降，Y 部门的边际劳动生产力将上升。于是，X 部门的工资下降，Y 部门的工资上升。随劳动在两部门间的流动，两部门的工资又重新趋于一致，达到新的均衡点 E'。

三、劳动在部门间流动的效应

在新的均衡点，该地区工资和特定要素价格都发生了什么变化？

（一）劳动实际报酬的变化

在完全竞争条件下，两个部门的实际工资分别为：

$$w_X = P_X \times MP_{LX}, \quad w_Y = P_Y \times MP_{LY} \tag{7.1}$$

式中，P_X、P_Y 分别为 X 和 Y 商品的价格，MP_{LX}、MP_{LY} 分别为 X 和 Y 部门劳动的边际生产力。在新的均衡点，$\omega_X = \omega_Y = \omega$，所以（7.1）式可改

写为：

$$w/P_X = MP_{LX}, \quad w/P_Y = MP_{LY} \tag{7.2}$$

由于资本固定不变，所以当 P_X 上升导致 X 部门的劳动增加时，X 部门的边际劳动生产力 MP_{LX} 将下降；而 Y 部门由于劳动减少，边际劳动生产力 MP_{LY} 将上升。这意味着 w/P_X 下降，w/P_Y 上升。结合图 7-4 可知，两地贸易使该地工资由 w 提高到 w'，但由于 P_X 提高得更快，即 $w_F > w'$，所以劳动者实际收入水平是否提高还要看他的消费结构。如果偏重消费 X，则其生活水平可能随 w/P_X 的下降而下降；如果偏重消费 Y，则其生活水平可能随 w/P_Y 的上升而上升。

（二）资本实际报酬的变化

在完全竞争条件下，两个部门的资本报酬分别为：

$$r_X = P_X \times MP_{KX}, \quad r_Y = P_Y \times MP_{KY} \tag{7.3}$$

或者 $r_X/P_X = MP_{KX}, \quad r_Y/P_Y = MP_{KY}$ （7.4）

式中，MP_{KX}、MP_{KY} 分别为 X 和 Y 部门资本的边际生产力。当 P_X 上升导致 X 部门的劳动增加时，其特定要素——资本的边际生产力 MP_{KX} 将上升。由（7.4）式可知，r_X 的上升幅度必定超过 P_X 的上升幅度，即 X 部门资本报酬增加得更快。

对 Y 部门的同样分析，可知由于劳动流出，Y 部门资本的实际报酬是下降的。

总之，劳动在部门间的流动，会使流入部门资本的实际报酬提高，流出部门资本的实际报酬下降。劳动在部门间的流动对劳动者实际收入的影响则不确定，如果劳动者偏重消费流入部门的商品，收入会下降；如果偏重消费流出部门的商品，收入会上升。

第三节 劳动在地区间的流动

一、劳动在地区间流动的静态效应

和劳动在行业之间的流动相比,劳动在地区之间的流动更加壮观,从"孔雀东南飞"到"民工潮",已成为地方政府不得不关注的社会问题。劳动在地区之间的流动有多种原因,但主要还是经济因素。

如图 7-5,假定有 A 和 B 两个地区,劳动需求曲线分别为 D 和 D',原来的劳动供给曲线分别为 S_0 和 S'_0,均衡工资分别为 w_0 和 w'_0。因为 $w_0 > w'_0$,所以劳动由 B 地向 A 地流动。于是,A 地和 B 地的劳动供给曲线分别向右和向左移动到 S_1 和 S'_1 的位置,这时均衡工资 $Ow_1 = Ow'_1$,劳动流动停止。

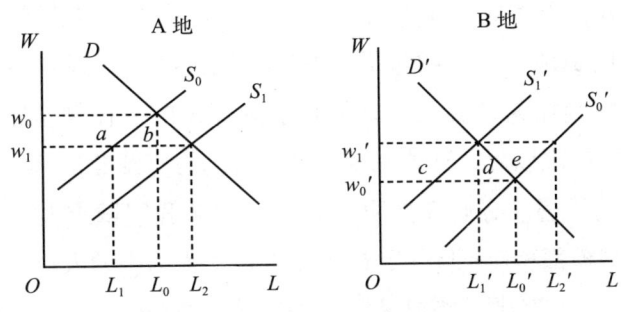

图 7-5 劳动在地区间流动的静态效应

在这个过程中,A 地由于工资水平下降,原有的劳动供给量由 OL_0 减少到 OL_1,而需求量增加到 OL_2,供求之间有 L_1L_2 的缺口,由流入的劳动来弥补。在这种情况下,原有劳动者的剩余减少了 a,而劳动需求者即厂商的剩余增加了 $a+b$。B 地由于工资水平上升,劳动的供给量由 OL'_0 增加到 OL'_2,但 B 地只需要 OL'_1,多余部分 $L'_1L'_2$ 就流向 A 地。这样,仍留在 B 地的劳动者所得利益(即生产者剩余)为 c,流出去的劳动者的剩

余为 $d+e$。

我们将 A、B 两地由于劳动流动所带来的利益或损失总结如表 7-1。

表 7-1　　　　　A、B 两地由于劳动流动所带来的损益

集团	经济利益或损失
流动的劳动者	$+(d+e)$
留在 B 地的劳动者	$+c$
B 地的单位或企业	$-(c+d)$
留在 A 地的劳动者	$-a$
A 地的单位或企业	$+(a+b)$
净效果	$+(b+e)$

由表可知，劳动流动使得流出地的单位和企业受损，而劳动者获益，流出地的净利益为 $(d+e)+c-(c+d)=e$；使得流入地的劳动者受损，单位和企业获益，流入地的净利益为 $-a+(a+b)=b$。所以，劳动流动使 A、B 两地都受益。从整个国家来看，劳动的区际流动也是有好处的，它的好处等于劳动流出地和流入地的好处之和，即 $b+e$。

长期以来，很多地方片面认为，只有人才才是地方发展的宝贵资源，外来劳动力则是地方发展的包袱，所以采取种种措施限制外来人口的流入。结果没限制住人口流入，只限制了流入人口享有应得的福利。2003 年"民工荒"出现以后，这才发现了外来劳动力资源的价值，才开始提高外来劳动力的待遇。有研究表明，2008 年以来我国城市人口无论增长速度还是增长规模都相对下降了，以外来人口流入为主的人口高速增长期已结束。所以，人口控制政策已从数量控制转向结构优化，部分城市甚至面临如何吸引外来人口长期住下来的问题。

二、劳动在地区间流动的动态影响

（一）对地方财政的影响

劳动跨地区流动对地方财政的附带影响是各地制定劳动政策的一个重要参考因素。对于劳动流出地来说，一方面因这些劳动的流出，享受地方

财政各项转移支付的人减少；另一方面因这些劳动的流出，上缴给地方财政的税收也在减少。从福利经济学的意义上说，公共产品具有公共性，每个人都可享用，减少一个人对它享用也不会使剩下人的福利水平提高。所以，劳动流出所造成的各项预期损失可能会超过因劳动流出所减轻的公共服务的负担。再说，流出的劳动大多是年轻人和具备一定劳动技能的人，他们刚刚接受过本地纳税人支付的各种教育和培训费用，却不会以其收入向本地纳税人回报。所以，劳动流出地可能会因此而蒙受财政损失。

对劳动流入地来说，流入的劳动者表面上看是一种财政负担，会使公共投入的教育费用、医疗费用以及治安费用增加，但有关研究表明，劳动流入所增加的税收一般要大于所增加的财政支出。所以，很多地方政府对劳动流入采取积极支持的态度，放宽户籍限制，让外来人员享受和本地人同样的入学、入职、入户待遇，为他们办理同样的医疗、养老、工伤、失业保险。对优秀人才的流入还有更优惠的政策。

(二) 对劳动市场的影响

劳动流动对流入地来说，如果劳动市场供不应求，劳动流入会弥补市场短缺；如果劳动市场供过于求，劳动流入也不全是坏事，虽然会增加失业人口和就业负担，但会淘汰低水平劳动者，提高工作效率，改善就业结构。劳动流动对流出地来说，因为流出的原因往往是本地存在严重失业，所以劳动流出可以缓解就业压力。这种作用在流出地处于经济衰退的时候更为明显。

(三) 对资本积累的影响

资本积累是发展的前提，它源于收入和储蓄水平，以及各种消费性支出的节约。对劳动流入地而言，劳动流动可以促进资本积累。这是因为：(1) 劳动流入压低了本地工资，提高了厂商的利润率；(2) 劳动流入扩大了企业规模，使厂商能获得更多的规模效应；(3) 为本地厂商节省了培训费用。劳动流动对流出地而言，一方面厂商因劳动短缺、规模缩小而减少收入，影响资本积累；另一方面，流出劳动给本地家属源源不断的汇款，也成为本地资本积累的一个重要途径。

（四）正的外部性和负的外部性

劳动流动会给流入地带来正的外部性，如外来人才为本地带来知识和技能，本地又无须为他支付培训和教育费用；外来人口为本地带来多元文化，使本地生活丰富多彩，而本地又无须为此支付任何费用。劳动流动也会给流入地带来负的外部性，如交通拥堵、犯罪增加、物价提高，这个成本也只能由社会来承担了。

第四节 城市化

劳动从农村流向城市，大大加速了城市化的进程。所谓城市化，狭义地理解就是农业人口不断转变为非农业人口的过程。广义的城市化，包括农业人口非农业化、城市人口规模不断扩张、城市用地不断向郊区发展、城市数量的不断增加等。据 2016 年 2 月 2 日《人民日报》报道，在国务院新闻办举办的国务院政策例行吹风会上，国家发改委副主任胡祖才表示，2015 年我国城镇化率达到 56.1%，城镇常住人口达到了 7.7 亿人。城市化既是市场经济发展的必然结果，也是经济现代化的必然趋势。

城市化的进程中也出现了一些新的问题，需要地方政府妥善解决。

一、加快中小城市的发展

这些年中国城市化的发展虽然取得了很大成就，但有一个问题，就是过多地把资源集中在特大城市，忽略了中小城市的发展。中小城市不够规模，缺少规模效益。究其原因，就是因为我们的等级化城市管理体制，资源配置是按行政区划申报的，行政等级越高的城市，福利越好，吸引的企业和人口越多，规模就越大。本来按市场经济规律，特大城市房地产昂贵，会使一些企业和人口退出，但人们更看好特大城市的行政资源，所以坚持不退出，使得特大城市难以瘦身，而中小城市又发展不起来。所以要想改变这种状况，就要打破等级化城市管理体制，将特大城市的政治中心和经济中心的功能分离，让市场来确定城市基础设施的供给和人口的规模。

二、建设和完善工业园区

城市化的巨大推动力之一是工业化，但有些地方的工业企业是星罗棋布、遍地开花，这不仅容易造成环境污染，也容易造成土地资源的浪费。很多地方都建立了工业园区，通过统一规划园区的道路、供水、供电和污水处理设施，既节约了土地，形成了规模，做到资源共享；又避免了环境的污染，形成良好的投资环境，吸引众多企业尤其是大企业入驻。

三、加快居民小区建设

生产需要规模经营，生活也需要规模经营。要大力建设居民小区，通过完善基础设施吸引居民入驻。过去很多地方通过建设廉价房的办法解决居民的住房问题，因为违背了市场经济的公平原则，政府虽然补贴了不少钱，真正的困难户和农民工还是买不起，还为腐败分子提供了机会。地方政府应该改变思路，多建一些规格不要太高的房子向外出租，变廉价房为廉租房。这样一方面困难户和农民工有地方住了，可以安居乐业；另一方面，腐败分子看不上这样的房子，不愿涉足，这就保证了政府补贴的真正受益者是困难户和农民工。

四、开展特色小镇培育工作

2016年7月，国家住建部等三部委决定在全国范围开展特色小镇培育工作，计划到2020年培育1000个左右的特色小镇。这些小镇依附城市，又有自己的生态系统和特色，更像是一个"桃花源"。一时间，特色小镇迅速被敏感的房企捕捉到。对房企而言，通过小镇的开发运营可以获取更加低廉的土地，并在后续运营中继续获取稳定的现金回报。对政府而言，可以缓解大城市人口压力，给人们以更多的选择。所以，培育特色小镇工作，可以做到政府和房企双赢。蓝城集团表示，将在未来十年内打造100个复合型生态小镇。东莞市黄江镇政府与碧桂园进行了"科技小镇"合作签约，这已是碧桂园目前签下的第四个"科技小镇"了。

五、保护好房屋产权

城市化离不开城市的统一规划，这就牵扯到旧房拆迁的问题。有些地方政府为了政绩，不顾房屋的产权归属，或公开打着政府征用的幌子，或暗中鼓动开发商出面，对不愿签合同的房主的房子实行强拆。这种做法既违背了私有财产不可侵犯的法律，也不符合经济学里帕累托最优的原则。房屋产权一般都有70年的限定，70年后怎么办？有的地方房屋产权限定时效更短，现在就有到期的问题。本来，"人无恒产没有恒心"，房屋产权到期应该自动延长，可有的地方政府又想借机征收一笔费用，这就失去了民心。

六、取消农业户口与非农业户口

一些地方进行了全面放开农民进城落户的试点，但在"零门槛"前不少农民不愿进城落户，还有些已迁出农业户口的人要求再迁回去。这是因为近年来，附着在农业户口上的优惠政策不断出台，使得农业户口的"含金量"明显上升。农民愿意在城市工作生活，但不愿迁出户口。现在到了取消农业户口和非农业户口的区别的时候了，只有取消农业户口和非农业户口的区别，才能使农民真正从土地中退出来，自愿进城落户。

本章小结

本章取消生产要素不能流动的假设，探讨劳动流动的效应。劳动在企业内外的流动造成失业。失业分自愿失业与非自愿失业，造成失业的原因也分摩擦性失业、结构性失业和周期性失业。实际失业率每高于自然失业率1个百分点，实际GDP将低于潜在GDP2个百分点，被称为奥肯定律。

劳动在部门间流动，会使流入部门资本的实际报酬提高，流出部门资本的实际报酬下降。劳动在部门间的流动对劳动者实际收入的影响则不确定，如果劳动者偏重消费流入部门的商品，收入会下降；如果偏重消费流出部门的商品，收入会上升。

劳动在地区间的流动使得流出地的单位和企业受损，而劳动者获益；使得流入地的劳动者受损，单位和企业获益。所以，劳动流动使A、B两地都受益。从整个国家来看，劳动的区际流动也是有好处的，它的好处等于劳动流出地和流入地的好处之和。

劳动从农村流向城市，大大加速了城市化的进程。政府须通过建立工业园区，加速工业规模化经营；加快居民小区建设，变廉价房为廉租房；开展特色小镇培育工作，实现政府和房企双赢；保护房屋产权，使居民能安居乐业；取消农业户口与非农业户口的区别，使农民自愿进城落户。

思考题

1. 什么是自愿失业和非自愿失业？画图说明。

2. 我国正着力加强供给侧结构性改革，调整产业结构，清理僵尸企业，淘汰落后产能，发展方向锁定在新兴领域、创新领域，创造新的经济增长点。问：在这个过程中出现的失业是什么性质的失业？怎样妥善解决失业问题？

3. 什么是奥肯定律？它有什么意义？

4. 劳动在部门间的流动使收入结构发生了什么变化？

5. 画图并列表说明劳动在地区间流动的效应。

6. 地方政府怎样应对城市化进程中出现的一系列问题?

7. 北京市有关部门公布的统计数据显示,2015年末,北京市常住人口比2014年末增加18.9万人,但增幅下降,与2014年相比少增加17.9万人。上海市的数据也显示,相比2014年996.42万的外来常住人口,2015年上海市外来常住人口减少近15万。广州方面,2010年至2014年内,广州的常住人口总共仅增长了30余万人,总体看,"十二五"较"十一五"增速出现阶段性放缓。有人认为,这是这些城市人口控制和疏解政策的结果。但也有人认为,这主要和中国人口结构的转变有关,即中国劳动年龄段人口总体趋于下降态势。你认为导致北上广人口增速放缓的主要原因是什么?北上广的地方政府希望通过一定政策,把高学历的人留下来,而将资本较低的低端人口疏解出去,这会导致什么问题产生?超大城市如何疏解城市人口?

第八章

资本流动

如果有人问你:"挣钱"与"赚钱"的意思一样吗？你可能会认为差不多。其实是不一样的,"挣"字提手旁,"挣钱"靠劳动;"赚"字贝字旁,"赚钱"靠资本。这一章我们讲资本流动的福利效应、企业在本地和外地投资的条件,以及地方政府吸引外资的效应等问题。

第一节 资本流动的福利效应

资本在地区间的流动可以给很多方面都带来好处,这些好处可以归纳为如下几种。

一、居民的效用水平提高

效用是商品或劳务满足人的欲望或需要的能力。假定消费者对其他商品的消费保持不变,则从连续消费某一特定商品中所得到的满足程度将随这种商品消费量的增加而递减。这就是边际效用递减规律。比如再美的东西看得久了也就不觉得美了;再好吃的东西,吃得多了也就不觉得好吃了。

如图 8-1 所示,横轴 OC 表示随时间推移的消费水平,纵轴 OU 表示

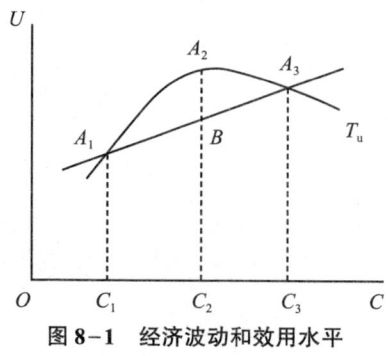

图 8-1 经济波动和效用水平

总效用水平，T_u 为效用曲线，它先升后降，反映了边际效用递减规律。任何一个地方的经济发展总有好的时候和不好的时候，不好的时候消费少，为 OC_1；好的时候消费多，为 OC_3。这样，两个时期的效用水平分别为 C_1A_1 和 C_3A_3，平均效用水平即为 C_2B，C_2 为 C_1C_3 的中点。资本流动以后，如果经济不好，该地区可借入资本，即出售未来商品以换取现在商品，从而使消费水平保持在 OC_2 上，消费者获得的总效用为 C_2A_2；经济好转时，该地区可借出资本，即出售现在商品输入未来商品，这样也可以使消费水平保持在 OC_2 上，消费者获得的总效用为 C_2A_2。因此，不论经济如何波动，两个时期的平均效用水平都为 C_2A_2，比没有资本流动时的平均效用水平高出 BA_2。

二、资本的边际产量增多

资本从丰裕地区流向稀缺地区，会对本地和外地的经济发展产生怎样的影响呢？

在图 8-2 中，O_A 和 O_B 分别是 A 地和 B 地的原点，横轴 O_AO_B 的距离表示两地的总资本存量，纵轴 O_AM 和 O_Bm 分别表示 A、B 两地资本的边际产量，MN、mn 分别表示 A、B 两地的资本边际产出曲线，它们分别向右下和左下方倾斜，反映了边际收益递减规律。

起初，两地资本市场没有开放，借贷活动仅限于地区内部。B 地由于资本稀缺，资本的供给只能达到 O_BQ，收益率因此高达 QU，其产量

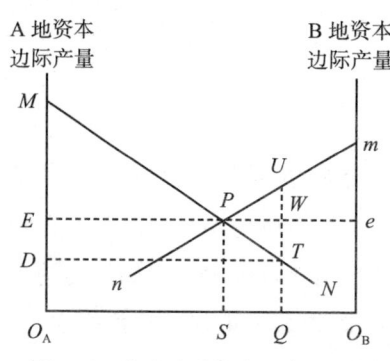

图 8-2 资本流动使边际产量增多

为梯形 O_BmUQ 面积；A 地由于资本丰裕，资本的供给达到 O_AQ，收益率被压为 QT，其产量为梯形 O_AQTM 面积。

后来，两地资本市场开放，由于 B 地资本收益率高，吸引 A 地部分资本流入，于是 B 地资本增加，最后在 MN 和 mn 的交点 P 达到新的均衡。这时 B 地产量增至 O_BmPS，A 地产量减到 O_ASPM。比较 A、B 两地产量的变化，可以发现资本流动使得两地的资本总产量净增 ΔPTU。A 地投资人因收益率由 QT 提高 SP 到而获利，B 地投资人因收益率由 QU 降低到 SP 而受损。A 地资本总产值虽然减少，但投资人的收入却增加了 $SQWP$，大于其产值损失的 $SQTP$。同时，B 地的收入也增加了 ΔWUP。总之，资本流动使流出地产值减少，流入地产值增加，资本总产量增加了。同时，资本流动使流出地资本所有者收入增加，流入地资本所有者收入减少，总的国民收入增加了。

> **【案例】** 2012 年 2 月 1 日，1000 多名温州商人聚在温州人民大会堂，代市长呼吁遍布全球的温商"总部回迁，项目回归，资金回流"。在会上，温州市政府不失时机地推出 414 个招商项目，计划引进资金 4700 多亿元。人们不禁要问：温州也缺钱吗？

温州本来是不缺钱的，温州在全国乃至全世界都可以称得上是资本丰裕地区。正因为如此，温州资本在本地收益率较低，便向全国乃至全世界流动，寻找更有利的赚钱机会。这为全国乃至世界经济都作出了贡献，也使温州商人发了财。但这对温州地方政府来说却不见得是好事，温商在外地投资创造的 GDP 属于外地，不属于温州，政绩算不到温州政府的头上。相反，温州当地却因资本流出产值减少，经济发展受到了影响。所以在这次会上，市委书记坦率地对温商们说："全国平均投资率是 55%，浙江省是 46.6%，温州只有 34.1%。现在温州人均收入在浙江退到了第五位，GDP 在浙江是倒数第三。如不加以扭转，温州在未来发展中很可能被边缘化。"

三、部分商品流通的替代

假设 A、B 两个地区生产 X、Y 两种产品，X 为资本密集型产品，Y 为劳动密集型产品，两地只使用劳动和资本两种要素，且两地的生产函数相同，A 地资本充裕 B 地劳动充裕。

在图 8-3 中，T_A 是 A 地的生产可能性曲线，由于 A 地资本充裕，而 X 是资本密集型产品，所以 T_A 倾向于 X 轴；T_B 是 B 地的生产可能性曲线，由于 B 地劳动充裕，而 Y 是劳动密集型产品，所以 T_B 倾向于 Y 轴。根据要素禀赋理论，A 地向 B 地输出 X 输入 Y；B 地向 A 地输出 Y 输入 X，两地在 MM' 线所示的相对价格下实现均衡。这时 MM' 与 T_A 切于 P_A，与 T_B 切于 P_B。$\triangle P_A C_A Q_A$ 是 A 地的贸易三角形，表示 A 地输出 $Q_A P_A$ 输入 $Q_A C_A$；$\triangle P_B C_B Q_B$ 是 B 地的贸易三角形，表示 B 地输出 $Q_B P_B$ 输入 $Q_B C_B$。$\triangle P_A C_A Q_A \cong \triangle P_B C_B Q_B$，所以两地同时实现均衡，资源得到最优配置，福利水平也达到最大，资本流动的动因不存在。

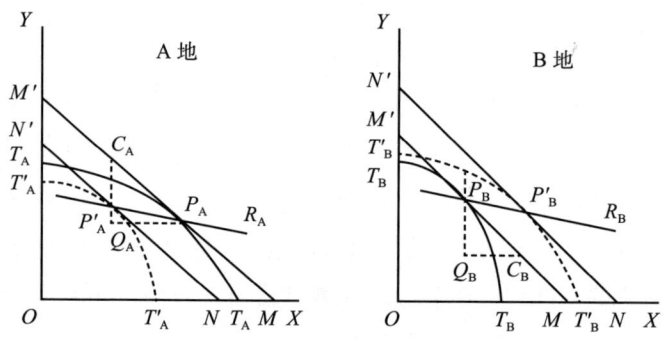

图 8-3 投资与贸易的替代

假如这时出现了贸易壁垒，B 地对 A 地输入的 X 进行限制，导致 X 价格上升，刺激 B 地的生产增加。由于 X 是资本密集型产品，所以其产量的增加势必导致资本价格上涨，吸引 A 地资本向 B 地流动，于是 A 地的生产可能性曲线收缩到虚线所示的 T'_A，B 地的生产可能性曲线扩张到虚线所示的 T'_B。在原来的相对价格水平下，两地分别在 P'_A 和 P'_B 达到均衡。比较两种新均衡，发现 A 地的产量减少了，B 地的产量增加了。这是否会造成福利分配上的差距呢？不会的，这是因为 B 地的产量虽然增加了，但其中相当于 $M'N'$ 单位的 Y，或相当于 MN 单位的 X，是要以资本报酬的形式交付给 A 地的。由此可见，资本流动可以部分替代商品流动，在地方保护主义对商品流动加以限制的情况下，资本流动可以使地方保护措施部分地失去了意义。

第二节 一般投资的决定

资本流动通常有两种形式：一种是资本连同它的实际控制权一同转移，被称为间接投资或证券投资；另一种是资本转移了，但实际控制权却没有转移，被称为直接投资。这里讲的资本流动主要指直接投资，简称投资。很多地方政府都将吸引投资作为自己的重要任务，为此我们需要设身处地、换位思考，了解投资者是怎么想的，他投不投资和哪些因素有关。

一、成本和利润

投资者的目的是为了赚钱，所以一年下来他首先要搞清楚赚没赚钱。赚没赚钱离不开成本，而经济学中的成本与会计学中的成本是有区别的。会计学中的成本指的是显成本，它是厂商在要素市场上购买或租用他人所拥有的生产要素的实际支出。经济学中的成本除了显成本以外还有隐成本，隐成本是厂商自己所拥有的且被用于自己企业生产过程的生产要素的总价格。

> 【案例】 某店主每年花费 40000 元租赁商店设备，年终该店主从销售中所获毛收入为 50000 元。问：该店主赚了多少钱？

从显成本的角度看，该店主赚了 50000-40000=10000（元），但从隐成本的角度看，该店主不仅没赚钱，还赔了钱。假定市场利率为5%，如果该店主不是把这40000元用于租赁商店设备，而是存入银行，一年可得利息 40000×5%=2000（元）。这2000元就是他把这40000元资金用于投资的机会成本，是一种隐成本。另外，如果该店主从事其他职业能获得的年收入是100000元，则这100000元是他当店主而不去从事其他职业的机会成本，也是一种隐成本。所以，该店主一年的隐成本是100000+2000=102000（元）。而他一年的毛收入才50000元，减去显成本40000元，还剩下10000元，远远不够弥补隐成本的，所以他赔了钱。

那么，怎样才算赚了钱呢？表8-1是一个老板计算经济利润的账单：

表8-1　　　　　　　　　经济利润的账单

单位：元

销售总收益	1000000
—直接成本（原料、劳动、电力等）	650000
毛利（企业一般管理费用的贡献）	350000
—间接成本（折旧、企业一般管理费用等）	140000
所得税前的"净利润"	210000
—自有资金费用、风险、专利等（即隐成本）	100000
所得税前的"经济利润"	110000
—应支付的所得税	36300
所得税后的"经济利润"	73700

从该表可知，该老板某年的销售总收入为100万元，最后七扣八扣剩下的所得税后的经济利润7万多元，才是他赚到的钱。可见，当老板容易赚钱难。

这里要把利润和正常利润区别开来。经济利润在经济学里简称利润，它等于总收入减去总成本。而正常利润是厂商对自己所提供的企业家才能的报酬，所以它属于隐成本。也就是说，利润中不包含正常利润。这让好多人想不明白：利润里怎么能不包含正常利润呢？其实这也没什么奇怪的，这就像老婆饼里没有老婆、鱼香肉丝里没有鱼一样。可见，利润即使为零，只要不是负数，老板仍得到了正常利润。这里须搞清的关系是：

直接成本＋间接成本＝显成本　　　　　（会计学成本）

显成本＋隐成本＝总成本　　　　　　　（经济学成本）

经济学中的成本与会计学中的成本，除了隐成本的区别以外，还有旁置成本的区别。旁置成本也叫沉没成本，是已经花费而又无法补偿的成本。比方说，某公司打算将公司总部从 A 市迁往 B 市，看中了 B 市一处建筑，总价 440 万元，就交了 40 万元定金，这 40 万元就属于固定成本。又假定该公司发现另一处建筑只要 420 万元，比第一处建筑便宜 20 万元，怎么办？当然还是买前一处建筑，尽管它比较贵，但已经交了 40 万元定金了，人家又不给退，这 40 万元就属于沉没成本。这时若买第二处建筑，总共要花费 420 万 +40 万 =460 万（元），比买第一处建筑的费用 440 万元要多 20 万元。所以，会计学是要把旁置成本计入的，而经济学则不用考虑它，因为它已经与决策无关了。

二、实际利率与资本边际效率

一般投资者的钱是借银行的，这叫"借鸡下蛋"。因此，投资取决于预期利润率与借款利率的比较。这里的利率指实际利率。实际利率＝名义利率 - 通货膨胀率。投资是利率的减函数，即利率越高，投资越少；利率越低，投资越多。设 e 为自主投资，即利率为零时也有的投资量；d 为利率对投资的影响系数；则投资需求函数为：

$$i=e-dr$$

投资需求曲线向右下方倾斜，如图 8-4 所示，利率为 3% 时，投资量为 500 万元；利率为 1% 时，投资量为 1000 万元。

投资需求曲线又称投资的边际效率曲线，它是从资本的边际效率曲线引申而来的。

资本边际效率是一种贴现率，这种贴现率正好使一项资本物品的使用期内

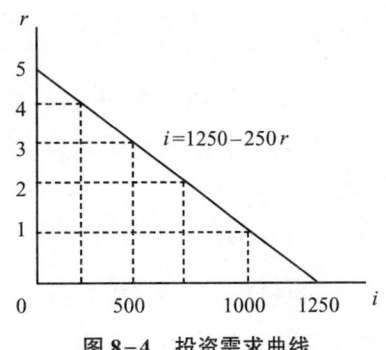

图 8-4　投资需求曲线

各项预期收益的现值之和等于这项资本品的供给价格或重置成本。

假定本金为 100 万元，年利率为 5%，则：

第 1 年本利和为：100（1+5%）=105（万元）

第 2 年本利和为：105（1+5%）=100（1+5%）^{2}=110.25（万元）

第 3 年本利和为：110.25（1+5%）=100（1+5%）^{3}=115.76（万元）

依此类推。如果 r 表示利率，R_0 表示本金，R_n 表示第 n 年的本利和，则 $R_n=R_0(1+r)^n$，或 $R_0=R_n/(1+r)^n$，即 n 年后 R_n 的现值为 R_0。

假定利率为 r，某企业投资 R 万元购买一台机器（R 即为该机器供给价格），该机器使用期限为 n 年，不同年份的预期收益分别为 R_1，R_2，…，R_n，$R_i/(1+r)^i$（i=1，2，…，n）为各预期收益现值，J 为 n 年后的残值。如果该投资每年的本利都能按 r 贴现（即贴现率为 r），

$$R = \frac{R_1}{1+r} + \frac{R_2}{(1+r)^2} + \frac{R_3}{(1+r)^3} + \cdots + \frac{R_n}{(1+r)^n} + \frac{J}{(1+r)^n} \quad (8.1)$$

则 r 就是资本边际效率。

如果 R、J 和各年预期收益都能估算出来，就能算出资本边际效率。因为 r 在分母上，所以如果 r 小，分数的值就大，各项预期收益的现值之和就会大于该资本品的供给价格，该项投资就赚钱。也就是说，如果资本边际效率大于市场利率，则投资就值得，否则就不值。

> 【练习】 一个预期长期实际利率是 5% 的厂商正在考虑一个投资项目清单，每个项目都需花费 100 万元，项目 1 将在两年内回收 120 万元，项目 2 将在三年内回收 125 万元，项目 3 将在四年内回收 130 万元。假设通胀率是 4%，问：哪个项目值得投资？

由于每年通胀率为 4%，实际利率为 5%，因此名义利率为 9%，这样三个项目回收值的现值分别为：

$$R_1 = \frac{120}{(1+0.09)^2} \approx 101.00, \quad R_2 = \frac{125}{(1+0.09)^3} \approx 96.53, \quad R_3 = \frac{130}{(1+0.09)^4} \approx 92.09。$$

可见这三个项目中只有第一个项目在使用期内收益的现值大于它的供给价格或重置资本，值得投资，其他项目都不值得投资。

三、预期收益和风险

根据（8.1）式可知，影响投资需求的因素除了资本边际效率外，还有各期的预期收益。预期收益即一个投资项目在未来各个时期估计可得到的收益。影响预期收益的因素有：

（1）对投资项目产出的需求预期。如果通过市场调查，预期投资项目的产品将会在市场上很受欢迎，则会投资；否则不会投资。

> **【案例】** 美国作家写过一部短篇小说，其内容是：一个画家总不得志，作品卖不出去，吃饭都成问题。于是他和朋友策划了一个骗局，竟称自己已经死了，并请一些评论家对其作品大加赞扬。于是，本来卖不出去的画价格狂升，他们着实发了一笔财，但已成名的画家却无法以原来的身份生活并作画了。

为什么该画家的作品价格狂升呢？艺术品的价格取决对该艺术品的需求与供给，画家既然死了，他的作品的供给不会增加了，其价格就取决于需求。需求主要来源于欣赏与投资，而投资是为了保值与增值。在各种投资物品中，有价值的艺术品升值的速度最快。投资的收益在未来，所以出于投资动机买画的欲望取决于对未来升值的预期。一个画家死后，人们对其作品在艺术史上的地位及未来升值前景都是一种猜测。如果评论家此时对他的作品大家赞扬，这不仅会影响人们的欣赏，也会提高人们的预期，认为该画家的作品未来价格会上扬。这种预期使购买者增加，这就推动了它现在价格的上升。而现在价格的上升又会进一步提高人们的预期，于是这种价格与预期的相互作用就把已死画家的作品炒到了天价。

（2）产品成本，尤其是工资成本。如果成本很高，超出了自己的能力，则不会投资；如果成本较低，没有超出自己的能力，才会考虑投资。为什么当年很多制造业都从发达国家转移到中国？一个重要原因就是中国的工资低，可以降低产品成本。为什么现在又有些制造业从中国转移到东南亚一些国家？就是因为中国的工资提高了，拉高了产品成本；而东南亚一些国家工资低，可以降低产品成本。

（3）风险。投资需求还和风险密切相关，高收益往往伴随着高风险。

> 【故事】一个探险者在沙漠上行走，嘴唇干裂，只剩下一壶水。他在断墙后发现一口压力井，高兴极了，跑过去压水，却压不出水来。他看到断墙上写着一句话："只有先倒进一壶水，才能压出水来！"他该怎么办？

在这个案例中探险者最后剩下的那壶水是他的储蓄，他可以用于消费，但消费完了仍走不出沙漠怎么办？他也可以将它倒入压力井，这样有可能压出水来，走出沙漠就不成问题了；但也可能压不出水来，那将面临被渴死的危险。这就是投资。所以，投资是用现在的商品去换取未来的商品，而未来具有很大的不确定性，这就是风险。

（4）投资税抵免政策，即政府规定的投资厂商可从他们所得税中扣除其投资总值的百分比。这项政策各地方可能有区别，这是资本在地区间流动的一个重要考量。

第三节　在外地投资的条件

企业在外地投资不仅是个资本流动问题，也是个企业组织问题，需要具备一定的条件。

一、企业在外地投资的必要条件

一个企业到外地去办一个分支企业，在自己所不熟悉的环境下与当地企业竞争，必须具备当地企业所不具备的优势。这种优势我们不妨称之为所有权优势。所有权优势包括：

（1）对某种技术的垄断，这种技术可以是生产过程中实际运用的具体技术，也可以是以知识、信息、诀窍等形式存在的无形资产；

（2）具有规模经济，它表明了企业对资源的控制程度以及抵御风险的能力；

（3）企业家才能的"过剩"，这种"过剩"是推动企业不断向外扩张的动力源泉。

同时，企业之所以到外地投资而不是在本地投资，投资地必须具备一定的区位优势，能给企业带来在本地得不到的好处。这种区位优势包括：

（1）距离消费地比较近，可以及时捕捉市场信息，调整生产结构或产品结构；

（2）可以获取廉价的原材料、资金、地皮或劳动力，从而降低生产成本；

（3）税收负担比较轻、基础设施比较全、政府效率比较高、竞争对手比较弱等，即环境比较好，有利于企业发展。

以上条件不一定全部具备才会到外地投资，但至少必须具备一两项才行。所以，所有权优势和区位优势是企业向外地投资的必要条件。

【案例】 你知道全球一半的iPhone是在哪里生产的吗？郑州。郑州有94条iPhone6和iPhone5s生产线，生产和组装iPhone的工厂分为几十个区，占地约5.7平方公里。高峰时期有35万名员工组装、测试、包装iPhone，每分钟生产350部智能手机，从郑州出口的智能手机已经达到2.3亿部。问：郑州为什么能吸引为苹果公司生产iPhone的富士康在这里投资？

为了吸引富士康在郑州落户，郑州市政府提供了很多财政补贴和税收优惠。在生产的前2年，补贴总额高达5600万美元；在投产的前5年，免交企业税和增值税，以后5年减半。不仅如此，郑州市政府还提供15亿美元，资助富士康建设工厂和员工宿舍，并将其运营点设在保税区，工厂设在离机场几公里远的地方。富士康员工还可少交社保及其他费用，每年累计可达1亿美元。不过，各地逐渐增加的对外企的补贴和政策优惠与中央政策并不一致，中央希望本土品牌和本国科技企业能够发展起来。

二、企业在外地投资的充分条件

企业具有所有权优势、投资地具有区位优势，并不意味着企业必然会去投资，因为它至少有三种途径可供选择：

（1）在本地生产，将所有权优势凝结在产品上，然后将产品销往外地；

（2）向外地独立企业发放许可证，将其技术有偿转让；

（3）直接投资，在投资地设分支企业，就地生产就地销售。

为什么企业不选择前两条途径而选择后一条途径？这可能有以下一些原因：商品市场的不完全性，地方保护为商品流动设置了重重障碍；要素市场的不完全性，资本和劳动的流动遇到很多阻力；路途遥远或商品比较特殊，运输成本很高等。这些原因可以解释为什么企业不在本地生产再销往外地，但解释不了为什么不将技术有偿转让？我们必须从中间产品市场的不完全性上去寻找答案，这也是市场交易内部化理论的基础。

中间产品不光是指基本投入与最终投入之间有形资产的投入，也包括无形资产的投入，即技术、信息、诀窍、经营方式和经验的投入等。正是这些无形资产的优势，把成功企业和一般企业区别开来。但这些无形资产很难通过市场交易实现其价值，这是因为无形资产在某种程度上具有"公共物品"的性质，很少有人愿意为它付钱。比如你有一个好"点子"，别人使用它的边际成本很低，甚至为零，并且别人使用这个"点子"也不会减少你自己使用这个"点子"。所以很少有人愿意为这个"点子"为你付钱，即使付钱也是很少一点钱。久而久之这种无形资产便无人愿意提供，宁愿它烂到肚子里。有人说，你不要把这个"点子"告诉别人啊！说的也是，但这样一来这个无形资产的价值就很难实现了。为了实现它的价值你还得把它拿到市场上来，可怎么卖呢？你说我有个"点子"对你很有用，买下吧。别人问是什么点子？你说还是不说？不说人家不相信，说了人家知道了干吗还要买？所以无形资产的有偿转让很难实现，交易成本很高。最好的办法就是自己用这个"点子"投资办企业，或找个合伙人，签了合同后再把这个"点子"告诉他。这个过程就是"内部化"过程。进一步分析还知道,无形资产的知识性、技术性越丰富、交易规模越大,内部化倾向就越强,就越具有"内部化优势"。

综上所述,企业只有具有所有权优势和内部化优势,而投资地又具有区位优势,才会选择到外地投资。否则,它会考虑商品输出或技术转让。

第四节 吸引投资的效应

一、吸引投资的乘数效应

一个地方吸引了一笔投资,不单单是给这个地方的国民收入增加了这笔投资的量,它会在这个地区各部门之间产生连锁反应,最后会使这个地区国民收入的增加量数倍于这笔投资的增加量。这就是以前讲过的投资的乘数效应。

乘数效应可用图 8-5 表示。横轴表示国民收入 Y,纵轴表示消费和投资 $C+I$,45 度线上表示 $Y=C+I$。该地区原来的消费加投资曲线是 $c+i$,与 45 度线交于 C 点,决定了国民收入为 Oy。吸引了投资后该曲线向上移动到 $c+i'$,与 45 度线交于 A 点,决定了国民收入为 Oy'。投资与国民收入变化的关系可

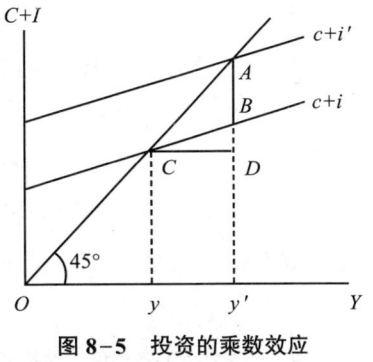

图 8-5 投资的乘数效应

以在 $\triangle ACD$ 中看得很清楚, AB 是投资的增量, CD 是国民收入的增量, $CD>AB$,这就是投资的乘数效应。

二、吸引投资的静态福利模型

假设经济体系是完全竞争的,实现了长期的充分就业;规模报酬不变,

且无外部性经济；不涉及税收。在这些条件下我们来分析资本流入一个地区的静态福利效应。

如图 8-6 所示，横轴 OK 表示该地区资本存量，纵轴 OMP_X 表示资本的收益率，曲线 II 是边际产品曲线，它表示资本存量与资本收益率的对应关系。由于边际收益递减规律的作用，所以 II 向右下方倾斜。在劳动供给一定且无区外投资的情况下，如果区内投资为 OM，那么资本的收益率为 OA，投资总收益为四边形 $OMEA$，工资额为 $\triangle AEI$。现在

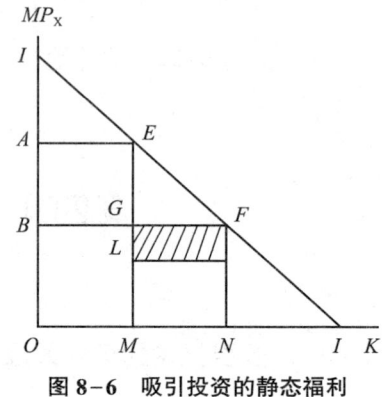

图 8-6　吸引投资的静态福利

有 MN 的区外投资流入，于是收益率由 OA 降为 OB，外资收益为四边形 $MNFG$，区内资本收益降为四边形 $OMGB$。尽管如此，由于外资带动了就业，工资额增加了四边形 $BFEA$。这中间虽然有四边形 $BGEA$ 部分是区内投资者收益向工资的再分配，但该地区作为整体还是增加了 $\triangle GFE$ 的净福利。

以上我们还没考虑税收这一块，也就是说即使区外投资者不向本地纳税，本地也是有好处的。但一般来说区外投资者还是要纳税的，假设税率为 t，那么区外投资者所获收益从四边形 $MNFG$ 降为 $(1-t)MNFG$，该地区就会因税收而获得阴影面积所表示的净收益。另外，区外投资还会带来外部性收益，如新技术、新管理方法等。

三、吸引投资的动态福利效应

以上模型是建立在严格假定基础上的，有其局限性。现在动态地考察区外投资对本地可能产生的利益或损失。

（一）资源转移效应

一般来说，资本是由资本充裕的地区向资本稀缺的地区流动的，所以

吸引投资可以缓解本地资本缺乏的困难，这肯定是件好事。有的外地投资者借的是本地银行的钱，如果本地银行储蓄很多，这也是好事，总比你贷到外地为他人做嫁衣裳强。如果本地银行储蓄很少，这也不是坏事，本地银行可以向外地银行拆借，用别人的钱来办自己的事。

现代经济增长理论特别强调技术在经济增长中的决定性作用，如果区外企业具有所有权优势，那么吸引投资对当地技术进步的潜在作用就变得十分明显。不过，区外投资所带来的技术有个运用性的问题，如果是国内投资，运用性会比较好，但未必是世界一流技术；如果是国外投资，可能是世界一流技术，但未必在本地有好的运用性。如果本地劳动充裕，可引进的是资本密集性企业，它就对缓解劳动过剩作用不大。

吸引投资还可以同时引进企业家才能，给本地带来技术人才和管理人才。企业家才能是一种重要的生产要素，它的进入可以发生鲶鱼效应，打破本地经济低水平的均衡，对本地供应商和竞争对手提供良好的示范作用。不过，如果外资企业不注意培养和使用本地技术人才和管理人才，这方面的作用就很有限。

如果吸引来的外地投资是发达地区淘汰产业，而它之所以被淘汰是因为污染严重，那当地政府就应慎重考虑了，起码让他购置除污设备，不能对当地造成污染。不能为了眼前利益不顾长远利益，为了企业成本不顾社会成本。

（二）区际贸易和市场结构效应

资本流动可以带动商品流动，还可以发掘本地要素禀赋潜力，改善本地贸易结构，提高本地商品的技术含量和附加值以及市场占有率。不过，这种效应的大小还取决于区外投资的目标取向。如果区外投资是短期目标，打一枪换一个地方，捞一笔就走，这种效应就很有限，甚至会打乱本地产业布局、扰乱本地商品市场，产生负面影响。

如果本地产业结构本来就不合理，产品结构比较单一，吸引的外地投资又集中到本地唯一那个挑大梁产业上去，就会加重本地产业结构的负担，造成"悲惨增长"。如果区外投资在本地形成垄断，形成市场进入障碍，限制了本地和外地企业的发展，这也会对本地经济的发展造成不良影响。

> **【案例】** 2013年9月29日，中国（上海）自由贸易试验区正式成立，面积28.78公里，涵盖上海市外高桥保税区、外高桥保税物流园区、洋山保税港区和上海浦东批而综合保税区等4个海关特殊监管区域。2014年12月28日全国人大常委会授权国务院扩展中国（上海）自由贸易区区域，将面积扩展到120.72平方公里。截至2014年11月底，上海自贸试验区一年投资企业累计2.2万多家，新设企业近1.4万家，境外投资办结160个项目，中方对外投资额38亿美元，进口通关速度快41.3%，企业盈利水平增20%，设自由贸易账户6925个，存款余额48.9亿元人民币。有人认为，搞自贸区就是靠政策优惠招商引资。是这样吗？

这是一种误解。过去我国不少地方在招商引资中实行了种种优惠政策，形成了很多政策洼地，阻碍了要素的高效流动和资源的合理配置。一些不值得投资的地方和项目，因为有了政策优惠，不用费力经营也可以赚钱，资金就流过去了。所以，这也是一种不公平竞争，破坏了市场配置资源的功能。这种靠政策优惠的招商引资模式没有推广的价值。上海自贸区不是这样，它的核心是制度创新而不是政策优惠。它的制度创新包括投资管理制度创新、贸易监管制度创新、金融制度创新、综合监管制度创新等，重点是加快政府职能转变。自贸区制度创新的突破口就是"负面清单"管理模式，即除了清单上规定不能干的，其他都可以干，不用政府审批，只要备案就行了。"负面清单"模式体现了投资领域的"非禁即入"原则，是对"正面清单"模式的革命。"正面清单"模式就是指哪些项目可以投资，哪些项目不能投资，事无巨细都得事先由政府审批，严重束缚了企业的手脚。很多产能过剩、效率低下的投资项目就是这样"批"出来的，很多权力寻租、贪污腐败也是这样滋生出来的。"负面清单"模式转变了政府职能，提高了办事效率，体现了市场在资源配置中的决定性作用。

第五节 我国投资中的问题

一、高投资率低投资效率

投资率和投资效率是两个概念。投资率是指固定资产投资总额与国内生产总值的比率，即：

投资率＝固定资产投资总额／国内生产总值

从 1999 年到 2010 年这 10 年多的时间中，我国的平均固定资产投资率由 1999 年的 0.33 上升到 2010 年的 0.7，而美国这些年的平均投资率由 0.21 下降到 0.15。这表明在我国经济增长中投资的作用是占主要地位的，投资是拉动国民经济的三驾马车之一。

投资效率是指国内生产总值增加额与固定资产投资总额增加值的比值，即：

投资效率＝国内生产总值增加额／固定资产投资总额

投资效率可以用增量资本产出率来衡量，它说明 1 元钱的投资能带来几元的国内生产总值。研究表明，发达国家的增量产出率一般为 2 到 3 之间，即 1 元钱的 GDP 增加值需要 2 到 3 元的投资。而我国 1991 年到 2003 年的增量资本产出率为 4.1，近 10 年来这一指标不断攀升，最高逼近 7。也就是说，1 元钱的 GDP 增量需要近 7 元钱的资本。投资效率低到只有发达国家的 1/2 到 1/3。

高投资率带来了我国这些年来经济的持续快速增长，国家的面貌发生了很大的变化，这些成绩不能抹杀。但低投资效率的问题也不容忽视，它说明我国的资源配置不尽合理，隐藏着一定的经济风险和金融风险。我国的高投资主要是政府主导的，投资资金主要是从银行借的而不是自身积累形成的，低投资效率会使银行坏账率上升。如果大量投资项目的信贷资金收不回来，只能逼着中央银行大量印钞票，这只能导致通货膨胀。现在我国经济面临下行的压力，能不能通过扩大投资来减轻压力？看来是不行的，因为目前这种状况就是因为高投资率低投资效率形成的，再要扩大投资，只会使中国经济陷入更大的产能过剩危机。

二、高门槛低效率

在中国办一个公司需要报很多部门审批，盖很多章，花几个月甚至几年时间，有时还需要额外给办证官员"好处费"。在美国注册公司非常简单，门槛很低。美国实行登记制原则，不需要验核注册资金，没有经营范围，法律没有禁止的事情都可经营。如果新公司的名字跟别的公司名字不重复，提交简单备案表格、一页纸的公司发起条款以及100多美元的注册费以后，通常只需30分钟左右，公司登记手续就完成了。这对很多中国投资者来说，简直不可思议。

> 【案例】 多年前，一个在美国的华人，跟自己家乡的一些中小企业家吹牛，说他在州政府里有人，可以用一个下午的时间在美国成功注册一家公司，费用只要10000美元。大家不相信，有人回复说，那你就先办一个试试，给我们看看。结果他真花了几小时就把一家公司注册下来。当天晚上他用传真机将州政府的公司登记文件传到国内时，他听到电话另一端的惊叹和欢呼声。后来不少人就付钱给他在美国办公司，结果这些人到了美国才知道，根本就不需要在州政府里有人，谁去都能办，都很快，而且费用低廉，只要100美元。

总体上来说，美国的创业环境相当自由，创办公司不需要向政府提出申请。在美国，没有中国那样的工商行政管理局、物价局这类的政府部门，也没有外汇管制和物价管制。对于来自海外的投资者，在法律上享有和当地企业同等的地位，权利和义务完全相同，这就是我们在国际贸易法上所讲的"国民待遇原则"。在美国，公司并不需要每个月报出税表，通常是每年3月报一次。想偷税漏税吗？这可不是开玩笑，一旦被抓住，会罚得你这辈子再也不敢偷税漏税。不要以为美国政府官员脑子里缺根弦，有权不用闲着作废。其实，这正是他们的精明之处。中小企业是国民经济的基础，鼓励更多的人去投资创业，必然会创造更多的就业机会，自然也就会创造更多的税收。

三、解决问题的办法

首先，中国不能再走高投资率低投资效率的老路，不能再靠"资源高消耗，环境高污染，用人低成本"的粗放式高投资来拉动经济增长。为什么？

第一，国际环境变了。20世纪八九十年代，欧美发达国家经济繁荣，充裕的资金渴望到国外投资，国内市场也欢迎中国价廉物美的产品进入。现在不行了，西方发达国家经济不景气，对中国产品的需求大幅萎缩，国际资本也受到美国降低利率预期的影响，被美国吸引。所以，国内投资的扩张受到阻碍。

第二，生态环境变了。我国持续多年的大规模投资使生态环境受到了破坏，空气、河流、湖泊、近海以及土地都受到了污染。大规模投资需要土地，我国18亿亩耕地的底线即将突破。如果再像过去那样拼投资、拼资源的粗放式增长，我国的资源和自然环境将无法承受。

第三，人口红利变了。所谓人口红利是指因为计划生育使得抚养少儿的负担减轻，又因大量农民工进城打工使得人工成本下降所增加的收益。然而现在情况变了，一方面老龄化加速，劳动人口减少。虽然可以生二胎了，但因养育孩子的成本提高，人们也不愿多生。另一方面随着中小城镇的发展，就业机会增多，人们的观念也变了。农民工不再满足于劳动挣钱，还要休闲发展。这些都表明，像过去那样靠低工资吸引劳动者来扩大投资规模的道路行不通了。

所以，我们应该把重点放在提高投资效率上。显然，重复投资的项目、高能耗的投资项目、重污染的投资项目、产能过剩的投资项目、为政府装点门面的投资项目不能再搞了。那应该投资哪些项目呢？一是改善民生的投资项目。改善民生的投资项目不仅能提高人民的生活水平、生活质量；

也能带动消费，提高国内生产总值。二是高新技术领域的投资项目，如信息技术、生物技术、新材料技术、现代制造业等领域的投资项目。但这些领域的投资也不能盲目扩大，如光伏产业属利用太阳能发电的新能源产业领域，有良好的发展前景，但目前也不能一下子就把摊子铺得太大。三是基础设施的建设，如城市下水道、高速公路、高速铁路项目等。这些投资项目应根据地区经济发展的实际需要量力而行。有些城市一下大雨水就成了湖泊，人们出行很不方便。应该把下水道好好修了。这是看不见的政绩，却能造福百姓。有的地区经济不发达，运量没那么大，可修的高速公路很多而且每条都很宽，没多少车跑，资源就浪费了。

其次，中国也不能再走高门槛低效率的老路。李克强总理早在2014年9月夏季达沃斯论坛上就发出了"大众创业、万众创新"的号召。要想做到大众创业，必须降低创业门槛，简化投资程序。而要想降低创业门槛、简化投资程序，就必须精简机构，"拆庙"赶"和尚"。否则，在其位他就要谋其事，都想有所作为，都要插一杠子，结果创业门槛就高了，企业负担就重了。而要想"拆庙"赶"和尚"，必须要下大决心，敢于碰硬。

【案例】 1997年，朱镕基同志经过两个多月的调查研究，提出了国务院机构改革方案，但实施的困难很大。他找几十位部长逐个谈话，没有一位部长主动表示自己的部门该撤。长时间谈话使他过度劳累，每次站起来都很困难。部长们不愿意被撤，朱镕基找其他办法，就是"拆庙"赶"和尚"。这一次，朱镕基拆掉九座庙——九个专业经济部门被撤销或降格变成行业协会，包括电力部、煤炭部、机械部等。

现在的政府机构仍需要进一步精简，官员数量仍需要进一步压缩。只有这样才能使企业减少负担，轻装上阵。有人说减少过剩产能，最主要的就是减少过剩官员，这是有道理的。这对高层领导者也是一个考验。1998年3月的"两会"期间，朱镕基同志说："我抱着粉身碎骨的决心来干这件事！""不管前面是地雷阵还是万丈深渊，我都要勇往直前，义无反顾，鞠躬尽瘁，死而后已。"这种精神，这种决心，仍值得我们学习。

本章小结

资本流动可以提高居民的效用水平,增加资本的边际产量,替代部分商品流动。影响投资的因素有实际利率、资本边际效率、预期收益和风险。企业在外地投资的必要条件是:(1)对某种技术的垄断;(2)具有规模经济;(3)企业家才能的"过剩";(4)投资地离消费地比较近;(5)投资地可获得廉价的原材料、资金、地皮或劳动力;(6)投资地税收轻、设施全、效率高、对手弱等。前三条可称之为所有权优势,后三条可称之为区位优势。企业具备了这些条件也不一定在外地投资,因为还有另外两种选择:生产产品销往外地或将技术有偿转让。所以还有个充分条件:内部化优势,即为了使无形资产实现其价值而直接投资。

吸引投资对地方经济发展具有重要意义。首先投资具有乘数效应,吸引一笔投资可以使本地区国民收入的增加量数倍于投资的增加量。另外,从静态来说吸引投资可以增加地方福利和财政收入,从动态来说具有资源转移效应、区际贸易和市场结构效应。但须注意不能损害本地产业结构和自然环境。吸引投资不能仅靠政策优惠,而要进行制度创新。制度创新的突破口是"负面清单"管理模式,即除了清单上规定不能干的,其他都可以干,不用政府审批,只要备案即可。"负面清单"模式转变了政府职能,提高了办事效率,体现了市场在资源配置中的决定性作用。应该改变传统的高投资率低投资效率的老路,提高投资效率。中国也不能再走高门槛低效率的老路。应通过精简机构、"拆庙"赶"和尚",降低创业门槛,实现"大众创业,万众创新"的目标。

思考题

1. 为什么温州人有钱但温州地区缺钱?请画图说明。

2. 一个预期长期实际利率是3%的厂商正在考虑一个投资项目清单,每个项目都需花费100万美元,每年通胀率是4%,第一个项目将在两年内回收120万美元;第二个项目将在三年内回收125万美元;第三个项目将在四年内回收 130 万美元。问：哪个项目值得投资？

3. 企业到外地投资的必要条件是什么？

4. 企业到外地投资的充分条件是什么？为什么无形资产很难通过市场交易实现其价值？

5. 什么是投资乘数？为什么会有投资乘数？

6. 画图说明资本流入一个地区的静态福利效应。

7. 你所在地区在吸引投资方面还存在什么问题？怎样克服？

8. 1919年，一个叫查尔斯·庞齐的投机商人策划了一个阴谋式的投资计划。他一方面在金融方面故弄玄虚，另一方面设置了巨大诱饵，称所有投资在45天内都可获得50%的回报，而且最初的确让一批"投资者"在规定时间内拿到了他所承诺的回报。于是，后面的"投资者"大量跟进。但纸终究包不住火，1920年庞齐破产了，"投资者"们血本无归。从此，"庞氏骗局"成为一个专有名词，指用后来"投资者"的钱，给前面"投资者"以回报，以制造赚钱的假象，骗取更多的钱。问：为什么要给庞氏骗局中的"投资者"打双引号""？怎样投资才能避免上当受骗？如果很多人上当受骗，地方政府该怎么办？

第九章

土地流转

这里的土地是指人们在进行生产活动中所运用的包括土地、江河、山川、海洋、矿藏等在内的自然资源。土地是不好移动的,愚公移山只是神话。在我国,城市土地属国家所有,农村土地属集体所有,所以土地的所有权也是不好移动的。这里讲的土地流转,主要是指土地使用权的流动和转移。这一章要讨论的主要问题是:什么是土地的产权?城市土地怎么流转?农村土地怎么流转?怎样流转才能实现公众利益的最大化?

第一节 土地的产权

一、产权的概念

产权是个人和组织拥有的一组受保护的使用资源的权利。产权具有排他性、可分割性和可转让性。排他性,即不让他人拥有和使用;可分割性,如把一个大公司的所有权划分成能被较小投资者购买的股份;可转让性,就是可以自由买卖或赠予。

在经济生活中,产权制度是很重要的,如果没有产权制度,就会导致资源浪费、生产热情降低和经济效率损失。维护了产权制度,就保护了人们的劳动热情、投资热情，经济才能发展，社会秩序才能稳定。

> 【案例】 在18世纪的德国，号称"军人国王"的弗里德里希·威廉一世在波茨坦修建了一座行宫。一日，威廉一世入住行宫，兴致勃勃地登高远望，却发现宫墙外耸立着一座古老的磨坊，拦住了他的视线。他遂令身边的大臣去问磨坊的主人愿不愿意出卖磨坊，他打算买下这座磨坊，并把它拆掉。大臣找磨坊主人交涉，不料磨坊主坚决不卖，并强调这个磨坊是祖上传下来的产业，是无价之宝，必须让它世代相传。大臣如实汇报，可威廉一世执意要买磨坊，并开出了高价，可磨坊主还是不卖。威廉一世大怒，命令卫队强行将磨坊拆除。不久，磨坊主一纸诉状将威廉一世告到法庭，结果法庭判决皇帝恢复原状重建磨坊，并赔偿磨坊主人的损失。皇帝只好又派人将磨坊在原地重建了起来。现在这座磨坊还屹立在波茨坦的土地上，成为游览的景点之一。

波茨坦老磨坊的故事告诉我们，当时的德国虽然有皇帝，但更有法律。皇帝的权力再大，但也得服从法律。磨坊虽然挡了皇帝的视线，但它的产权是属于磨坊主的，皇帝无权处置。这种排他性的产权只有受到法律的保护，才能维护人们的财产权利和社会的稳定秩序，这对皇帝也是有好处的。难怪威廉一世看了法院的判决书后也苦笑着说：我做皇帝有时也会不冷静，以至认为自己可以为所欲为。幸亏我国有这样的好法官，如此公正办案，乃吾国可嘉之事也。

二、土地的产权制度

> 【案例】 二战后的中国和日本同时开始了土地改革，将地主的地强行分给了农民。但不久后历史就出现了分岔：中国将分给农民的土地收归集体所有，办起了合作社和人民公社，致使农业生产长期徘徊不前。尽管全国有80%以上的人口搞饭吃，粮食仍然不过关。到70

> 年代末,不得不进行家庭联产承包制改革,人民公社随即解体。而日本不是这样,分给农民的土地还是农民的,只是在这个基础上办起了农业协同组合(简称农协),使农业生产保持了持续稳定的发展势头,4%的农民便养活了全国人口。农协至今仍在农民生产和生活领域以及国民经济发展中起着重要的作用。①

两相比较我们不难发现,土地的产权制度在这里起着关键的作用。人民公社的土地和农民相结合需要通过公社、生产队的干部,农民不能自己作主,收获物也不能自己支配,生产的积极性就丧失了,农村经济几近崩溃。农协的土地还是农民所有的,怎么种怎么分配还是农民自己说了算,农协只是做服务和协助工作,所以农民的生产积极性就高,农村经济得以持续发展。

土地产权,是指存在于土地之上的排他性完全权利,它包括土地所有权、使用权、租赁权、抵押权、继承权、地役权等多项权利,如图 9-1 所示②。

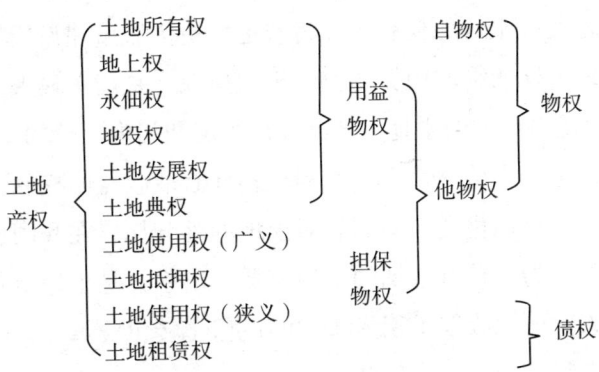

图 9-1 土地产权体系

土地所有权是对土地的全面的支配权,是土地产权权利束中最充分的一项物权,由土地占有权、使用权、收益权及处分权等权能组成。它是其

---

① 崔卫国:《中日比较谈》第二版,经济日报出版社 2014 年版,第 49 页。
② 参见毕宝德等:《土地经济学》第七版,中国人民大学出版社 2016 年版,第 142—147 页。

他物权的源泉和出发点。土地使用权、地上权、永佃权、土地佃权、土地抵押权、地役权、土地发展权等物权都是土地所有权的派生权利，是就使用收益的特定方向、特定范围内对土地实行支配的权利。

土地使用权有广义和狭义之分。狭义的土地使用权是指依法对土地的实际利用权，包括在土地所有权之内，与土地占有权、收益权和处分权是并列关系。广义的土地使用权是特定时间之内独立于土地所有权权能之外，是土地占有权、狭义的土地使用权、部分收益权和不完全处分权的集合。目前我国实行的城镇国有土地使用权的出让和转让制度中的"建设用地使用权"就是这种广义的土地使用权。取得广义土地使用权者，称为土地使用权人。由于广义的土地使用权也是一种物权，因此，这种土地使用权可以买卖、继承、抵押和租赁等。

地上权，是指以支付租金为代价，在他人土地上建房种树等的权利。永佃权，是由永佃权人向土地所有者支付租金，依耕作和放牧的需要长期或永久使用土地，并获得相应收益的权利。地役权，是土地所有人为了其毗邻土地的权益，有义务允许他人在自己所有的土地上采取某种行为。土地发展权，是发展土地的权利，如将农地变更为城市建设用地。土地抵押权，是以土地为标的物的担保物权。土地典权，是指承典人支付典价而占有、使用、收益出典人的土地，出典人在约定期间内回赎的一种民事权利。土地租赁权，是指土地承租人占有租赁物而获取收益的权利。它与土地使用权的区别是，土地租赁人不拥有对土地的处分权。在我国农村，土地承包经营权转包实为一种有限期的土地租赁，出租方是土地承包者，即集体土地使用权人，他除收取承租人缴纳的地租（转包费）外，还履行自己与集体经济组织签订的土地承包合同。

三、地租与寻租活动

地租是土地的使用价格，它是由土地的需求与供给决定的。土地的需求是由土地的边际生产力决定的，由于土地的边际生产力是递减的，所以土地的需求曲线向右下方倾斜。当土地只有一种用途即生产性用途时其供给是固定不变的,所以土地的长期供给曲线是一条垂线。如图9-2所示,横轴 OQ 表示土地的数量,纵轴 OR 表示地租,土地的需求曲线 D 向右下方倾斜,长期供给曲线 S 与横轴垂直,垂足为土地存量 Q_0。D 与 S 的交点 E 决定了土地的均衡价格即地租为 OR_0。

把地租的概念扩展一下,就有了租金的概念。供给数量不变的资源的服务

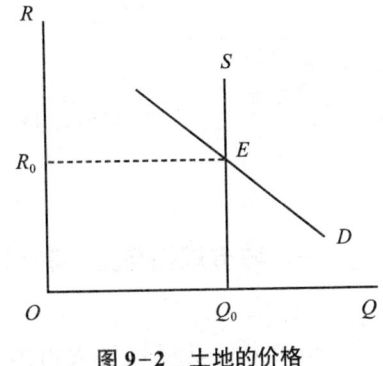

图9-2 土地的价格

价格称为租金。如果这个资源是土地,就是地租;如果这个资源是房屋,就是房租。所谓寻租活动,不是仅指地租和房租,只要这个资源的供给是固定的,那么,企图占有或获取其服务价格的活动就是寻租活动。也就是说,寻租活动就是个人或团体为了占有或获取具有固定供给量的生产要素的努力。

这里要把创租活动、寻利活动和寻租活动加以区别。当一个企业成功地开发了一种新产品时,企业就能享受到高于其他企业的超额收入,这种活动可称之为"创租活动"。当其他企业看到生产这种产品有利可图时,也生产这种产品,从而使其价格降低,超额利润(即租值)逐渐消散,这属于寻利活动,它也会增进社会福利。但是,如果一个企业开拓了一个市场后,担心其他企业涌入而使租值消散,便寻求政府的干预来阻止其他企业加入竞争,这就是一种寻租活动了,因为这种活动有损于社会福利的增进。所以有人把寻租活动定义为维护既得的经济利益或是对既得的经济利益进行再分配的非生产性活动,也有人干脆把寻租活动称之为人为地限制供给以获取额外收入的活动。

第二节 城市的土地流转

一、城市规模与土地利用

2009年，我国城市人口占总人口的46.56%，远低于发达国家的85%的水平，也低于世界平均水平，说明我国城市化的道路还很漫长。城市化必然要占用大量土地，那么，多大的城市规模才能使土地得到最有效的利用呢？

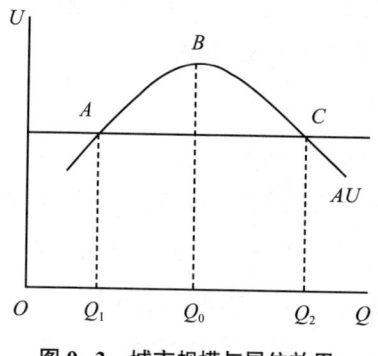

图9-3 城市规模与居住效用

城市是人住的，所以城市规模的大小应由人居住的效用大小来确定。如图9-3所示，横轴OQ表示城市规模，纵轴OU表示效用，AU是城市人均效用曲线，它起初随城市规模的扩大而上升，到达最高点B后，又随城市规模的扩大而降低，这反映了边际效用递减规律。城市规模太小，如OQ_1，配套设施不齐全，缺乏人气，人均效用水平比较低，为Q_1A；城市规模太大，如OQ_2，交通拥堵，污染严重，人均效用水平也比较低，为Q_2C。只有B点所对应的OQ_0就是最佳的城市规模。城市不大不小，生活工作既方便又不显得拥挤，最适宜人们居住。

最佳城市规模，不仅人住着舒适，土地也节约。20世纪80年代以后，我国沿海地区崛起了一批以小城市为主体的城市群，这对我国城市化进程有积极意义。但也应看到，小城市人均用地要比大城市多出30%—40%[①]。这对于人多地少的中国，无疑是土地资源的一种隐性浪费。因此，

---

① 参见谢文蕙等：《城市经济学》，清华大学出版社1996年版，第277页。

从土地有效利用的角度看,中国城市化应该是集约型而非扩散型。发展乡镇企业应以工业园区为模式,而不是"村村点火,处处冒烟"。对小城镇应积极扶持其成长,使其尽快吸收农村人口,达到适度规模,而不是遍地开花,谁也长不大。

二、税收与土地利用

地方政府可以通过土地增值税来调节不同用途的城市用地,以保证土地的有效利用和政府收入的合理增长。但土地增值税不能太高,过高的增值税不利于土地的流转和有效利用。

如图9-4,横轴OS表示土地与市中心的距离,纵轴OP表示土地价格,曲线I、H、C分别表示工业、住宅和商业三种用途的土地需求曲线。它们所要求的离市中心的距离不同,价格不同,倾斜度即弹性也不同。假定离市中心OA的距离有一个工厂,土地价格是OP_1,土地收益是$OABP_1$。在没有增值税的情况下,如果这块地改建住宅,收益可增加P_1BCP_2;改建商店,收益可增加P_1BDP_3。于是这个工厂就会把地卖掉,搬迁到离市中心远一些的地方,卖地收益扣除搬迁费用以后还有剩余可以用做发展基金。这样,土地就得到了合理有效的利用。如果有了增值税而且这个增值税很高,工厂卖地增加的收益大部分都交税了,还不够搬迁费用,它就不会搬迁。结果,土地就得不到合理有效的利用。这叫"冷冻效应"。

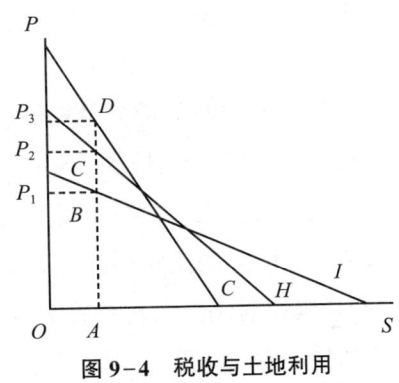

图9-4 税收与土地利用

三、房地产开发与土地利用

房地产开发需要规模经济。如果一个小区规模很小,除了住宅楼以外没有绿地、停车场和娱乐场，这叫内部不经济；如果附近还没有商店、学校、医院、公园和公交车站，这叫外部不经济。那么，它的住宅楼即使建得再好，也卖不出好价钱。所以，城市规划者既要考虑小区的内在经济，又要考虑外在经济，还要考虑两者的结合问题，不能公共设施很全，但小区规模不足以让这些设施得到有效的利用。

很多城市都有学区房问题，就是靠近名校的房地产价格很高，离名校较远的房地产价格很低。这是一种非均衡的发展模式，不利于土地的有效利用。解决的办法不是考试入学或调整学区，而是合理分配名校的优质资源，使各学校都能得到均衡的发展。这样既能使学区房的价格"退烧"，又能让孩子们公平享受到包括土地资源在内的教学资源。

很多城市还有小产权房问题，小产权房就是郊区农民在自己的宅基地上建的出售给城里人的房子。小产权房是个矛盾体，我国《物权法》明确了宅基地使用权的用益物权性质，同时指出宅基地的取得、行使和转让，适用于《土地管理法》的规定，而《土地管理法》并没有说宅基地不能流转，只是说："农村村民出卖、出租住房后，再申请宅基地的，不予批准。"只有2004年《国土资源部关于加强农村宅基地管理的意见》第十三条规定："严禁城镇居民在农村购置宅基地，严禁为城镇居民在农村购买和违法建造的住宅发放土地使用证。"我们认为这个意见与《物权法》和《土地管理法》的精神相悖，限制了宅基地的流转。根据科斯定理，就限制了宅基地的有效利用，对抑制城市房价高企没有好处，对提高城乡居民生活水平也没有好处。你一方面要城市化，鼓励农民进城；另一方面又不让城镇居民在农村购置宅基地和小产权房，那农民拿什么到城里买房租房？什么时候才能成为城里人？

很多城市都有交通拥堵问题。这和当初城市设计者的单一思维有关，这是住宅区，那是工作区，功能分得很清，距离拉得很远。早上大家都从住宅区到工作区上班，晚上大家都从工作区回住宅区休息，路就堵上了。土地应该综合利用，将功能与便捷有机地结合起来。

> **【案例】** 商学院老师给学生做了一个实验。他先把大石块一一放进一个木桶,问:"装满了吗?"学生回答:"装满了。"他又把小石块倒进去,抖了抖木桶,问:"装满了吗?"学生似乎明白了,回答:"还没有!"他又把沙子倒进去,再抖了抖木桶,问:"装满了吗?"学生回答:"这下满了。"他又把水倒了进去。学生们顿有所悟。完了老师让学生把这些东西都倒出来,再按相反顺序往木桶里装,结果怎么都不能全部装进去了。

这个实验告诉我们,不能把工作区和生活区都当大石块一起放进去,那样土地得不到有效的利用。应把工作区当大石块先放进去,再把生活区当小石块后放进去,填满大石块之间的空隙。再把沙和水这样的公共设施放进去,以方便生活,美化环境。

所有的城市都有一个土地使用权到期的问题。在我国,居民拥有住宅的永久所有权,但住宅下面土地的所有权属于国家,居民只享有最长70年的使用权。根据《物权法》,土地使用权到期后"自动续期"。既然是"自动续期",那就是到期后不用再办手续,不用再交费,否则怎么叫"自动续期"呢?土地制度中确定的土地出让金,是在使用之前一次性收取的费用,本来就有"透支性"的意思,在这种情况下如果续期再续费,对于买受人而言有失公平。土地使用权免费永久续期,既符合公平原则,又符合效率原则。解决了期限问题,接下来解决流通问题、抵押问题等等,就方便了。比如原来一套房,假定还有10年到期,由于存在不确定性,业主不敢做长远规划,也无法用于抵押。解决了永久期限问题,业主就可以做长远规划、抵押等,相当于政府一个钱没花,就给了人们一大笔财富,这才是一项民心工程。

四、城市住房价格与泡沫

我国城市住房价格持续上涨,有多种原因。有人认为是由于土地供给不足造成的,但那么高的空置率怎么解释?有人认为是因为地方政府出于自身利益考虑,对中央政策阳奉阴违所至。可随着中央反腐倡廉严肃政纪力度的加大,房价仍无明显的回落,可见这也不是主要原因。还有人认为是投机客太多,把房价炒高了。但随着央行关于限制房价的一系列政策出台,炒房客的暴利空间也越来越小了。我们认为房价高企的主要原因有两个:一个是城市化进程和人们收入水平的提高,使得人们对城市住房的需求不断增加。二是房地产商正是看到了这一点,即使房屋空置也不降价销售,以待黄金时期的到来。所以,城市住房价格的不断上升是必然趋势,解决住房问题不能指望房价下跌,而要靠政府补贴房租。发达国家也不是人人都有自己住房的,很多家庭都是租房子住。比如德国,联邦统计局的数字显示,德国有8000多万人口,4000万个家庭,只有45%的家庭拥有自己的住房,其他都是租房子住,这一局面近10年来几乎没有改变。没有自己住房的家庭大多不是因为买不起,而是为了满足流动工作的需要,为了享受环境变化带来的新鲜感。政府除了对无力租房的家庭发放每月数百欧元不等的租房补贴以外,还通过法律手段对房屋租金进行严格限制,以保护租房者的权利。这样人们都有房子住了,才能安居乐业。

有人担心房价上涨会导致像日本那样的泡沫经济。什么是泡沫?诺奖得主斯蒂格利兹有个简洁的定义:"如果今天价格上涨的原因是由于投资者相信明天他们会以更高的价格卖出去,而基本要素又不能调整价格,那么就存在泡沫。"[①] 根据这个定义,我国房地产市场确实存在着泡沫,投资者(包括房地产商和炒房客)确实相信明天他们会以更高的价格把房子卖出去。但有泡沫很正常,表明有人气,只要这个泡沫不足够大就行。我们相信政府可以通过补贴房租等措施会使本来要买房的人改为租房,这样就减少了买房需求,抑制了房价的上涨和泡沫的膨胀。也就是说基本要素是能够调整房屋价格的。我国房价连续多年上涨,这种情况确实与日本当年的情况相像,但日本的泡沫破灭是在完成了城市化之后,而我国的城市化还任重道远,大可不必现在就担忧起来。

---

① 参见:Stiglitz, Joseph. Symposium on Bubbles[J]. Journal of Economic Perspective, Spring, 4, 2, 1990, 13-18.

我们不担心泡沫马上就会破灭，而是担心房地产业的膨胀会挤压别的产业的发展空间，使别的产业尤其是高科技产业发展不起来，地区的产业结构得不到优化。

> **【故事】** 一个北京人，1984年为了圆出国梦，卖了鼓楼大街一个四合院，凑了30万元，背井离乡到了意大利。他风餐露宿，大雨送外卖，夜半学外语，在贫民区被抢7次被打了3次……就这样辛苦节俭，30年后终于攒下了100万欧元，折合人民币768万元。他打算回国养老。可一到北京，发现当年卖掉的四合院现中介挂牌8000万元，刹那间崩溃了。

这个故事告诉我们，选择很重要。如果一个地区的房地产价格很高，数倍于其他行业的机会成本，那么人们的最佳选择就是都去从事房地产业，导致其他行业人力和土地资源匮乏，逐渐萎缩。这对这个地区来说绝对是十分危险的，即使GDP增长再快也是一种悲惨增长。房地产泡沫终究是要破灭的，如不采取措施，到时候地方经济就会陷入危机。所以，地方政府要有战略眼光，不能光盯着卖地收入，而应该着眼于地区发展的大局和长远利益，采取切实措施限制房地产价格的上涨，保证各行各业的均衡发展和人民生活水平的不断提高。

第三节　农村的土地流转

一、地权稳定与投资

改革开放以来，我国农村实行土地承包责任制。由于这种产权比吃"大锅饭"要清晰，所以调动了农民的积极性，农业连年丰收，终于解决了我国多年都解决不了的吃饭问题。

我国《农村土地承包法》规定："国家依法保护农村土地承包关系的长

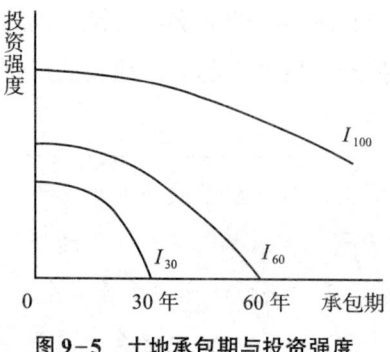

图 9-5 土地承包期与投资强度

期稳定。"但因为种种原因,很多地方的土地承包期经常调整,使农民种地的短期效应很明显,不愿购买农业机械,不愿改善水利设施,不愿施农家肥。而且,国家规定的承包期也就30年,且无续约规定,所以农地投资曲线为不连续的曲线,30年出现一次跳跃,降低了农户土地投资的积极性,限制了农地的改良。

如图 9-5 所示,I_{30}、I_{60}、I_{100} 分别是承包期为 30 年、60 年和 100 年的投资曲线,它们都向右下方倾斜,越接近承包期,投资越少。但相对来说,承包期越长的投资强度越大,承包期越短的投资强度越小。所以,为了土地的改良,应延长承包期,使农民有个稳定的预期,舍得为土地花钱。

二、农地的"三权分置"

2016 年 10 月,中办、国办印发《关于完善农村土地所有权承包权经营权分置办法的意见》,将土地承包经营权分为承包权和经营权,从而形成了土地集体所有、农户承包、经营权自由流转"三权分置"的格局。根据这个《意见》,我们说的土地的流转,只是土地经营权的流转。

《意见》中说:"任何组织和个人都不能取代农民家庭的土地承包地位,都不能非法剥夺农户的土地承包权,不得违法调整农户承包地。"也就是说,农民如果进城落户也不必退出承包地。但是,毕竟土地的所有权还属于集体,"集体"还是有权调整农户的承包地的。问题就在于这个"集体"是谁?是村委会还是全体村民?他们在什么情况下可以对土地承包权进行调整?在很多地方,地方政府对与"国家所有"并不相同的"集体所有"仍有强大的话语权,要做到"要稳定现有土地承包关系并保持长久不变",必须有非常明确严格的法律规定,才足以使农民对土地承包权有安全感。

农村集体土地是由作为本集体经济组织成员的农民家庭承包,现在允许农民进城落户不必退出承包地,那么进城落户的农民是否还属于本集体组织的成员?如果还属于,那么什么情况下才不属于?有没有退出机制?如果不属于,这就意味着非本集体成员也可以拥有土地承包权,那这一权利是否可以作为遗产传给后人?这些问题关系到产权制度和农民们的切身利益,如果解决不好,会影响农村经济的发展和城市化的进程。

三、农地的规模经营

我国城市化的进程使得很多农民进城打工,成为城市人。他们在农村承包的土地有一些因无人耕种便荒芜了。《农村土地承包法》规定:"国家保护承包方依法、自愿、有偿地进行土地承包经营权的流转。"所以地方政府要制定政策加速土地经营权的流转,使土地经营权尽快集中到种田大户、合作社和农业公司的手中,实行规模经营。

土地的规模经营有很多好处:有利于机械化操作,否则,地块小了农业机械连头都掉不过来;有利于农田水利建设,因为高低不平的小地块不利于引水灌溉;有利于良种推广,不同地块不同种子还会使品种退化等。总之,土地规模经营可以降低农产品的生产成本。如图9-6所示,横轴OQ表示土地规模,纵轴OC表示生产成本,平均成本曲线AC先降后升呈U字型。当土地规模为OQ_1时,平均成本为OC_2;当土地规模扩大为OQ_2时,平均成本降到了最低点OC_1。当土地规模继续扩大,平均成本就开始上升,这叫规模不经济。我国的土地经营规模大多处在OQ_1的位置,规模经营的空间还很大,离规模不经济的OQ_2以后还很远。

我们在第一章举了一个例子,说明由于农产品需求缺乏弹性,导致丰产不丰收;而国家的维持价格又遭遇国外更便宜农产品的挑战,使得厂商不愿用国库粮。所以,要想使农民富裕起来,只有走城市化和土地规模经营的道路。道理就在这里。

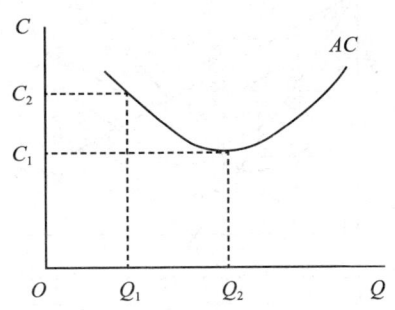

图9-6 土地规模经营与生产成本

四、征地价格与收益

城市化需要大量土地,一部分农村土地就要转变成城市建设用地。在现行土地制度下,要想把一块农地转变为城市建设用地,变集体所有为国家所有,只有征地一条路。征地要给农民补偿,补偿标准称为征地价格。很多地方政府征地价格低,卖给开发商的价格高,从中获取巨额收益。如图9-7所示,土地市场是个垄断市场,所以需求曲线也是平均收益曲线 $d(AR)$ 向右下方倾斜,边际收益曲线 MR 在它的下方。边际社会成本曲线 MSC 和平均社会成本曲线 ASC 分别在边际私人成本曲线 MPC 和平均私人成本曲线 APC 的上方,是因为社会成本除了包括社会私人成本以外,还包括社会保障成本。MR 与 MSC 交于 F,决定了社会利润最大化的土地数量为 OC,这时社会收益为 $OCHP_4$,社会成本为 $OCDP_2$,社会超额利润为 P_2DHP_4。MR 与 MPC 交于 E,决定了私人利润最大化的土地数量为 OB,这时私人收益为 $OBKP_3$,私人成本为 $OBGP_1$,私人超额利润为 P_1GKP_3。显然,$P_1GKP_3 > P_2DHP_4$,即私人超额利润大于社会超额利润。

地方政府出让土地使用权时要拍卖,按照市场价格;但在向农民征地时却是用行政手段,支付较低的征地价格 OP_0。这时农民收益仅为 $OBNP_0$。显然,农民的收益要远远低于社会收益和开发商的私人收益。根据寻租理论,我们也可以说,人为地限制土地供给、压低征地价格的做法就是一种寻租活动,它不利于社会福利的增进,导致房地产价格上涨,人们的生活负担加重。

地方政府的巨额收益是通过压低土地的征收价获取的,这一方面对农民不公平,农民失去了土地又缺乏发展资金,最终还得返贫,还要靠政府救助;另一方面对地方政府的长远利益也没有好处,一个地区可卖的土地毕竟是有限的,

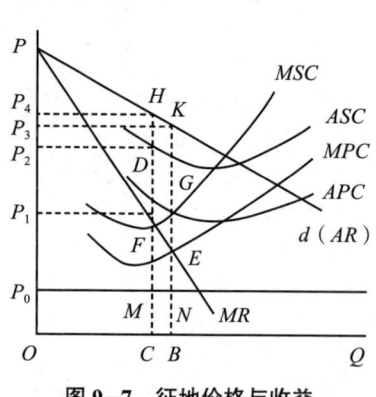

图9-7 征地价格与收益

卖完了再卖什么？更何况有了卖地的巨额收益，会使人产生依赖症，不注意去发展别的产业，最终会落入"资源陷阱"，成为"悲惨增长"。

> 【案例】 重庆市在土地流转中实行了"地票"制度，获得了成功。所谓"地票"制度，就是农民进城后只要把农村建设性用地转化为耕地，就能得到"地票"，就可以拿到土地交易所去交易。房企买了地票，可以在城乡接合部的地方征地，发展房地产。农民卖了地票，可以在城里买房，或者投资办企业。据了解，自地票制度实施以来，重庆已有 15 万亩地用于交易，既保证了建设用地，耕地面积也没有减少。问：重庆的地票制度为什么能够成功？

重庆的地票制度之所以能够成功，一是因为地票的产权是清晰的，它代表了土地的承包权和经营权；二是因为这个制度得到了地方政府的支持，地票的交易成本为零。根据科斯定理，这个交易就是有效的，就能实现资源的优化配置。重庆大足县是全国首批集体经营性建设用地入市改革试点区县，2016 年成功完成土地使用权交易 7 宗，面积达 176.8 亩，成交总金额 6850.25 万元，平均每亩价格约为 38.7 万元。农民们都很高兴，改革给农民带来前所未有的"获得感"。

第四节　我国农地改革的思考

"耕者有其田"是千百年来农耕者的梦想；"有恒产才有恒心"也是千百年来被无数事实证明了的真理。鉴于这两点，我国现有的土地制度还不是很完美，还需要改革。

一、土地的特殊性

土地是重要的生产要素，它和别的要素相比有其特殊性。

一是当土地只有一种用途即生产性用途时,其供给是固定不变的,所以土地的长期供给曲线是一条垂线。正因为如此,各国围绕土地的争夺就十分激烈,很多政权由此发生了更迭。我国抗战胜利以后,东北的老百姓起初盼星星盼月亮盼的是"国军",即国民党的军队,共产党的军队处于劣势。是什么时候形势发生变化了呢?是共产党派工作队在农村搞土改,打土豪分田地,把地主的地分给农民。农民有了自己的土地,再给他一杆枪让他保卫自己的土地,他能不干吗?共产党的军队由此得以壮大,打败了国民党的军队,最终取得了全国的胜利。"文化大革命"使得中国经济滑向了崩溃的边缘,是什么时候形势发生变化了呢?是农村实行了家庭联产承包责任制以后。尽管这时土地的所有权还是集体的,但使用权却到了农民的手里。农民在自己承包的土地上耕作,收获主要归自己所有,这比人民公社的"大锅饭"强多了,怎么能没有积极性呢?困扰政府多年的全国人民的吃饭问题终于得到了解决,中国由此迈入了改革开放的强国之路。

二是土地具有不可移动性,这使得土地只有和劳动直接结合才能发挥最大的效益。很多西方国家在资本主义初期,土地是地主所有,资本家租用,雇农民耕种。资本家受地主剥削,不愿加大对土地的投入;农民受资本家和地主的双重剥削,缺乏生产积极性。现在的资本主义国家,生产关系已经发生了很大的变化,像美国的家庭农场,农民在自己的土地上耕种,收获完全归自己,靠机械化实现了规模化,又没有谁剥削他,才能得到和别的行业一样的平均收益。二战后日本的农业之所以得到了很大的发展,也是因为美国占领军强行推行农地改革,把地主的地分给农民,使得土地的所有权和使用权相统一,才调动了农民的生产积极性。如图9-8所示[①],1947年日本土地剥夺(即土地所有权和使用权分离)情况还比较严重,经两次农地改革,到1950年这一情况大大改善,土地所有权和使用权基本趋于一致。东京大学大内力教授在总结这一历史时指出:"正如A.S.森达所说的那样,'所有权创造了点石成金的奇迹',这是农民所有者的意识诱发的心理效果。如果用狭义的解释就是,借地农制(即地主所有制)掠

---

① 日本农林省农地局农地课:《昭和25年农地年报》,第155页。

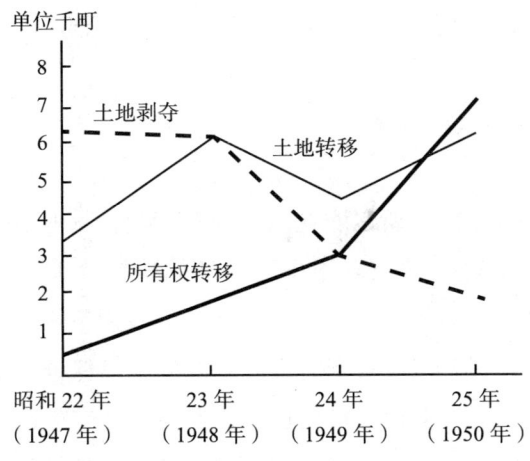

图 9-8 日本改革前后土地所有权转移情况

夺了地力,而小农民的所有具有维持地力的功能。"[①]

二、农业的特殊性

农业以土地为基本生产要素,它的特殊性也表现在两个方面。

一是农产品的需求缺乏弹性,如在第一章里所说的那样,消费者不会因粮价便宜了就增加饭量,这就导致因需求量增加所增加的收益小于因价格下降所减少的收益。如第一章中的图 1-15 所示,需求曲线 D 比较陡峭,丰产后的收益 $OQ_2E_2P_2$ 小于丰产前的收益 $OQ_1E_1P_1$,于是就出现了"丰产不丰收"的情况。

二是农产品市场接近完全竞争市场,价格处于平均成本的最低点。之所以说农产品市场接近完全竞争市场,是因为农产品市场接近完全竞争市场的几个条件:市场上有大量的买者和卖者,每一个厂商提供的商品基本上是同质的,进入和退出这个市场比较自由,信息也是比较完全的。这种市场对消费者比较有利,因为它的价格低。如第二章中图 2-7 所示,价格线切于平均成本曲线的最低点。但也因此对生产者不利,压缩了生产者的获利

---

① 东京大学社会科学研究所编:《战后改革之六:农地改革》,第 383 页。

空间。而且因为农业生产者比较分散,很难形成与消费者讨价还价的能力。

三、对农业的扶持政策

由于以上两个原因,所以农业属于弱势产业,从业者很难得到和别的产业一样的平均收益。政府若不采取特殊的扶持政策,农业很难得到发展。政府的特殊政策有两个,一个是农产品的收购政策,即丰产时收购农产品,以保证农民的利益;减产时投放农产品,以保证消费者的利益。这个政策存在缺陷:由于干扰了市场机制,资源不能有效配置,也加重了政府的负担。另一个办法就是进行制度创新,使得土地的所有权与使用权相统一,以减轻农业从业者的负担。目前我国农业从业者虽然不用交农业税,但还是要给土地承包者交承包费,这笔费用仍占整个收益的相当比例。考虑到我国目前的土地所有权、承包权与经营权"三权分置"的现实,一下子很难做到土地所有权和使用权的统一,但至少可以将土地的承包权和经营权统一起来,让农业从业者把承包费节省下来。为此,地方政府应该对农业从业者进行补贴,像当年支持国有企业职工买断工龄那样,支持农业从业者买断土地承包权。这样做不仅可以减轻农业从业者的负担,使他们能够把土地集中起来进行规模化经营,还可以做到土地承包权和经营权的统一,促进农村土地使用权的流转;还可以使进城务工的农民从土地上彻底解放出来,有一定资金在城里安家落户。

四、农村集体经济的职责

农村土地归集体所有,这个集体由谁来代表?村委会吗?村委会不是经济组织,不宜做集体经济的代表。应该成立农协,让农协成为集体经济的代表,行使土地所有权。农协是农业从业者的合作组织,不是一级政权,其领导成员由农业从业者选举产生,重要决议由农业从业者表决通过。其宗旨不是赚钱,而是为农业从业者提供各种生产和生活服务。农协要做以下几件事:

一是代表农业从业者参与农产品价格的决定。农产品价格应该由政府、消费者和农协代表组成的审议会共同决定，以在各方利益中寻找一个平衡点。如果农产品价格完全交给市场来决定，农业从业者的利益肯定得不到保证，而且容易出现价格大起大落的情况，消费者的利益也会受到影响。

二是负责农产品的保管、加工、运输和销售，让农业从业者专心从事农作物的种植工作。农协在市场调查的基础上和农业从业者签订生产合同，农业从业者按合同生产，产品集中交给农协保管、加工、运输和销售。农协先付一笔款，销售完了再付余款。

三是负责农用物资的购买。农业生产中所需的肥料、饲料、农药、种子、机械等物资，先向农协预订，农协负责统一购买，以保证质量合格和价格合理。各地区可成立农协联合会，兴办各种农用物资生产和流通企业，以保障供应。

四是举办信用和保险业务。农协联合会可办银行和保险公司，将现有农村信用社及医疗、养老保险均纳入其中，并将其业务范围扩大到农民生活的各个方面。这些机构是非营利的，农民从中可以享受到比别的机构更便捷、实惠的服务。

五是举办机械银行。农业生产需要很多农业机械，农业从业者不用全都购买，需要什么可以到机械银行去"支取"。自己买的暂时不用的机械也可以"存入"机械银行，让别的用户有偿使用，以提高农业机械的使用效率。

六是提供技术指导。农协可聘请专家对农业从业者进行技术指导，农业从业者碰到问题只需打个电话，专家就会上门服务。专家还负责新技术、新种子、新机械的推广工作。

本章小结

土地的流转是土地使用权的流转。产权是个人和组织拥有的一组受保护的使用资源的权利。产权具有排他性、可分割性和可转让性。土地产权是指存在于土地之上的排他性完全权利，它包括土地所有权、使用权、租赁权、抵押权、继承权、地役权等多项权利。寻租活动就是个人或团体为了占有或获取具有固定供给量的生产要素的努力。农村土地承包权要稳定，经营权要流转，以适应规模经济的需要。城市化需要土地，但征地制度对农民不公平，应将农村土地征收、集体经营性建设用地入市，由市场的供给和需求决定其价格。城市规模大小应由人居住的效用确定，最佳城市规模，不仅人住着舒服，土地也节约。房地产开发需要规模，也要解决好学区房、小产权房、交通拥堵和土地使用权到期等问题。房地产价格的上涨会挤压别的产业尤其是高科技产业的发展空间。土地具有特殊性，当它只有生产性用途时其供给是固定不变的，由此便引发了对土地的激烈争夺。土地又具有不可移动性，这使得土地只有和劳动直接结合才能发挥最大效益。农业也具有特殊性，农产品的需求缺乏弹性，农产品市场接近完全竞争市场，这使得农产品价格低，农业成为弱势产业。所以政府应对农业实行特殊的扶持政策，支持经营者买断承包权，免交承包费；支持农村成立农协，让农协行使土地所有权，为农民提供各种生产和生活服务。

1. 什么是土地产权？维护土地产权有什么意义？
2. 举例说明什么是寻租活动？
3. 为什么地权既要稳定又要流转？
4. 三权分置中的承包权和经营权分属土地产权的什么权？
5. 为什么说要想使农民富裕起来，只有走城市化和土地规模经营的道路？
6. 你所在地区最突出的土地问题是什么问题？怎样解决？
7. 画图说明为什么过高的土地增值税不利于土地的流转与有效利用？
8. 2016年10月2日，广州市昔日的"城中村"杨箕村举办传统的千围宴庆典活动，庆祝旧城改造完成，村民回迁新居，逾万人参加宴席。据披露，全村户均分得186平方米回迁房，按市场估价，户均坐拥1000万元资产。有人为他们"因拆致富"而愤愤不平，你怎么看？

第十章

梯度推移

由于生产要素的流动，不同地区的收入差距就拉开了，形成了不同的梯度。这一章我们介绍梯度推移理论，主要想回答如下问题：一个地区怎样才能转型升级保住高梯度地区的地位？或由低梯度地区再上一个新的台阶？

第一节 梯度与产品周期

一、梯度的概念

在生产布局学里，梯度被用来在地图上表示地区之间经济发展水平的差距以及由低水平地区向高水平地区过渡的空间变化历程。梯度图是这样编制的：首先在每个基层行政单位的中心，标出该地区的人均国民收入（或别的指标）数；然后，把数值相同的点用光滑的曲线连接起来；最后，经过比较，标出高、中、低不同的梯度，如图10-1所示。梯度图类似于地形图，不过一圈圈表示的不是海拔，而是经济发展水平。从图中可以看到，按经济发展水平来划分，可分为高梯度地区、中梯度地区和低梯度地区三类。我国海拔的梯度是从东南沿海向中部地区、西部地区逐步升高，而经

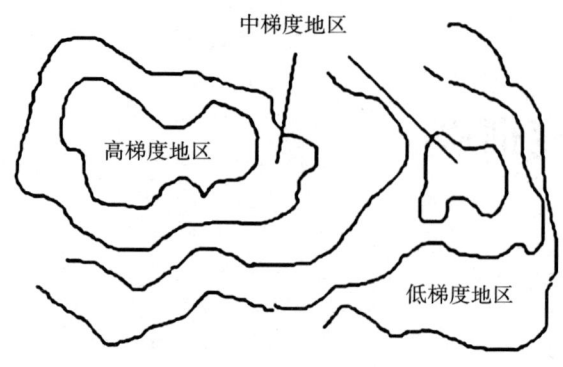

图 10-1 经济发展的梯度

济发展的梯度则刚好相反,从东南沿海向中部地区、西部地区逐步降低。

二、产品的生命周期

产品周期理论认为,一种产品从生产者到消费者手中,需要很多不同的投入,如研究开发、原材料、资本、劳动等。随着生产的发展和技术的进步,产品像生物一样,要经历从诞生、成长、成熟到衰亡的过程。在产品生长的不同阶段,各种投入的比例也将发生变化。因此,某个地区在某一产品的某个阶段是否拥有比较优势,取决于各种投入的相对重要性。例如,如果在某一阶段,资本在该产品生产中投入比重大,而资本又是该地区的相对丰富要素,那么该地区在这一阶段在这个产品的生产上就处于比较优势地位。

产品的一生要经历初创、成长、成熟、衰老四个阶段。

第一阶段,初创阶段,即产品的研制和开发阶段。在这一阶段,产品生产的技术尚未成型,研发费用在成本中占较大比重。对于发达地区来说,由于劳动相对稀缺,所以寻找节约劳动的生产方法是他们从事技术创新的主要动因。因为发达地区拥有较多的科技人员和较高的科技水平,所以能集中大批高素质的科技人员从事研发工作。由于资本相对丰富,所以发达地区能在研发设备上投入大量资本,并且承担风险的能力比较强。正因为这些原因,发达地区在新产品的生产上拥有比较优势,成为新产品输出地区。由于初创时期研发成本很高，所以新产品的价格也比较高，贫困地区买不起，买卖主要发生在少数发达地区之间。

第二阶段，成长阶段。当产品进入成长阶段以后，技术已经确定下来并被普遍采用，新进入的厂商不会受限于技术，因此企业之间的竞争比较激烈。为扩大生产和销售，企业投入大量资本，于是生产由技术密集型转变为资本密集型。由于发达地区资本充裕，所以发达地区在这一阶段拥有比较优势，产品将主要由发达地区向中部地区扩散。

第三阶段，成熟阶段。在这个阶段产品已实现了标准化，并普及到广大市场中，厂商的生产达到最佳规模。这时原材料与劳动工资是最主要的成本，尤其是低工资的劳动，成为本阶段决定比较优势的最重要因素。中部地区拥有了比较优势，产品开始由中部地区向贫困地区输出。

第四阶段，衰老阶段。在这个阶段一方面由于出现了新产品，新产品在性能、品质等方面具有优势，老产品的价格大大降低；另一方面在贫困地区有很多廉价原材料和劳动，老产品及其生产便大量涌入了贫困地区。

根据产品所处阶段，我们可以把生产这些产品的部门划分为朝阳产业、成熟产业和夕阳产业三类，如图10-2所示。

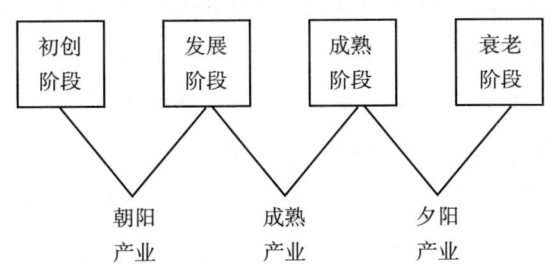

图10-2 产品周期与产业性质

三、梯度推移理论

区域经济学者将梯度的概念与产品生命周期理论结合起来，创造了梯度推移理论。其主要观点是：

(一)区域盛衰取决于产业结构

区域经济的盛衰主要取决于产业结构的优劣,而产业结构的优劣又取决于主导产业的性质。如果一个地区的主导产业是朝阳产业,则说明这个地区不但今天经济发展实力雄厚,今后一个时期仍能保持住发展的势头。这种地区因此被列入高梯度地区。如果一个地区的主导产业是夕阳产业,则该地区经济发展必然缓慢,或已陷入危机之中。这种地区属于低梯度地区。

(二)创新活动按梯度推移

创新活动,包括新产业部门、新产品、新技术、新的生产管理与组织方法大都发源于高梯度地区,然后随着时间的推移和产品周期的变化,按顺序逐步由高梯度地区向中梯度地区和低梯度地区转移。这中间可能出现跨越,就是创新活动从一个高梯度地区像"蛙跳"一样越过一些低梯度地区直接到了另一个高梯度地区,但很少可能从高梯度地区越过中梯度地区直接到了低梯度地区。这是因为梯度不仅表明了收入水平的差距,也是接受新事物能力的差距。只有中梯度地区才有能力接受并消化发源于高梯度地区的创新部门和创新产品,才有能力把这些产品更广泛、深入地销售到各自控制的市场中去。如果不顾收入水平和接受能力的差距,想一下子就由高梯度地区跨越到低梯度地区,很可能欲速则不达,走更多弯路。

第二节 梯度推移模型

梯度推移理论告诉我们,区域盛衰取决于产业结构及主导产业的性质,创新活动随产品周期的变化逐步由高梯度地区向中梯度地区、低梯度地区推移。为什么不能一下子就由高梯度地区向低梯度地区跨越呢?下面我们用突变理论对这个问题作进一步阐述。

一、突变理论及尖点模型

200多年前，法国科学家居维叶创立了灾变学说，用以说明地层断裂、大陆海洋的变迁这些突变现象。他说，微小的作用力即使连续作用数百万年也不可能产生诸如阿尔卑斯山那样的岩层断裂和倒转。但后来，人们发现了大量连续变化引起突然作用的事例，如1969年英国物理学家安德鲁斯发现，可以不经过沸腾而通过一系列中间过渡状态而由液体变成气体。尽管如此，真正从理论上搞清楚连续变化的原因引起突然变化的机制问题，却不是一件容易的事情。不过，这个问题终于解决了，有趣的是，它首先不是在物理学或别的学科解决的，而是在数学上解决的。

人们早已掌握了连续变化的数学工具——微分方程，也掌握了描述不连续变化的数学工具——概率论。那么，如何来描述那些介于连续变化与不连续变化之间的过程呢？这类问题虽然棘手，但在化学、生物学乃至社会科学中又十分常见。终于，法国数学家托姆的专著《结构稳定性与形态形成学》于1972年问世了，它标志着突变理论的正式诞生。

突变理论研究了自然连续变化引起突变的机制，并试图用统一的数学模型来把握它们。托姆经严格推导，证明了一个重要的数学定理：当那些导致突变的连续变化因素少于四个时，自然界形形色色的突变过程都可以用七种最基本的数学模型来描述，它们分别是折叠型、尖点型、燕尾型、蝴蝶型、双曲型、椭圆型和抛物型。这些模型具有高度的概括性和普适性，已引起了数学家、哲学家、自然科学家和社会科学家的广泛关注。我们这里仅介绍其中的一个模型——尖点模型。

我们知道，水由液态变为气态有一条途径，就是把它加热到100℃让它沸腾。还有没有别的途径呢？有的，就是控制温度、压力等参数，让水避开沸腾过程由液态连续地变为气态。这两条途经可以用图10-3的尖点模型来表示。

这个模型像一张纸做了一个圆的折叠，这个折叠越往里越尖，有个尖点Q，该模型由此而得名。折叠中间表示密度的不稳定区，其余曲面表示

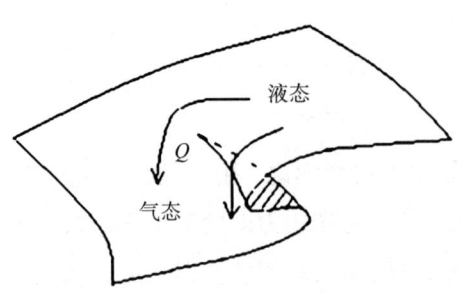

图 10-3　水相变的尖点模型

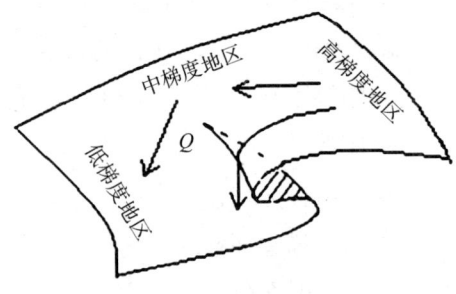

图 10-4　梯度推移与跨越

密度的稳定状态。上叶密度大，为液态；下叶密度小，为气态。水由液态变为气态有两条路：一是加热到 100℃，使其密度值经过不稳定区一下子跌到气态区域；一是控制好温度压力，使其密度值绕过不稳定区，连续地变化到气态区域。

根据同样原理，我们可以用尖点模型描述一下区域经济的梯度变化过程。如图 10-4，曲面上每一点表示不同的生产力水平，曲面由高到低，表示所处的梯度由高到低。中间也有个光滑的折叠，折叠中间表示生产力的不稳定状态，其他部分是稳定状态。产品生产由高梯度地区到低梯度地区有两条途径：一条是梯度推移，表示随产品周期的变化，产品生产由高梯度地区按顺序经过中梯度地区，然后到低梯度地区。这中间绕过了尖点，是个平稳的变化过程。一条是梯度跨越，即产品生产由高梯度地区不经过中梯度地区，直接到达低梯度地区。这中间要经过不稳定区域，是个飞跃。

二、梯度跨越的代价

有人会想：既然可以梯度跨越，为什么还要梯度推移呢？处在低梯度地区的人们渴望很快改变落后面貌的心情是可以理解的，但梯度跨越的代价是很沉重的，需要慎重考虑。梯度跨越的一个代价就是动荡，因为它要经过一个不稳定区域。

图 10-5 是图 10-4 在平面上的投影，其中带尖点 Q 的阴影部分是不稳定区域。梯度推移的路径是 ABC，它绕过了不稳定区域，所以比较平稳；

梯度跨越的路径是 AC，它涉入了不稳定区域，所以比较动荡。低梯度地区本来不具备接受高梯度地区的高新技术的能力，如果为了政绩硬要引进高新技术项目，不仅解决不了当地比较突出的就业问题，反而会因为挤占了当地比较紧缺的资本资源，影响了经济的稳定发展。

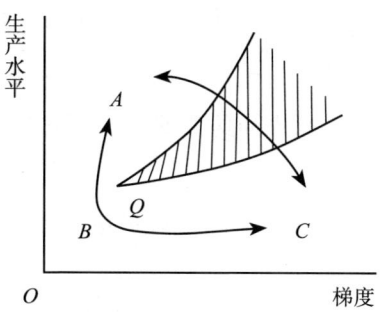

图 10-5　梯度跨越的不稳定性

梯度跨越的另一个代价是容易产生过热现象和过冷现象。过热现象和过冷现象是许多跨越过程都出现的现象，例如我们用纯净水做实验，并排除振动等干扰，就可以知道水在常压下并不是加热到 100℃ 就沸腾，而是要超过 100℃；水蒸气在常压下并不是温度到达 100℃ 就会冷凝，而是要低于 100℃。图 10-6 是图 10-3 的一个截面，描述了这两种情况。

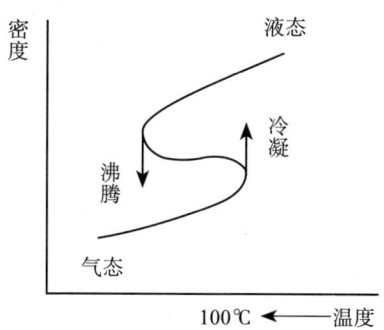

图 10-6　过热与过冷现象

经济社会梯度跨越的过热现象主要表现在浮夸风和重复建设上。高梯度地区上什么项目，低梯度地区也要上，往往因缺乏竞争力而被迫下马。为了弥补损失，又要采取过冷措施，如"一刀切"。从世界范围说，我国曾处在低梯度地区，就出现了 1958 年"大跃进"的过热现象，紧接着就是三年的所谓"自然灾害"的过冷现象。这些现象都是因为急于跨越的政策失误造成的。

第三节　不同梯度地区的不同战略

梯度推移理论还告诉我们，梯度是个相对的概念，高梯度地区不是永远都是高梯度地区，低梯度地区也不是永远都是低梯度地区，它们在一定条件下会相互转化。所以，高梯度地区为了保住高梯度地位，低梯度地区为了成为高梯度地区，需要采取不同的发展战略。

一、高梯度地区的发展战略

高梯度地区之所以能登上经济发展的高峰，是因为它们占有了技术和经济的优势，建立了一个以技术密集型产业和高度发达的银行、信息、科研等第三产业为主体的经济结构。但问题是无论什么样的产业都要经历一个由初创阶段到成长、成熟、衰老阶段的过程，都要有技术密集到资本、复杂劳动、简单劳动密集的经历。一个地区，不论它过去产业结构多么优越，带头产业多么前卫，也会随岁月的流逝而落伍，随产品生命周期的终结回而老化。到那时这些地区就会失去自己的优势，而工资高、原材料价格高、房价地租高等不利条件更会突出出来。预防产业落后、结构老化的行之有效的办法就是不断创新，扶持新产业，创造新产品，保持技术上的领先地位。与此同时，要果断地、有计划地逐步淘汰那些已经进入成熟与衰老阶段的产品，淘汰夕阳产业。不吐纳就无法纳新，不甩掉包袱就无法轻装前进，就会被困扰在老企业的无穷无尽的问题当中，无法集中精力、集中优势资源来创建新的产业部门。

高梯度地区要想保持技术和经济上的优势，需要做好以下几件事：

一是对高新技术产业实施优惠政策。高新技术产业是幼稚产业，不扶持就很容易被扼杀。一般来说高梯度地区存在三高：高房价，高工资，高门槛（落户门槛）。这对尚处于创业阶段的高新技术产业来说，无异于横在面前的"三座大山"。地方政府为了吸引它们，必须帮它们搬掉这三座大山。不仅税收、落户要优惠，必要时还要拿出钱来为它们补贴房价和工资。

> 【案例】 上海是我国经济最发达的地区之一，有人在论坛上发声，说未来深圳会赶上上海。为什么呢？因为上海科技创新能力不足，缺乏领导性的互联网企业。"为什么像马云这样的人，在我们这

> 儿没有成长？"这被称为"俞正声问题"。马云解释，他1999年从北京南下准备再创业时，发现在上海待不下去。一是淮海路办公室的租金太贵，二是上海大部分年轻人眼睛只盯着500强公司，对民企和非"海归"不感兴趣，使他很难组成团队。

深圳这方面就做得好吗？我们认为未必，华为一些部门的退出就能说明问题。但不管怎样，深圳挑战上海这件事说明，高梯度地区要想继续占领高地，就必须打压房地产业，同时改变人们的观念，给高新技术产业留下足够的发展空间。

二是发展总部经济。总部经济是指某区域由于特有的资源优势吸引众多企业将总部在该区域集群布局，而将生产制造基地布局在具有比较优势的其他地区，致使企业价值链与区域资源实现最优空间耦合，由此对该区域经济发展产生重要影响的一种经济形态。一般大企业由两部分组成：总部和制造基地。总部除了决策以外，还是融资中心、结算中心、研发中心、营运中心、公关中心。把总部设在或留在高梯度地区，而把制造基地设在或转移到外地，公司和地方都既能获得规模效益，又能节省用地和用工费用。

三是对传统产业进行改造，改造不了的坚决关、停、并、转。有些先发展起来的地区，当发现自己的产业结构老化时，不是采取积极的办法吐故纳新，而是采用一系列消极的办法，如补贴政策，力图保住这块过去好不容易争得的地盘，结果使得地区经济丧失了创新势头，技术日益老化，设备日益陈旧，竞争力节节下降。这样下去，不仅会失去高梯度地区的地位，甚至会沦为萧条区。

四是实行以业控人，把不符合城市功能定位的产业有序转移出去的同时，带动人口的分散疏解。有文章说，目前北京各区县与承接地的衔接仍不够通畅，产业疏解仍采取的是腾退特定市场、特定项目的"点穴式"的疏解手段，缺乏沟通协调联动机制。某些区县甚至接纳中心城区的疏解产业，导致资源、人口甚至低端产业在京内的跨区县重新聚集，严重影响了疏解工作的成效。应借鉴长三角地区的发展经验，科学推动北京优质公共服务资源向重点承接地定点、定向转移，带动具有创新能力的劳动力一起随产业流动，最终实现京津冀区域内均衡的产业、人口结构。

五是审慎建设"创业园"、"孵化器"。现在很多国家的高梯度地区，为了保住其优势地位，仿效美国的硅谷，建立起一批新产业开发中心，把科研、开发与生产结合为一体，以加速创新的进程。我国一些经济发达地区也建立了不少这样的"创业园"、"孵化器"，为新产业的创业者提供廉价的土地和减免税收等优惠政策，以及管理、咨询、贷款等服务。现在的问题有三个：一是这样的"创业园"、"孵化器"太多太滥，省里搞、市里搞、县里搞，甚至乡里也搞，这样就无法集中全国、全省的资源以提高成效。二是没有把科研、开发与生产联成整体，致使科研成果难以转化成生产力。三是忽视了大环境的制度建设，使得一些新产业只能在"创业园"、"孵化器"内发展，一出去就困难重重，形不成规模。

二、中梯度地区的发展战略

中梯度地区往往邻近高梯度地区，有着"近水楼台先得月"的优势，所以要围绕着高梯度地区做文章，充分利用高梯度地区的扩展优势，尽快接过从高梯度地区外溢出来的成熟产业，将它们做强做大，形成规模，不仅占领本地区市场，还要走向全国。

针对高梯度地区"以业控人"的做法，中梯度地区"以业引人"更为重要。例如，河北省是北京疏解非首都功能的主要承接地，但目前河北省的教育、医疗、文化、交通等基础设施和公共服务等配套环境与北京相比还存在较大差距。此外，河北省的能源、土地、大气环境、水资源等生态环境承载体系，对承接相应产业和人口也没做好准备。因此，中梯度地区要抓紧做好这方面的工作，要做好"二传手"，接过"接力棒"，这不仅是为了高梯度地区，更重要的是为本地区的发展添砖加瓦，做好基础建设。

我国东北地区原先经济很发达，但由于在转轨时期没能及时对国有企业进行改造，使得其设备陈旧，结构老化，失业人员较多，成为萧条地区。2015年，辽宁省的GDP以3%的增速在全国排名中垫底，固定资产投资出现负增长，降幅达到27.8%。东北三省GDP增速均列入倒数五位。当前中央提出振兴东北的发展战略，使这个中梯度地区面临发展的机遇。东北地区切实可行的发展战略，就是借鉴东南沿海地区的发展经验，解放思想，通过"互联网+"等手段，改造传统工业部门，改善产业结构，提升经济竞争力。

> 【案例】 新英格兰地区曾是美国最发达的地区，但到了20世纪30年代，赖以发展的纺织、制鞋、皮革等行业开始老化，成为衰退部门。由于没有及时淘汰这些部门，致使经济在很长时间增长缓慢，失业率上升，坠入萧条地区的行列。问：新英格兰地区应该如何摆脱困境？

为了改变新格兰地区的落后状态，美国联邦政府利用这个老工业区科技发达、技术力量强、工业基础好的优势，采用"三管齐下"的方针，逐步改变了该地区的产业结构。

第一，联邦政府与大公司向新英格兰地区拨出大量研究与发展经费，将该地区强大的科技力量引向发展以导弹与空间工业为主的军工生产。在军事工业推动下，在新英格兰区发展起电子、精密仪器与仪表、电子计算机等新兴行业，逐步改变了地区产业结构。

第二，帮助当地原有的纺织、制鞋、皮革等老部门中那些设备与技术条件较好的企业转向生产高档品，重新回到生命循环的创新阶段。这种改造之所以必要，是因为这些部门已经发展到很大规模，雇佣的工人数很多，如不改造、扶持使之得到新生，它们就会大量破产倒闭，致使失业人口猛增，其后果不堪设想。

第三，对那些确实没可能通过改造、扶持、推出新产品的传统工业部门，则只能帮助它们关厂、转产或外迁。政府尽可能做好善后工作，对迁出工人进行补贴，对留下工人进行培训，使之能转入新兴部门。对没有能力接受培训的人则给予救济，妥善安排。

三、低梯度地区的发展战略

在低梯度地区的产业结构中，占主导地位的是初级产业和一些衰老部门。根据梯度推移理论，一个落后地区要实现经济起飞，必须顺梯度而上，不可跨越。它首先应该尽快接过从中梯度地区外溢出来的产业，如钢铁、纺织、食品等部门，重点发展它拥有比较优势的初级产业、简单劳动密集型产业与资源密集型产业，以积蓄力量。这有以下几方面的原因。

第一，这些部门虽然对高梯度、中梯度地区来说是夕阳产业，但对低梯度地区来说，虽然算不上是朝阳产业，至少也是成熟产业。低梯度地区可以凭借劳动低廉、资源丰富、地租便宜等方面的优势，使这些部门的生产成本大大降低，为地区的进一步发展积累资金。

第二，这些部门虽然在高梯度地区显得多余，但在低梯度地区却是产业结构中的薄弱环节甚至是空白。而在地区经济发展中，这些部门又是基础部门，对国民经济和人民生活关系重大。通过它们的发展，低梯度地区可以加速工业的聚集和城市化的进程，积累办厂和管理工厂的经验，培训人才，为地区的进一步发展奠定基础。

第三，低梯度地区的发展离不开不同梯度地区之间的互相帮助与合作，低梯度地区接过从中梯度地区外溢出来的产业，既帮助中梯度地区解决了淘汰产业的出路问题，高梯度、中梯度地区帮助低梯度地区也有了得心应手的切入点和抓手。所以，低梯度地区采取这种发展战略对各地区都有好处，能获得双赢的效果。

低梯度地区要想改变落后面貌，离不开高、中梯度的帮助和国家的支持。按照迈达尔的说法，一个已经坠入恶性循环的落后地区，单靠其自身力量是不可能实现经济起飞的。国家的支持和其他地区的帮助是不可少的外部条件。同时，低梯度地区自身还必须在以下几个方面进行努力：

一是做好稳定工作，创造良好的投资环境。稳定工作做不好，社会动荡，不仅难以吸引投资、吸引人才，本地区的资本和人才也会流出。

二是认真分析自身优势，认识到贫困落后地区即使没有绝对优势，也会有比较优势。要充分发挥自己的比较优势，营造新的经济增长点，与高、中梯度地区进行广泛而密切的合作。

三是学习和借鉴高梯度地区和中梯度地区的先进经验，充分发挥后发优势。要做好环境保护工作，避免走高梯度地区先发展再治理的老路。要克服依赖思想，提高自身竞争力。

四是抓住机遇，通过"互联网+"等手段对传统产业进行改造，以附加值高、技术密集型产业逐步代替附加值低、简单劳动密集型产业，提升本地区的产业结构。

> **【案例】** 贵州省是我国贫困落后地区，贵阳市2013年人均GDP在全国排名第88位。但贵阳市的"互联网+"指数在全国城市中排名第20位，远高于人均GDP排名。在贵州省9个市州中，8个市州的"互联网+"指数在全国的排名都高于其2013年人均GDP的排名。这是不是违背了梯度推移理论搞梯度跨越？

从表面上看，贵州省属低梯度地区，却要把发源于高梯度地区的互联网技术跨过中梯度地区直接应用过来，违背了梯度推移理论。但"互联网+"和一般技术不一样。"互联网+"就是"互联网+各个传统行业"，这不是简单相加，而是利用信息技术以及互联网平台，让互联网与传统行业进行深度融合，创造新的发展生态。它具有跨界融合、创新驱动、重塑结构、连接一切等特征，所以，不论是高梯度地区还是中、低梯度地区，都可以借助"互联网+"来改造传统行业，提升产业结构。贵州省正是抓住了这一千载难逢的机遇，用"互联网+"来改造传统产业、带动传统产业的发展。所以，这一发展战略对改变贵州省的贫困落后面貌具有重要的意义。2016年，贵州省国内生产总值达11734.43亿元，比上一年增长10.5%，连续六年GDP增速居全国前三位。

第四节 不同梯度地区的共同战略

不论是高梯度地区、中梯度地区还是低梯度地区，有一些共同的战略，这就是集约增长战略、创新发展战略、"一带一路"战略和市校合作战略。

一、集约增长战略

生产离不开生产要素的投入，所以生产的增长通常有两大途径：增加要素的投入数量和提高要素的使用效率。这两大途径分别对应了经济增长的两种类型：粗放型增长和集约型增长。粗放型增长是指主要依靠增加劳动、资本和土地的投入来增加生产以推动经济增长的方式。集约型增长是指主要依靠科技进步和提高劳动者素质来增加生产和提高产品质量以推动经济增长的方式。

粗放型增长的实质是以数量的增长、速度的增长为核心，而集约型增长则是在投入要素的数量基本不变也就是生产规模不变的基础上，采用新技术和新工艺改进机械设备、加大科技含量来增加产量和提高产品质量。因此，集约型增长的实质是以提高经济质量和经济效益为核心。可见，这两种增长方式的区别在于是数量型的、规模型的还是质量型的、效益型的。粗放型增长方式消耗大，成本高，产品质量难以提高，经济效率较低，也容易造成资源的浪费和环境的污染。集约型增长方式的消耗较小，成本较低，产品质量能不断提高，经济效益较高，对自然资源和生态环境的影响较小。

索洛提出了一个全要素生产率的概念，它是指全部生产要素的投入数量都不变时生产量仍能增加的部分。这个概念通常用来衡量纯技术进步在生产中的作用。纯技术进步不包括资本、劳动等生产要素投入的增加，只有知识、教育、技术培训、规模经济、组织管理等方面的改善。显然这个概念和集约式增长方式是联系在一起的，集约式增长就是要提高全要素生产率。

我国改革开放以后很长一段时间主要是粗放型的增长方式，靠人力、物力和财力的大量投入，使得资源过度消耗，生产环境受到破坏，投资率居高不下，投资效率逐步下降。这些都说明，转变经济增长方式已经到了刻不容缓的地步。不过在这个期间集约型增长方式也有一定程度的进步。教育和医疗事业发展，使得劳动者的素质尤其是青年一代的文化水平有了很大的提高。高速公路、高速铁路、机场和码头的兴建，使得交通更加便捷，商品交易效率大大提高。我国的能耗强度（指单位GDP所消耗的能源）

在 1980—2006 年呈明显下降趋势，降幅达到 69%。这些也说明，转变经济增长方式已经具备了一定的条件。

二、创新发展战略

经济增长方式的转变看起来是个技术创新问题，实际上它有更深层次的原因，需要从更高层次去理解。任何社会经济系统都有寿命周期，都要经过孕育、成长、成熟、蜕变以及死亡五个阶段。因此，任何系统都需要创新，否则便会很快走向灭亡。有时系统本身尚处在成长或成熟阶段，但环境发生了巨大变化，不创新就难以突出重围挽救自己。创新是一个系统不断发展并适应环境变化的关键，也是一个地区转变经济增长方式的关键。所以，地方政府要把扶持创新、鼓励创新当成自己的一个重要任务。

【案例】 湖州市为了推动企业创新，于 2015 年 5 月 26 日出台了《关于在全市推广应用创新券促进公众创业创新的指导意见》，全力推广创新券工作。所谓"创新券"，就是将财政资金以"有价证券"的形式向企业发放，企业用创新券向大学、科研机构等研发人员购买科研服务，研发人员可以凭创新券和发票到政府相关部门去兑现。正是这张创新券激活了科技服务市场，推动了湖州市的创新活动。截至 2015 年底，全市累计发放创新券 4180.59 万元，确认使用创新券达 1977.71 万元。

创新的基本内容包括目标创新、技术创新、制度创新、组织机构创新和环境创新几方面。技术创新主要表现在要素创新、要素组合方式的创新和产品创新上。制度创新主要表现在产权制度创新、经营制度创新和管理制度创新上。环境创新主要是市场创新。对于一个地方政府来说，主要是目标创新、制度创新和组织机构的创新。

从目标创新的角度看，地方政府要改变 GDP 崇拜情结。有了 GDP 崇拜情结，经济发展必然是重数量轻质量，重速度轻效益，必然是粗放式的增长。为什么各地政府官员都有很严重的 GDP 情结？归根结底是由政绩考核与升迁制度决定的。哪个地区的 GDP 增长得快，哪个地区的干部就能得到提拔重用。为了得到提拔重用，就要把 GDP 搞上去，根本顾不上投入了多少资源，损害了多少环境。GDP 搞不上去怎么办？那就编数字。可喜的是，现在中央已经对 GDP 增长形成共识，不再简单地以 GDP 增长论英雄，而是强调以提高经济质量和效益为立足点。

从制度创新的角度看，地方政府要改变不利于提高责任心的产权制度、经营制度和管理制度。农民为什么不愿意为土地增加投入？因为土地不是他们的。工人为什么不重视产品质量？因为企业不是他们的。官员为什么不进行环境保护？因为他干几年就走了。回顾我国改革开放三十多年以来取得的一些重大成就，哪一项不和产权制度或经营管理制度的创新有关？家庭联产承包责任制，国企改制，公司股份制等等。有了制度创新，农民、工人和干部才会有主人翁的责任心，生产和工作的积极性才能提高，才能实现生产方式的转变。

> **【案例】** 阿格纳罗教授和多纳里教授对美国沿大西洋和墨西哥湾海岸的牡蛎养殖做了一项关于私人产权和公共产权哪个更有效率的研究。在牡蛎生长的幼期，它们长久依附在水下礁石上。一些州规定牡蛎聚集的水下地面是牡蛎养殖者的公产，任何养殖者都可以从这些水下地面获得牡蛎，且不得排斥他人进入。但有些州则规定这些区域是私人向州租用获得的，承租人有排他权和部分的转让权。结果发现，与公共的牡蛎养殖场相比，在私人租用的牡蛎养殖场中劳动力得到了更具有生产性的使用。研究者认为，如果在 1969 年所有牡蛎养殖场都出租给私人，牡蛎养殖者的平均收入将比原先高 50%。这意味着一个相当大的福利损失应归咎于对公共产权的依赖。问：为什么会有这个结果？

研究表明，私有产权比公有产权更有效率。为什么呢？在公有产权的情况下，养殖者觉得反正水下的牡蛎是公有财产，谁都有份，不采白不采，采了也白采。也就是说他们既不必为此支付费用，也不必承担这片水域的其他任何代价。我们知道需求曲线是向右下方倾斜的，它反映了价格与需求量有一个反方向变动的关系。所以可以推知，当价格为零时需求量将尽可能扩大。因此人人都到这来采牡蛎，导致水下牡蛎的过度采集，牡蛎还未长大便被采光了，资源遭到破坏。而在私有产权的情况下，水域的承租人有排他权和部分的转让权，这种情况就不会发生。长期来说，资源得到了保护，实现了可持续发展；短期来说，采到的牡蛎数量少，质量好，可以卖个好价钱，所以养殖者的平均收入可以得到提高。

三、"一带一路"战略

"一带一路"作为中国首倡、高层推动的国家战略，对我国现代化建设具有深远的战略意义。"一带"指的是丝绸之路经济带，"一路"指的是21世纪海上丝绸之路。"一带一路"贯穿欧亚大陆，东边连接亚太经济圈，西边进入欧洲经济圈。历史上，陆上丝绸之路和海上丝绸之路就是我国同中亚、东南亚、南亚、西亚、东非、欧洲经贸和文化交流的大通道。

> 【案例】 古丝绸之路的起点在哪里？很多人说是在长安，其实是在浙江湖州。据史料记载，湖州丝绸远在春秋战国至南北朝时期就已出口世界十多个国家，唐代以后被列为贡品。在1851年英国伦敦首届世博会上，辑里湖丝作为中国参展唯一作品，获得金奖。19世纪中叶，意大利探险家卡斯特拉尼不远万里来到湖州，探寻桑蚕养殖和丝绸制作技术，出版了《中国养蚕法：在湖州的实践与观察》一书，为我们保存了很多珍贵的资料和照片。1958年，考古人员在湖州城南的钱山漾，发现了世界上迄今为止最早的家养蚕丝织品。2015年6月25日，"世界丝绸之源"命名暨闪耀米兰世博会仪式在北京举行，越来越多与湖州丝绸有关的尘封历史被发掘出来。湖州作为古丝绸之路的起点，把"一带"和"一路"在地理上联系在了一起。

我国的"一带一路"战略是对古丝绸之路的传承和提升，它秉承开放的区域合作精神，致力于维护全球自由贸易体系和开放型世界经济，符合国际社会的根本利益，对我国以及各个地区的经济发展也具有重要和深远的意义。

第一,"一带一路"战略对我国中西部地区的发展带来机遇。我国改革开放的前期重点在东南沿海,广大中西都地区始终扮演着"追随者"的角色,这在一定程度上造成了东、中、西部地区发展的不平衡。而"一带"主要经过西部通向西亚和欧洲,这必将使得我国对外开放的地理格局发生重大调整,中西部地区承担着开发与振兴三分之二国土面积的重任,如果抓住这个机遇,其经济实力必将有一个较大提升。

第二,"一带一路"战略对我国东部地区自贸区的发展带来机遇。中国加入 WTO 以后在一定程度上冲破了少数国家对中国的经济封锁。现在我们正向建立自由贸易区的方向努力。我国东部地区在建的自贸区,涉及 32 个国家和地区,它们大部分处在"一带一路"沿线上。因此,我国东部地区的自由贸易区战略必将随着"一带一路"的实施而得到进一步落实和发展。

第三,"一带一路"战略对解决我国产能过剩问题带来机遇。改革开放初期,我国主要以引进外资、国外先进技术和管理经验为主,现在我们已经具备了要素输出的能力。据统计,2014 年末,中国对外投资已经突破了千亿美元,已经成为资本净出口国。"一带一路"战略通过政策沟通、道路联通、贸易畅通、货币流通、民心相通这"五通",带动资本进一步输出,同时将中国过剩的产能也输出去,让沿"带"沿"路"的国家和地区能共享中国发展的成果。

第四,"一带一路"战略对我国金融创新带来机遇。"一带一路"战略的实施需要有充足的资金流,巨量的资金需求只有通过金融创新来解决。我国已经发起设立了"亚投行"和"丝路基金",沿"带"沿"路"国家和地区一定会进行各种金融创新,包括发行各种类型的证券、设立各种类型的基金等,这中间的红利也是巨大的。

四、市校合作战略

创新需要人才,而人才是高校培养出来的。高校不仅能培养人才,还能直接提供创新产品。所以，市校合作、走政产学研相结合的道路，是不同梯度地区共同的发展战略。

> 【案例】 湖州市和湖州师范学院、浙江大学的合作已有很多年的历史了，取得了丰硕的成果。湖州师范学院有个"8+8"重点服务地方团队，在先进制造业、计算机应用、新能源开发、区域经济、水生生物与水环境、生物医药等方面为湖州市提供了全方位的服务，其中"南太湖流域养殖污水（物）处理技术集成与示范"项目获国家科技进步三等奖。湖州市和浙江大学合作的成果更加突出，在中央和省委、省政府的高度重视下，市校双方合力在湖州实施了两轮"1381行动计划"，全面促进了"三农"发展，使得湖州市的美丽乡村建设走在全国前列，创造了新农村建设的"湖州模式"。

地方要想和高校合作，第一要支持高校的工作。全国有2/3的高校属于地方政府管辖，还有1/3虽然属教育部管，但它们也是设在地方，和地方政府有着千丝万缕的联系。地方政府只有支持它们的工作，在资金、用地、实习、就业等方面帮助它们解决难题，才能形成人才高地，它们也才能回馈地方。第二，要根据地方的比较优势和发展需要，支持高校办出地方特色。不论什么大学，为地方服务是它们的职责。所以地方政府应该深入高校介绍地方的发展，引导它们办出能满足地方发展需要的特色学科、特色专业。第三，对地方高校的管理不能套用管理地方的办法，而应充分尊重学术自由，实行教授治校。对为地方服务的课题和项目，应该采取有偿服务的原则，充分调动师生员工的积极性。

第五节 相同梯度地区间的合作

在梯度推移理论中，我们知道不同梯度之间的合作主要表现在产业间的贸易，即低梯度地区主要向中梯度、高梯度地区提供初级产品，而高梯度地区主要向中、低梯度地区提供工业产品或制成品。那么，两个梯度相同或相近的地区之间又是怎样合作的呢？

一、重叠需求

前面的分析中有个假设，即一个地区消费者的偏好是相同的，但实际上是不同的，收入高的消费者偏好奢侈品，收入低的消费者偏好必需品。而且不同地区的消费者如果收入相同，则偏好也大体相同。如果我们把这两条当成假设，那么在此基础上可以推断，两个地区的消费结构与收入结构之间的关系是一致的，即两个地区收入水平越接近，则消费结构也就越相似。

假设 A、B 两个地区处在同一梯度，有着相同的消费结构，则对 A 地区的厂商来说，他会发现对其商品的需求除了来自 A 地区以外，还来自 B 地区。那么通过与 B 地区加强贸易，以获取更多利润，就成为一种自然选择。

在图 10-7 中，横轴 OY 表示一个地区的人均收入水平，纵轴 OQ 表示消费者所需的各种商品的品质等级。人均收入水平越高，则消费者所需商品的品质等级也就越高，二者关系如 OP 所示。假设 A 地区的人均收入水平为 Y_A，则 A 地区所需商品的品质等级处于以 A 为基点、上限为 F、下限为 C 的范围内。假设 B 地区的人均收入水平为 Y_B，则 B 地区所需商品的品质等级处于以 B 为基点、上限为 H、下限为 E 的范围内。可见，处在 E 和 F 之间的商品，即为两个地区的重叠需求。重叠需求越大，表明两个地区收入水平和消费结构越接近，贸易往来越频繁，合作基础也就越雄厚。

由于初级产品的贸易是由自然禀赋的差异引起的，所以初级产品的需求与收入水平关系不大，初级产品的贸易可

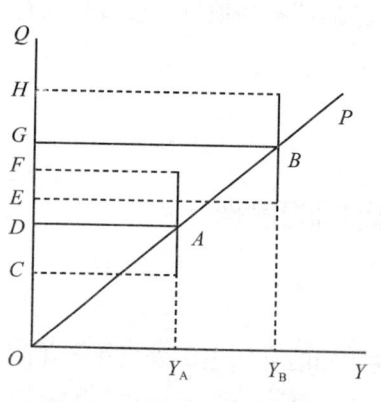

图 10-7 相近梯度重叠需求

以在收入水平相差很大的地区之间进行。而工业产品的品质差异较明显，其消费结构与一个地区的收入水平有很大的关系，所以只有收入水平相近的地区，消费结构才会相近，重叠需求才会很大。因此，工业产品的贸易主要发生在收入水平比较接近的地区之间。也就是说，不同梯度地区之间的贸易主要发生在产业之间，是初级产品与工业产品的交换；相同梯度地区之间的贸易主要发生产业以内，是制造业内部的一种水平式交换。

二、外部规模经济

重叠需求的存在使得有效需求扩大，从而产生规模经济。由于梯度相同的地区之间的合作主要表现为产业内的贸易，而不涉及企业规模，所以重叠需求主要表现在外部规模经济上。

在规模经济存在的情况下，生产可能性曲线会出现不同的形状。影响生产可能性曲线形状的因素有要素密集度和规模经济。要素密集度的差异会使机会成本递增，产生使生产可能性曲线外凸的"张力"；规模经济则会使机会成本递减，产生使生产可能性内凹的"吸力"。如果规模经济的影响超过了要素密集度的影响，生产可能性曲线就会凸向原点。

图 10-8 中，横轴 OX 和纵轴 OY 分别表示 X 和 Y 部门的产量，凸向原点的 TT^* 是生产可能性曲线。假设 X 部门存在外部规模经济而 Y 部门不存在外部规模经济，那么两个地区发生贸易关系之前由于消费者偏好和相对价格都相同，不存在比较优势，均衡点在 E 点。由于 X 部门存在外部规模经济，所以 X 的相对价格要低于其机会成本（生产可能性曲线的切线斜率的绝对值），相对价格线 P_t 在 E 点与 TT^* 相交而不是相切。与 P_t 相切的社会无差异曲线 U_1 表示社会福利处在较低的水平上。两地开展贸易后，由于 X 部门存在外部规模经济，所以 A

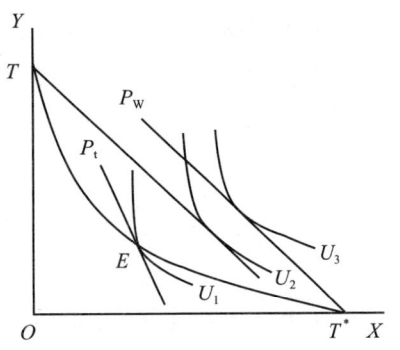

图 10-8　外部规模经济

地专门生产 X，B 地专门生产 Y，相互交换之后形成共同的价格线 P_w，使 A、B 两地的福利水平分别提高到 U_2 和 U_3。可见，即使不存在比较优势，只要有外部规模经济，也可导致两地贸易的产生和福利水平的提高。

三、先行优势

以上说明了外部规模经济可以成为区际贸易的一个独立因素，但没有说明为什么某地在某商品上就会有外部规模经济。它可能完全是由偶然和历史的因素决定的，也可能和地方政府的政策有关。但有一点可以肯定，一旦一个地区在某种商品的生产上领先一步，具有了外部规模经济，它就会将规模转化为成本上的优势，限制了"后来者"的进入，奠定了它在国内甚至是国际分工中的地位。这种情况一般被称为"先行优势"。

> 【案例】 义乌原来是个一不靠边境、二不靠大海、三不靠大都市的浙中农业小县，30 年前既无工业基础又无旅游资源，如今以"小商品海洋，购物者天堂"的美誉成为全球商界瞩目、万商云集的地方，这不能不说是个奇迹。义乌奇迹是怎样发生的？很多人都在寻求其中的奥秘。

我认为原因可能有很多，但有两条很重要，一是周边有许多小商品产业集群，各种各样的小商品生产出来以后需要有个"洼地"来汇集、转运和交易。二是地方政府的开放和宽松政策。很多地方的条件都比义乌好，瑞安早就有了小商品市场，但在瑞安驱赶小商小贩的时候，义乌却以海纳百川的胸怀接纳了他们。可以说是瑞安成就了义乌。现在别说是瑞安，就是全国任何一个地方要想取代义乌的地位都是很困难的，因为它已经取得了先行优势。

本章小结

由于生产要素的流动，不同地区的收入差距就拉开了，形成了不同的梯度。梯度反映了地区经济发展水平的差距。梯度推移理论告诉我们，地区经济处在高梯度还是低梯度，主要取决于产业结构的优劣，而产业结构的优劣又取决于主导产业的性质。创新活动大都发源于高梯度地区，然后随产品周期的变化，按顺序逐步由高梯度地区向中梯度地区和低梯度地区转移。突变理论告诉我们，尽管梯度推移中存在"跨越"，但须付出"动荡"和"过热"、"过冷"的代价。

不同地区应遵循梯度推移的客观规律，采取不同的发展战略。高梯度地区只有及时吐故纳新，才能保持技术上的领先地位；中梯度地区应充分利用"近水楼台先得月"的优势，起到承上启下的作用；低梯度地区应充分发挥自己的比较优势，通过"互联网+"战略，改变落后面貌。不论是高梯度地区、中梯度地区还是低梯度地区，共同的战略就是集约增长战略、创新发展战略、"一带一路"战略和市校合作战略。不同梯度地区之间的贸易主要发生在产业之间，是初级产品与工业产品的交换；相同梯度地区之间的贸易主要发生在产业以内，是制造业内部的一种水平式交换。平行梯度地区只有抓住机遇，才能获得"先行优势"。

1. 什么是尖点模型？它对梯度推移理论有什么贡献？
2. 你所在地区处在什么梯度？应采取什么样的发展战略？
3. 什么是经济增长方式的转变？为什么说创新是不同梯度地区共同的发展战略？
4. 什么是重叠需求？怎样用图形表示？
5. 什么叫"先行优势"？后来者是否具有"后发优势"？
6. 财经作家叶檀写了两个系列的文章：《我眼中最有前途的中国十个城市》和《我眼中最无前途的中国十个城市》，引起了激烈讨论。她眼中最有前途的十个城市是：南京、苏州、武汉、杭州、合肥、郑州、成都、重庆、天津、厦门；最无前途的十个城市是：长春、沈阳、哈尔滨、大连、温州、兰州、大同、洛阳、南昌、唐山。她给出的最有前途城市的标准有五条：三条以上高铁通过，近十年人口大幅流入，高等教育资源丰富，人均本外币存款较高,GDP 增长较快;没前途城市的特征是:人口持续流出,整个城市只有几个国企主导,人均财富占有量较低,教育相对不发达,消费能力不足,未来缺少明确的发展预期和变革希望等。你认为她说的有没有道理?

7. 世界银行《东亚经济发展报告(2006)》提出了"中等收入陷阱"(Middle Income Trap)的概念,基本含义是指:鲜有中等收入的经济体成功转为高收入国家和地区,这些国家和地区由于转型困境,即陷入经济增长的停滞期,既无法在工资方面与低收入国家竞争,又无法在尖端技术研发方面与富裕国家竞争。全球 70 个高收入国家和地区,116 个发展中国家和地区,实现这个穿越的,达到高收入阶段的发展中国家和地区,一共有 15 个。而在这 15 个国家和地区当中,从贫困出发,一个一个阶段从不落下,完整穿越,最后走到高收入的国家和地区只有两个,一个是韩国,另一个是中国台湾地区。按照世界银行的标准,2012 年中国大陆的人均国内生产总值达到 6100 美元,已经进入中等收入偏上国家和地区的行列。因此学界就围绕中国是否能跨过"中等收入陷阱"展开各种讨论。你认为中国能否跨过"中等收入陷阱"?为什么?

第十一章

信息经济

在一般情况下梯度推移最好是循序渐进,但在信息化时代,梯度跨越有了可能。地方政府现在面临很多挑战,最重要的挑战就是信息经济的挑战。与世界经济持续低迷的情形不同,2016年全球信息通信产业仍然保持了迅猛发展的势头,与各行各业的深入融合也正在加速。本章介绍信息和信息化、信息经济的概念和特点、信息经济对经济学理论的冲击、地方政府的政策选择等内容。

第一节 信息与信息化

信息社会是20世纪60年代初提出的概念。农业社会的主要资源是土地,工业社会的主要资源是资本,信息社会的主要资源是信息。这里有个新名词,就是"创新2.0"。"创新1.0"指的是工业时代的创新形态,而"创新2.0"则是指信息时代、知识社会的创新形态。

一、信息的含义

信息是数据经过加工处理和分析,赋予相关情境的内涵,成为管理决策依据的知识,如图 11-1 所示。

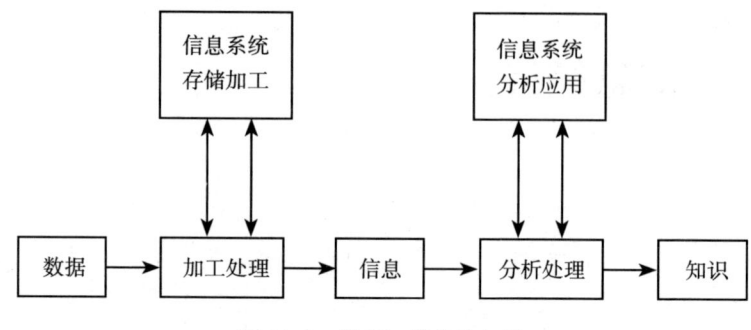

图 11-1　数据、信息和知识

> 【案例】　航空公司每卖出一张机票,都会把数据记录下来。这些数据经过加工处理和分析,转换成客流、客户订票、客户类型等信息。为什么提前买票可以打折?就是因为航空公司利用这些信息对航线、机票价格等做出调整,以实现利润的最大化。这样,信息就成了知识。

信息和数据、知识的区别不是绝对的,这取决于时间和空间。同样的东西对一个地区来说是信息或知识,对另一个地区来说可能是数据。某地的决策和行动,对另一个地区来说可能就是数据或信息。对同一个地区来说,今天的决策和行动,可能是明天的数据和信息。

二、信息化的内涵

信息化既是一种过程,指现代信息技术的应用促成对象或领域发生转变;也是一种状态,指对象或领域因信息技术的应用所达成的新形态。我们可以用"信息化发展指数"来测量和反映一个国家和地区信息化发展的总体水平,如表 11-1 所示。信息化发展指数的计算采取的是简单线性加权方法,即对每个具体指数的标准化值加权平均得到总指数。中国的信息化发展指数增长速度较快,2001—2010 年年均增长速度为 13.98%,是世界平均增长水平的 2.66 倍。2010 年,该指数年增长速度居世界第 1 位。

表 11-1　　　　　　　　　　信息化发展指数

分类指数	指标
一、基础设施指数	1. 电话拥有率（%）　2. 电视拥有率（%） 3. 计算机拥有率（%）　4. 人均电信产值（元）
二、产业技术指数	5. 每百万人发明专利申请量（件）
三、应用消费指数	6. 互联网普及率（户/百人） 7. 人均信息消费额（元/人）
四、知识支撑指数	8. 信息产业从业人数比重（%） 9. 教育指数（识字率教育年限）
五、发展效果指数	10. 信息业增加值比重（%） 11. 研发费比重（%）　12. 人均 GDP（元）

三、局部信息化

信息化管理最先是在企业和办公室实现的，表现在企业资源计划系统、客户管理系统、供应链管理系统和办公自动化上。企业资源计划系统是指以信息化管理思想为企业决策层及员工提供决策运行手段的管理平台。客户关系管理系统同每个客户建立联系，了解客户的不同需求，实现"一对一"的个性化服务。供应链管理是组织对从供应商到产品传递给客户的所有活动的协调。办公自动化是运用信息技术，借助于自动化的办公设备和计算机系统实现各种办公的信息管理、决策支持等事物的处理。

四、信息化的发展

（一）物联网

所谓物联网，就是通过装置在各类物体上的电子标签、传感器、二维码等，经过接口与无线网络相连，从而赋予物体以智能，可以实现人与物的沟通与对话。由于物联网技术被广泛应用于网络的融合中，因此被称为继计算机、互联网之后世界信息产业发展的第三次浪潮。与其说物联网是网络，不如说物联网是业务和应用。因此，应用创新是物联网发展的核心，以用户体验为核心的创新 2.0 是物联网发展的灵魂。

> **【案例】** 沃克斯电梯（中国）有限公司在 12 年前就开始建设物联网系统。过去电梯一旦出现故障，被困人员需要拨打报警电话求救。有了物联网以后，无线终端会立即将信息上传至控制中心，维保人员会第一时间赶到现场。不仅如此，电梯物联网还能做到电梯故障前的预判。一台电梯运行时，上千个零部件在配合工作，电梯物联网监控平台会对电梯运行状况适时监控，对未来可能发生的故障发出预警并提醒企业及时维保。进军物联网以后，沃克斯电梯的品质和服务得以大幅提升，销售业绩也不断提高，企业 2015 年的销售额同比上升了 30%。

（二）大数据

依据典型调查和试验、抽样统计和问卷等随机分析法所得到的数据可称为小数据。大数据指在小数据的基础上对所有数据进行分析处理，是无法在可承受的时间范围内用常规软件进行捕捉、管理和处理的数据集合。

大数据有以下特征：

1. 大数据成为生产的要素和创新的源泉

信息时代不是劳动生产率的竞争，而是知识生产率的竞争。数据只要提供产生的背景就成为信息，信息经过提炼，找出变化规律，就成为创新知识，应用这个创新知识去指导实践，就可创造出价值、效用和利润。

2. 大数据时代，一切皆可量化，皆可预测

大数据的核心就是预测，人们不再只是依据随机抽取的样本，而是通过对大规模的数据总体进行分析和预测，就会得出许多惊人的结果。例如，谷歌公司通过对搜索词条相关数据的分析，成功地进行了 2009 年 H1N1 流感的预测，并判断出流感是从哪里传播出来的，比美国疾病控制中心提前了两个星期。

3. 大数据时代，开放的扁平的网状组织将取代自上而下的金字塔形层级组织

金字塔形层级组织，数据在层层传递过程中会产生损耗和扭曲。而大

数据时代，层级会被许多开放的项目组所取代，CEO 的主要任务就是制定战略，给各项目组分配资源，并监督他们的工作，效率会大大提高。而作为政府，层级减少了，信息透明了，不仅人员可以精减，各种寻租活动也会无处藏身。

4. 大数据时代，由互联网联结的虚拟管理模式将取代各自独立的集中生产的实体模式

例如，iphone 手机的供应链由全球 748 家厂商组成，其中 600 家分布在亚洲，中国大陆就有 331 家，并且产品总装在中国大陆完成，所以有人戏称 iphone 也是"中国制造"。这种生产方式不仅节省了成本，也给各方带来了实实在在的利益。

5. 大数据时代，集中的大规模"减成法"生产将向分散的"叠加式"定制生产转变

例如，3D 打印技术可以按需要从互联网上把有关产品的三维立体图纸及应用程序下载到计算机中，在"墨盒"中加入所需材料粉末，按下按钮，打印机就会将该产品叠加式"打印"出来。这种技术不会产生切削废料，省去了许多繁杂工艺，大大缩短了生产时间。

（三）云计算

云计算是 21 世纪以来许多信息技术综合运用的结果，是一系列基于 web 的服务，其目的是让用户以按需付费的方式获得多种实用的功能，而这些功能在以前是需要巨大的硬件/软件投资和对专业技能的掌握才能得到，如图 11-2 所示。

云计算有以下特征：

1. 通过互联网按用户需要提供计算力资源服务

用户可以在互联网上选择自己信任的云计算服务提供商，提出所需服务，如同进餐馆按菜单点菜一

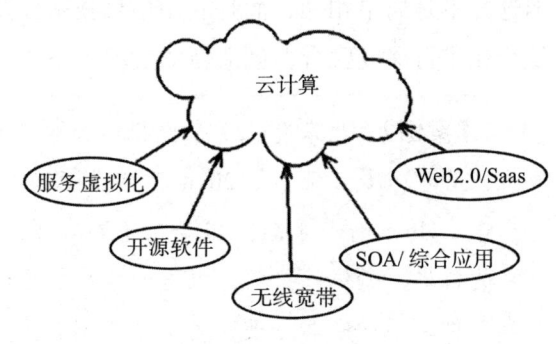

图 11-2 云计算

样方便，可以自己做主，而不像过去那样你提供什么我们只能被动接受什么。

2. 通过虚拟化的资源池

云计算服务提供商将自己所有的硬件软件整合在一起，进行集群式集中管理，形成强大的计算机资源，与所有的用户共享。

3. 通过虚拟化使计算力资源按需要无限伸缩

用户在任何时候，都可向云计算服务提供商购买到任何数量的计算力资源。

4. 通过互联网云计算，提供商对客户使用计算力资源过程进行监管、计量，按需计费

因此对用户而言，云计算资源成本乃是一种可变成本，用的时候才会产生，不用的时候就不会产生，而不像过去那样是固定成本，用不用都会产生。

云计算发展很快，应用很广。例如，在20世纪最后几年，摩托罗拉手机还以质量好价格低占据霸主地位。进入21世纪后，诺基亚、黑莓等手机因能满足消费者不断变化的需求而将摩托罗拉边缘化。现在又是苹果手机的天下，它除了具备相应的基础功能外，消费者还可以在手机上接入多种应用软件来满足自己的不同需求。这些都得益于云计算的功能。

（四）互联网＋

"互联网＋"是互联网思维的进一步实践的成果，是创新2.0下互联网发展的一种新业态。所谓"互联网＋"，就是"互联网＋各个传统行业"，但这并不是简单相加，而是利用信息技术以及互联网平台，让互联网与传统行业进行深度融合，创造新的发展生态。

【案例】北京有227家出租车公司，6.7万辆出租车，10万个司机，管理人员1万人，2014年有了滴滴打车软件以后，乘客开始被专车、Uber抢走了，出租车拉不到客了。很多城市都在抓用打车软件的司机，抓住就罚款，但这能挡得住运用新技术的潮流吗？运用打车软件，不仅乘客方便，省去了等出租车的时间；司机也方便，第一

> 次可以规划自己的行车路线了。而且管理费用也可以大大降低。北京现在大约有 Uber 司机十几万名，是出租车司机的 2 倍，但管理人员只有 20 个人，是出租车的 1/500，孰优孰劣一目了然。可见，随着科技的进步和"互联网+"的运用，出租车行业发生了巨大的变化，专车、Uber 成为新宠，为人们出行提供了极大的便利。

"互联网+"具有以下特征：

一是跨界融合。"+"就是跨界；跨界融合，就是可以将互联网运用于各个行业，融合于各种产品。敢于跨界了，互联网的触角才能伸得更远，应用才能更广泛。

二是创新驱动。中国粗放的资源驱动型增长方式早已难以为继，必须转变到创新驱动发展这条正确的道路上来。而互联网能够给创新提供强大的信息支撑和持久的驱动力。

三是重塑结构。信息化已打破了原有的社会结构、经济结构、地缘结构、文化结构。权力、议事规则、话语权不断在发生变化。

四是尊重人性。互联网的力量来源于对人性的最大限度的尊重，尊重个人的选择，欢迎人们的参与，实现资源的共享。

五是开放生态。就是把过去制约创新的环节化解掉，把孤岛创新连接起来，让研发由人性决定的市场驱动，让创业并努力者有机会实现自己的价值。

六是连接一切。连接是有层次的，可连接性是有差异的，但连接一切是互联网+的目标。

第二节　信息经济与地区发展

一、信息经济的概念和特点

信息经济又称资讯经济、IT 经济。作为信息革命在经济领域伟大成果的信息经济，是通过产业信息化和信息产业化这两个相互联系和彼此促进的途径不断发展起来的。所谓信息经济，是以现代信息技术等高科技为物质基础，信息产业起主导作用的，基于信息、知识、智力的一种新型经济。工信部电信研究院2015年9月底发布的《2015中国信息经济研究报告》显示，2014年，我国信息经济总量达16.2万亿元，占GDP比重26.1%，比2002年增加了15.8个百分点，显著高于GDP增速。

信息经济的特点主要体现在以下方面：

1. 信息经济的企业结构是知识和技术密集型

传统的企业结构是劳动密集型或资本密集型的，而新兴信息企业结构都是知识和技术密集型的，不但投资少，效率高，最终还将把人类从繁重体力劳动中解放出来，得到全面发展。

2. 信息经济的劳动力结构是智力劳动型

企业结构的状况决定着劳动力结构的状况，由于新兴信息经济的企业结构是知识和技术密集型的，而以科学家、工程技术人员、软件编制人员等脑力劳动者为主的劳动力结构也必然发生根本变化，传统体力劳动者将经过再教育成为新的脑力劳动者。

3. 信息经济的产业结构是低耗高效型

这些以新兴科学知识和高技术为基础的尖端信息产业群，具有高效率、高增长、高效益和低污染、低能耗、低消耗的新特点。在传统产业日益衰落的过程中，专业化、小型化的新兴产业却在迅速发展。这种产业结构及其技术结构的变化，将会使劳动生产率获得极大增长。

4. 信息经济的体制结构是小型化和分散化

小型分散化的水平网络式的管理体制将代替集中、庞大而又互相牵制的传统金字塔型的体制结构，小公司、小工厂等横向组织将代替大公司、大工厂等纵向组织。信息经济的体制结构小型化和分散化，绝不意味着生产社会化程度的降低，恰恰相反，通过信息化，生产在更广泛、更深入的程度上社会化了。

5. 信息经济的消费结构是多样化

传统工业生产是大规模的集中性生产，产品单一、规范化，虽然成套生产，但是品种少、规模单调，不能及时满足多种多样的社会需要。由于信息经济的生产机动灵活和分散化，它所提供的消费品将更加丰富多彩、更符合人们的实际生活需要。

6. 信息经济的能源结构是再生型

传统经济的能源结构是非再生型的，如煤炭、石油等，消耗一点就少一点，不能再生，而且浪费大、效率低、污染严重。信息经济的能源结构主要是再生型的，如太阳能、生物能、海洋能等。它们不仅可以再生，取之不尽用之不竭，而且有用、干净、效率高。

二、信息经济与实体经济

> 【案例】 2012年12月，在CCTV经济年度人物颁奖盛典上，阿里巴巴马云与万达集团王健林就"电商能否取代传统的店铺经营"展开辩论。两人打赌，到2020年，如果电商在中国零售市场份额超过50%，王健林将给马云1亿元人民币，反之，马云输给王健林1个亿。虽然一年后王健林称当时打赌只是开个玩笑，活跃现场气氛，但这个赌约还是被舆论热议，认为这是商业零售巨擘和互联网寡头的对对碰。你认为如果真赌的话谁会赢？

四年过去了，来自国家统计局的数据显示，2016年1—11月份，社会消费品零售总额300560亿元，同比增长10.4%。其中网上零售额45990亿元，同比增长26.2%。从份额来看，网上零售额占社会消费品零售总额的15.3%。虽然离50%还远，但还有3年时间，且网上零售增长速度快，所以到时间达到50%的份额还是有可能的。但不论最后结果怎样，电商都不可能完全取代传统的店铺经营，它们各有优点，又各有短处，应该相互结合，取长补短，共同满足消费者的不同需要。马云和王健林打赌，也从一方面反映了信息经济与实体经济的关系问题。如何使信息经济与实体经济协调发展，是地方政府必须重视的问题。

信息经济是一种新型的经济形式，而实体经济可以说是一种传统的经济形式,它们是什么关系呢?信息经济能不能像有些人说的要"颠覆"实体经济呢?显然是不行的,信息经济是在实体经济的基础上发展起来的,实体经济这个基础如果被"颠覆"了,信息经济这个上层建筑能不跟着被"颠覆"吗?我们试想一下,如果没有实体经济生产产品,电商卖什么?难道卖空气不成?所以,不论是什么经济都无法割断信息经济和实体经济的血与肉的联系。信息经济就是血,实体经济就是肉,信息经济为实体经济提供营养,使它更有活力;实体经济为信息经济提供依托,使它更为通畅。信息经济只有和实体经济很好地结合起来,才能取得双赢的结果。

中国过去30多年的改革发展中产生了一个庞大的制造业部门,这里既有老工业基地的国有企业,又有新生长起来的民营经济,还有跨国公司设在中国的组装厂。它们都面临一个转型升级的问题,都需要借信息化的东风重新焕发活力。尤其是中小企业,它们缺少研发的能力和动力,主要依赖大企业研发它们再山寨。随着整个社会知识产权意识的提高和法律的健全,这条路越走越窄,越走越难。在这种情况下,政府就应该向它们提供推广新技术的公共服务,帮助它们转型升级,摆脱困境。

【案例】 浙江湖州市德清县与阿里云计算有限公司展开合作,在全国率先推行政府为企业免费提供云计算应用服务,推进科技资源开放共享,促进传统产业信息化升级改造。启动"政府送云"扶持政策以来,已有32家企业"入驻"阿里云,共使用云服务资源118家次。

德清县政府的做法意义重大,它表明地方政府在信息经济时代不是被动接受,而是主动服务。过去,我们在农村有农业技术推广站,现在在城市也应该有工业技术推广站、信息技术推广站,鼓励科研人员把新技术运用到中小企业中去。

三、信息经济与地方经济

> **【案例】** 2016年11月18日,第三届世界互联网大会在浙江乌镇落下帷幕。三天来,来自全世界110多个国家和地区的1600多位政界领袖、业界精英、学界权威汇聚于此,围绕"创新驱动造福人类——携手共建网络空间命运共同体"的主题展开了热烈讨论。开幕式上习近平主席发表视频讲话,引起了与会者的共鸣和多家海外媒体的关注。参加大会的国内企业家有柳传志、马云、李彦宏、马化腾、刘强东、张瑞敏等耳熟能详的领军人物。大会最后发布了《2016年世界互联网发展乌镇报告》。

乌镇会议既表明中国的信息化发展达到了一个新水平,也表明浙江省在我国信息化发展中处于重要地位。信息化不仅促进已有产业的变革、升级和调整,而且创造出新的产业,已成为推动国家或地区经济增长、获取竞争优势的必要手段。信息化水平和地区经济发展水平高度相关。2000—2010年,在中国各省市社会经济发展过程中,信息化水平在总体上对其人均国内生产总值(GDP)有较强的作用力($R^2=0.7901$,即信息化水平能够解释省区人均GDP的79%的变化)。而且,随着我国信息化进程的不断推进,中国各省区市信息化发展对社会经济发展的促进和拉动作用不断增强,解释力从2000—2003年间的0.7080,增强到2004—2008年间的0.8086,以及2009—2010年间的0.8533。[①] 这反映了信息化对地区经济发展的重要作用。

[①] 宋国莹、刘卫东:"中国信息化发展进程及其时空格局分析",《地理科学》2013年第3期,第257—265页。

第三节　信息经济对传统理论的冲击

一、信息经济对劳动分工理论的冲击

亚当·斯密在 1876 年发表的《国富论》中用制针为例说明了劳动分工对提高劳动生产力的作用。亨利·福特在 1913 年开发出了世界上第一条流水生产线，按照劳动分工的理论把工人固定在生产线上从事简单的操作。信息经济时代，数控机床、自动生产线和机器人把工人从这种枯燥无味的劳动中解放出来，工人只是监视仪表，出现问题设备会自动报警，工人再去处理，从而改变了简单劳动和复杂劳动的分工。

二、信息经济对规模经济理论的冲击

经济学讲规模经济，企业只有具有一定规模才能节约平均成本，这就导致许多资本密集型大企业的出现。信息经济时代，市场变化很快，产品的生命周期大大缩短，企业太大了必然会出现船大难调头的困境。采用云计算等信息化手段就可以把大部分业务外包出去，从而大大降低了固定成本。所以，现在规模大小已经不是企业成功与否的标志，只要能适应市场的需要赚到钱，规模小也有它的优势。

三、信息经济对多元化理论的冲击

经济学还讲多元化经营，由于市场的不确定性，所以不要把"鸡蛋放在一个篮子里"，一个项目失败还有其他项目可以保底，多元化经营才能规避风险。但汤姆·彼得斯和罗伯特·沃得曼却在《追求卓越》中告诉我们，信息经济时代"将注意力坚定地集中在核心业务上的公司更容易成功。"

而云计算通过仿真建模软件服务，可预测"把鸡蛋放在一个篮子里"的结果，从而使企业可以减少后顾之忧。

四、信息经济对财富分配理论的冲击

经济学还讲等价交换，"天上不会掉馅饼"，"没有免费的午餐"。信息经济时代，信息化大大降低了交易成本，使互联网企业可以提供一些免费服务，而且"羊毛不是出在羊身上，而是出在别的动物身上"。

> 【案例】 2005年2月，两位美国青年查德·赫尔利和史蒂夫·陈偶然想出了一个创意，推出一种易于使用的视屏分享系统，成立了YouTube公司。他们播出自制的短片，人人都能以简单且免费的方式观看，吸引了大批受众。10个月后，虽然这家公司还很小，连个像样的办公室也没有，但Google公司却以令人吃惊的15.6亿美元收购了它。现在，全世界的人每天要在他们的网站观看1亿部视频片，并上传6.5万部新的视频片。

第四节 营造信息经济环境

信息经济的发展对地方经济的发展有着重要的促进作用，是地方经济发展的重要机遇。抓住了这个机遇，低梯度地区可以实现弯道超越，向中梯度、高梯度地区迈进；抓不住这个机遇，高梯度地区也有可能衰落，滑向中梯度、低梯度地区。而要想抓住这个机遇，地方政府必须营造一个适合信息经济发展的环境。

一、提供基础设施

所有的信息技术、信息的创新,都基于我们要有快速的数据传输速度,而这个数据传输速度不是某一家企业能够做到的,需要政府发挥重要的作用。所以基础设施的建设让我们更快,成本更低。

二、做好监管工作

适度的监管在信息经济中特别重要,因为信息经济有网络外部性,往往会带来赢家通吃的情况,在信息行业会造成高度的市场集中。在这种情况下,垄断就会成为一个潜在的风险。那么怎么平衡网络外部性带来的产业整合和平等之间这种潜在的矛盾,就是监管中要特别注意的问题。有很多中国创业者抱怨,说一些行业里的老大非常强势,我们做点什么,马上就被他踩死了。这是政策制定者需要考虑的问题。政府还需要考虑如何对消费者利益及隐私进行保护。有一些软件很恶劣,它们强制让你装一些你不想要的东西,而且装上以后想卸都卸不下来。这种情况政府要监管,使得这种产品在垄断的情况下还能保护消费者的利益。

三、建立行业标准

现在的很多设计都是模块化的,它在解决一个复杂问题时自顶向下逐层把系统划分成若干模块,每个模块完成一个特定的子功能。现在的很多公司也都把精力集中到核心业务上,而把其他业务外包给其他公司。在这种情况下如果不建立和完善行业标准,模块与模块、机器与机器、业务与业务之间就无法对接,无法形成整体合力。

四、保证信息安全

信息安全工作很重要。不要认为信息技术发展了,国家机密、企业机密和个人隐私都可以暴露无遗了。信息安全主要包括以下五方面的内容,即需要保证信息的保密性、真实性、完整性、未授权拷贝和所寄生系统的安全性。信息安全本身包括的范围很广,其中包括如何防范商业机密泄露、青少年对不良信息的浏览、个人信息的泄露等。

五、适应信息经济

政府要主动适应信息化的发展,利用信息化为社会提供公共产品与服务。比如政务信息化,包括如何利用信息技术改善公共产品提供的效率?比如教育,如何让信息技术提高教育质量?又比如医疗卫生,如何利用信息技术实现远程诊断和手术?这些行业不能完全依赖市场,政府尤其是地方政府应该发挥很好的作用。

六、照顾弱势群体

信息经济的发展会给整个经济带来好处,也会使一些人受到负面影响。比如农民进城打工,春节回家不会在网上购票;又如很多老年人不会用打车软件,半天等不到一辆出租车。所以在信息技术迅猛发展的今天,要为他们保留一些传统的东西,让他们有个适应的过程,不要让他们感到不便。

地方经济的发展离不开地方产业的转型升级,而地方产业的转型升级又离不开信息化。信息化的发展表现为物联网、大数据、云计算和"互联网+"等多种形式。所谓物联网,就是通过装置在各类物体上的电子标签、传感器、二维码等，经过接口与无线网络相连，从而赋予物体以智能，可以实现人与物的沟通与对话。所谓大数据，指在小数据的基础上对所有数据进行分析处理，是无法在可承受的时间范围内用常规软件进行捕捉、管理和处理的数据集合。云计算是21世纪以来许多信息技术综合运用的结果，是一系列基于Web的服务，其目的是让用户以按需付费的方式获得多种实用的功能，而这些功能在以前是需要巨大的硬件/软件投资和对专业技能的掌握才能得到。"互联网+"就是"互联网+各个传统行业"，但这并不是简单相加，而是利用信息技术以及互联网平台，让互联网与传统行业进行深度融合，创造新的发展生态。这些信息化的新技术不能只停留在高科技产业，而应该运用于传统的制造业，尤其是中小企业，以帮助它们转型升级，焕发活力。

信息经济，是以现代信息技术等高科技为物质基础，信息产业起主导作用的，基于信息、知识、智力的一种新型经济。信息经济的特点主要体现在以下方面：(1)信息经济的企业结构是知识和技术密集型的。(2)信息经济的劳动力结构是智力劳动型的。(3)信息经济的产业结构是低耗高效型的。(4)信息经济的体制结构是小型化和分散化的。(5)信息经济的消费结构是多样化的。(6)信息经济的能源结构是再生型的。信息经济是在实体经济的基础上发展起来的，它们谁也"颠覆"不了谁，只有相互结合才能实现双赢。信息经济对地区经济影响巨大，对地区产业升级起到关键性的作用。信息经济对传统的经济学理论带来巨大冲击，它使复杂劳动变得简单，规模经济不再被神化，多元化理论面临挑战，免费服务不再是公共物品的专利。面对信息经济时代的到来，地方政府要抓住机遇，营造一个有利于信息经济发展的环境。

思考题

1. 什么是物联网？举例说明物联网的应用。
2. 什么是大数据？举例说明大数据的应用。
3. 什么是云计算？举例说明云计算的应用。

4. 什么是互联网＋？举例说明互联网＋的应用。

5. 什么是信息经济？它有什么特点？它与实体经济是什么关系？

6. 信息经济对经济学理论有哪些冲击？

7. 信息经济对地区经济的发展有什么影响？面对信息经济时代的到来，地方政府应该怎么办？

8. 北京市第十四届人大常委会第三十次会议决定，任命蔡奇为北京市人民政府副市长、代理市长。蔡奇是使用微博级别最高的的现任官员之一，开通微博时，他的身份是浙江省委常委、组织部长。从2011年的浙江省组织部长会议上公布自己的个人微博，到2014年3月在腾讯微博上，他的粉丝一度达到千万级。问：你对领导干部成为"大V网红"怎么看？领导干部实名微博有什么好处？有什么坏处？

第十二章

开放经济

为了使地方经济得到发展,地方政府既要适应信息经济的发展,还要适应开放经济的发展。所谓开放经济,不仅是向全国开放,而且要向全世界开放,融入世界经济的大潮中。这一章讨论以下问题:贸易保护主义是否能保护本国的利益?区域经济一体化和经济全球化有什么好处?什么是汇率和汇率制度?我国的对外贸易政策是什么?

第一节 国际贸易保护主义

一、国际贸易保护的措施

前面我们讲了地方保护问题。国际上的贸易保护和国内的地方保护有很大不同,因为有国家的力量在起作用,所以国际贸易保护比地方保护措施更多、力度更大。国际贸易保护的措施有关税、配额、出口补贴、倾销和反倾销,以及其他非关税壁垒。关税是一国政府从自身的经济利益出发,依据本国的海关法和海关税则,对通过其关境的进出口商品所征收的税赋。配额是一国政府为了保护本国工业,规定在一定时期内对某种商品的进口数量或进口金额加以限制。出口补贴是一国政府为鼓励某种商品的出口，对该商品的出口所给予的直接或间接的补贴。直接补贴就是现金补助，间接补贴就是对选定商品的出口给予财政税收上的优惠。倾销是指出口商以低于本国国内价格或成本的价格向国外销售商品的行为。反倾销的一般做法是征收反倾销税。

> 【案例】 有一年，加拿大的优质纸浆卖到中国，比中国的劣质纸浆还便宜，导致中国的纸浆生产企业纷纷倒闭。加拿大随后涨价，几乎垄断了中国的纸浆来源。他用低于成本的价格卖出，就是倾销。中国对来自加拿大的纸浆价格进行调查，决定对他的纸浆征收高额反倾销税。

其他非关税壁垒包括：自愿出口限制，即商品出口国在进口国的要求或压力下自愿限制在一定时期内的出口数量或金额；歧视性公共采购，即一国政府让国内供应商优先获得采购订单；技术标准和卫生检疫标准，即规定一些外国难以掌握的技术标准和卫生检疫标准，将外国产品拒之国门之外。

二、国际贸易保护的效应

国际贸易保护主义对世界经济的发展起了阻碍作用，对实施贸易保护的国家本身也没有什么好处。为什么呢？为了分析方便，我们将一个国家所有产品分为两个部门：出口部门 X 和进口替代部门 Y，这样便可用两部门模型来分析针对整个进口替代部门的影响。

如图 12-1 所示，TT 是生产可能性边界线，在自由贸易下，面对国际相对价格 P_w，生产均衡点在 Q 点，消费均衡点在 C 点。实施贸易保护以后，Y 产品在国内市场上的价格上升，国

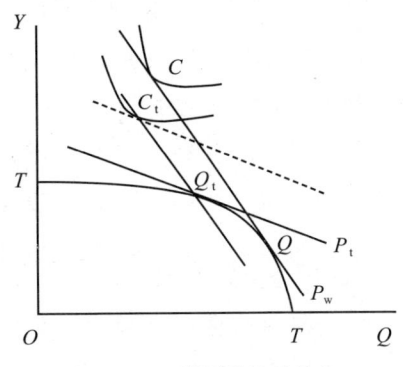

图 12-1 贸易保护的效应

内生产者面对新的相对价格 P_t，P_t 比 P_w 更为平坦，于是生产均衡点由 Q 上移到 Q_t。与贸易保护前相比，进口替代部门 Y 的生产增加，但出口部门 X 的生产减少了。可见，任何进口壁垒都不利于出口部门的生产，即具有反出口倾向。

假设贸易仍按原来的价格进行，新的消费均衡点应在通过 Q_t 点与 P_w 平行的线上。国内消费者面对的相对价格为 P_t，根据效用最大化条件，通过新的消费均衡点的社会无差异曲线在该点的切线斜率绝对值应等于 P_t。也就是说，通过新的消费均衡点 C_t 的社会无差异曲线的切线与 P_t 是平行的。在 C_t 点同时满足两个条件：国际贸易仍按原价格进行，而国内消费者则按贸易保护后的国内价格来决定其最佳选择。可见，贸易保护后消费水平由原来的 C 点降到 C_t 点，通过 C_t 点的社会无差异曲线位于通过 C 点的社会无差异曲线之下，表明实施贸易保护的国家社会福利水平下降了。

三、囚徒困境

既然贸易保护对实施贸易保护的国家没有好处，那为什么各国还要搬起石头砸自己的脚、实施贸易保护呢？这是因为他们都陷入到了囚徒困境之中。

> 【案例】 某地发生了一起纵火案，警察在现场抓到了两个疑犯。事实上，正是他们为了报复而放了火，但警察没有掌握足够的证据，只得把他们暂时拘押起来。为了让他们坦白交代，警察展开了攻心战，审讯时告诉他们：如果他们都承认纵火，每人将被判入狱 8 年；如果他们都不坦白，每人将只判入狱 2 年；如果一个抵赖另一个坦白并愿意出庭作证，那么抵赖者将被判入狱 10 年，而坦白者将被宽大处理——只判一年。攻心战果然奏效，两个疑犯都承认火是他们放的。问：两个疑犯为什么都承认火是他们放的？

这是一个博弈论里很有名的案例，叫"囚徒困境"（见图 12-2）。这里甲和乙之间就是一场博弈，都想争取对自己最有利的结局。甲会想，我如果抵赖，他坦白了怎么办？那我就要坐 10 年牢，他却只坐 1 年。而我坦白了，他如果抵赖，我只要坐一年；即使他也坦白了，我要坐 8 年，也比抵赖坐 10 年强。乙也这么想，于是他们都选择了坦白。我们用支付矩阵将两个囚徒在各种情况下的损益列出来供选择。

		囚徒乙	
		坦白	抵赖
囚徒甲	坦白	−8, −8	−1, −10
	抵赖	−10, −1	−2, −2

图 12−2　囚徒困境

从图 12−2 可以看出，如果甲和乙都选择抵赖对他们最为有利，每人只判入狱 2 年，但结果是他们都选择了坦白，每人被判入狱 8 年。这个结果与他们是否在被抓之前订立攻守同盟无关，甚至与他们是否真的放了火也无关，因为有特定的选择条件，本来对他们最有利的结局就不可能出现。

各国的贸易保护就属于这种情况。假设有两个国家 A 和 B，他们对本国企业都有两种选择：保护、不保护。如果 A 保护 B 也保护，A 和 B 的利益都是−1；如果 A 保护 B 不保护，A 的利益是 2，B 的利益是−2；如果 A 不保护 B 保护，A 的

		B 国	
		保护	不保护
A 国	保护	−1, −1	2, −2
	不保护	−2, 2	1, 1

图 12−3　贸易保护的原因

利益是−2，B 的利益是 2；如果 A 和 B 都不保护，A 和 B 的利益都是 1。现在我们看纳什均衡是什么。从 A 国的角度看，针对 B 国保护的策略，A 保护的利益是−1，不保护的利益是−2，−1>−2，在−1 下划一道；针对 B 国不保护的策略，A 保护的利益是 2，不保护的利益是 1，2>1，在 2 下划一道。再从 B 国的角度看，针对 A 国保护的策略，B 保护的利益是−1，不保护的利益是−2，−1>−2，在−1 下划一道；针对 A 国不保护的策略，B 保护的利益是 2，不保护的利益是 1，2>1，在 2 下划一道。因为在 A 国和 B 国都保护的框里有两道，所以这就是纳什均衡。可见，各国之所以都搞贸易保护，就是因为它们都陷入囚徒困境而难以自拔了。

国际和国内陷入囚徒困境的例子很多。冷战时期两个超级大国长达

40 年的军备竞赛，朝鲜和韩国、以色列和巴勒斯坦之间跨世纪的冲突，还有中日关于钓鱼岛、中菲关于黄岩岛的争端，以及众所周知的价格战等都属于这种情况。

第二节 区域经济一体化和经济全球化

既然贸易保护对谁都没有好处，所以各国都在想办法摆脱贸易保护的囚徒困境，区域经济一体化和经济全球化就是大家想到的最好办法。区域经济一体化和经济全球化是两个既有联系又有区别的概念。

一、区域经济一体化

区域经济一体化是指一定区域内两个或两个以上的国家或经济体通过达成某种协议所建立起来的经济合作组织。

（一）区域经济一体化的形式

一般来说，区域经济一体化有五种形式：自由贸易区、关税同盟、共同市场、经济联盟和完全的经济一体化。

1. 自由贸易区

自由贸易区是指两个或一两个以上的国家或行政上独立的经济体之间通过达成协议，相互取消关税和与关税具有同等效力的其他措施而形成的经济一体化组织。自由贸易区有两个重要特征，一个是参加者之间相互取消了商品贸易障碍；另一个是参加者并没有共同的对外关税。这就产生了一种可能：产品从关税低的成员国进入自由贸易区以后再进入关税高的成员国，从而使得关税高的成员国的对外贸易政策失效。为了消除这种可能，通常采用"原产地原则"，即免关税的产品其价值的 50% 或者 60% 甚至 75% 以上必须产自成员国。

2. 关税同盟

关税同盟是指在自由贸易区的基础上，所有成员统一对非成员国实行进口关税或其他贸易政策措施。因此，关税同盟与自由贸易区的不同之处是成员国在相互取消进口关税的同时，设立共同对外关税，成员国之间的产品流动无须再附原产地证明。关税同盟也有局限性，就是成员国为保护本国某些产业可以采用更隐蔽的措施，如非关税壁垒。尽管关税同盟成立之初已明确规定要取消非关税壁垒，但非关税壁垒没有一个统一的判断标准。

3. 共同市场

共同市场是指各成员国之间不仅实现了自由贸易、建立了共同的对外关税，而且还实现了服务、资本和劳动的自由流动。共同市场的建立需要成员国让渡多方面的权利，但由于各成员国的经济有差别，统一的干预政策往往难以奏效。

4. 经济联盟

经济联盟是指不但成员国之间废除贸易壁垒，统一对外贸易政策，允许生产要素的自由流动，而且各国采取统一的经济政策。要紧缩都紧缩，要扩张都扩张，避免因政策不统一造成的政策失效问题。经济联盟意味着各成员国让渡了更多的权利。当汇率政策的协调达到一定程度，以致建立了成员国共同使用的货币时，这种经济联盟又称为经济货币联盟。

5. 完全的经济一体化

完全的经济一体化是指成员国在实现了经济联盟目标的基础上，进一步实现经济制度、政治制度和法律制度等方面的协调乃至统一的经济一体化形式。如果说其他四种形态是经济一体化过程中的中间阶段的话，那么完全的经济一体化就是经济一体化的最终阶段。

经济一体化的这五种形态，根据其让渡国家主权的不同程度，可分为不同的层次，但不存在低一级形态向高一级形态升级的必然性。各成员国可根据自身情况决定是停留在原有形态上还是向高一级形态过渡。欧盟是比较成功的经济联盟，但随着难民的涌入，内部矛盾激化，导致英国退出。东盟是自由贸易区，2002年中国与东盟达成2010年建立自由贸易区的框架协议,"10+1"模式业已形成。

(二) 区域经济一体化的效应

关税同盟是区域经济一体化的典型形式,所以,理论上关于区域经济一体化效应的分析,大都以关税同盟为研究对象。

假设世界上有 A、B、C 三个国家,都生产某一相同产品,但成本不同。现以 A 国为讨论对象。在图 12-4 中,D_A 和 S_A 分别表示 A 国的需求曲线和供给曲线,P_B 和 P_C 分别表示 B、C 两国的生产成本。组成关税同盟前,A 国对 B、C 两国征收相同的关税 t,这两国的相同产品在 A 国的价格分别为 P_B+t、P_C+t($<P_A$)。显然,B 国的价格要高于 C 国,故 A 国只会从 C 国进口,而不会从 B 国进口。此时,A 国内生产为 OQ_1,国内消费为 OQ_2,从 C 国进口为 Q_1Q_2。

假设 A 国与 B 国组成关税同盟,A 国对 B 国进口不征关税,对 C 国进口关税仍为 t。B 国产品在 A 国销售价现为 P_B,低于 P_C+t,所以 B 国取代 C 国成为 A 国供给者。由于价格下降,A 国生产缩减至 OQ_3,Q_3Q_1 是 A 国生产被 B 国生产所取代的部分,称为生产效应;A 国消费增加至 OQ_4,消费的净增部分 Q_2Q_4 称为消费效应。A 国进口由 Q_1Q_2 扩大到 Q_3Q_4,新增的贸易效应 = 生产效应 + 消费效应 = $Q_3Q_1+Q_2Q_4$。除去贸易创造部分,剩下的 Q_1Q_2 部分原来是从同盟外(即 C 国)进口的,现改从同盟内(即 B 国)进口,贸易方向发生了转移,称为贸易转移效应。

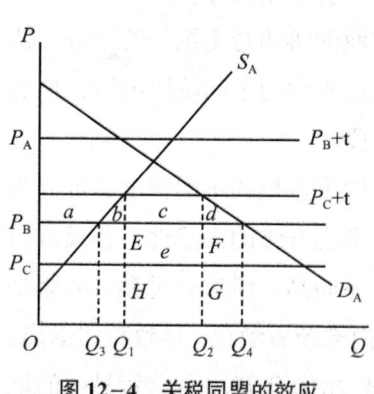

图 12-4 关税同盟的效应

组成关税同盟后,A 国消费者剩余增加($a+b+c+d$),生产者剩余减少 a。原来从 C 国进口的关税收入为 ($c+e$)(e 为矩形 $EFGH$ 面积),现在没有了。所以,关税同盟对 A 国的净福利效应为 ($a+b+c+d$)$-a-$($c+e$) = ($b+d$)$-e$。其中 b 表示因同盟内成本低的生产(B 国)替代了国内成本高的生产,是资源配置效率的改善,d 表示国内消费的扩大而导致的消费者福利的净增加，e 表示同盟内成本高的生产替代了同盟外成本低的生产，是资源配置的扭曲。$(b+d)$ 为贸易创造的福利效应，e 则表示贸易转移的福利效应，因此关税同盟是否对 A 国有利，取决于这两种效应的对比。A 国的供需弹性越大，供给曲线和需求曲线越平坦，则 b 和 d 就越大，贸易创造的福利效应就越明显。同盟前的关税水平越高，同盟后贸易创造的福利效应就越大，转移的福利效应就越小。

既然关税同盟不一定能增进福利，那为什么不少国家都希望结成关税同盟呢？这是因为关税同盟还有扩大出口和吸引外资的效应。在现实中，对于一个希望参加关税同盟的国家（特别是小国）来说，关税同盟能给它带来更多的出口机会，引来更多的外部投资，从而带来更多的福利。

> 【案例】 TPP 的全称是跨太平洋伙伴关系协定，是一个排除中国的由美国、日本、新加坡等 12 个国家参加的区域经济一体化组织。奥巴马当美国总统时曾极力推动 TPP 的签署。而特朗普上台的第一天就签署命令退出 TPP，这是为什么？

参加 TPP 这样的组织对美国来说在政治上是有好处的，可以使它有更多的话语权，更有效地扼制中国，所以奥巴马极力推动 TPP 的签署。但是，参加 TPP 对美国来说在经济上却并没有什么好处。这是因为如图 12-4 所示，参加 TPP 对美国的净福利效应为 $(b+d)-e$，而美国出口的主要是资本密集型产品，供需弹性较小，供给曲线和需求曲线都比较陡直，所以 $(b+d)$ 比较小，再减去 e，就可能是负数。对于小国来说之所以热衷于参加类似 TPP 这样的关税同盟，是因为能给它带来更多的出口机会，吸引更多的外部投资。而美国是世界第一经济大国，出口机会和外部投资已经够多了，加入 TPP 反而会使其制造业流向更具比较优势的国家，影响本国的就业。特朗普是个商人，不是个政治家，他是许下增加就业的诺言才上台的，他要兑现他的诺言。特朗普在出任美国第 45 任总统的就职演说上说："美国无偿张开双臂提供保护、花费数十亿美元换取别国经济腾飞，自己却一点战略利益都没有的日子再也不会有了。"而退出 TPP 正是基于"美国利益优先"的战略考量。

二、经济全球化

由于区域经济一体化会产生某些负面影响，如同盟内成本高的生产会替代同盟外成本低的生产，造成资源配置的扭曲等，所以，市场经济的进一步发展，要求打破区域界限，各国经济都进入世界市场，各个生产要素可以在世界范围内优化配置，经济活动的各个环节可以在世界范围内布局和运作，各个国家的经济相互依赖、密不可分化，呈现整体化和一体化的趋势。这就是经济全球化。

（一）经济全球化的组织

在经济全球化的过程中，跨国公司走在最前面。跨国公司是指一些国家的垄断企业不满足于本国市场，通过对外直接投资，在世界各地设立分支机构或子公司，从事国际化生产和经营活动。除此而外，为了实现经济全球化，各国反复博弈和协商，成立了一些国际性的组织。

1. 世界贸易组织

世界贸易组织英文简称 WTO，是协调各成员的对外贸易政策，规范各成员的对外贸易行为，协调解决各成员之间的贸易摩擦的全球多边贸易组织。中国是 1986 年 7 月正式提出恢复 WTO 前身关贸总协定缔约国身份的，经过长达 15 年的漫长历程，才终于在 2001 年 11 月"入世"成功。

15 年过去，中国已不再是"入世"前后那个仅能生产和出口低端产品的国家，而已成为"世界工厂"，并正在向产业链更高端爬升。但中国"入世"仍留了一个尾巴，即中国不是具有市场经济地位的国家。根据《中国入世协定书》第十五条规定，中国的非市场经济地位问题将于 2016 年 12 月 11 日自动失效，对华贸易国将不得在反倾销问题上利用"替代国价格"来迫使中国让步和"剥削中国"。但临近规定的时间，美国、欧盟、日本等国却反对承认中国的市场经济地位。2016 年 12 月 12 日，中国已正式向世贸组织提起诉讼。

2. 世界银行

世界银行是世界银行集团（英文简称 WBG）下属五个机构中的两个机构即国际复兴开发银行和国际开发协会的合称，但在非正式场合也被看作是世界银行集团的简称。世界银行是一个国际组织，主要的任务是帮助一些国家克服贫困，并向发展中国家提供低息或无息贷款、赠款。世界银行在减轻贫困的使命中发挥独特的作用，但也经常受到批评，如指责它为发达国家施行有利于它们自己的经济政策。

3. 国际货币基金组织

国际货币基金组织（英文简称 IMF），是 1945 年 12 月与世界银行同时成立的世界两大金融机构之一。它的职责是监督货币汇率和各国的贸易情况，提供技术和资金协助，确保全球金融制度运作正常。在货币问题上促进国际合作，并通过提供短期贷款来解决成员国（2012 年 4 月有 188 个成员国）暂时不平衡时产生的外汇资金需求。它的资金来源于各成员国认缴的份额，这个份额由该组织根据各国的国民收入、黄金和外汇储备等有关指标确定。成员国的主要权利是按所缴份额的比例借用外汇。2015 年 10 月 1 日，中国首次向国际货币基金组织申报其外汇储备。2016 年 1 月 27 日，中国正式成为第三大股东。2016 年 10 月 1 日，人民币成为其官方外汇储备数据库中单独列出的资产。

4. 亚洲基础设施投资银行

亚洲基础设施投资银行简称亚投行（英文简称 AIIB），是一个政府间性质的、亚洲区域性的，多边开发机构。该行重点支持基础设施建设，中国是发起国，总部设在北京，首任行长是中国财政部原副部长金立群。2014 年 10 月 24 日，21 个首批意向创始成员国的财长和授权代表在北京签约，共同决定成立亚投行。亚投行在 2015 年底正式运营，法定资金规模为 1000 亿美元，初步缴纳资金 500 亿美元，中国占 50%，投票权重约占 42%。亚投行虽然投资面向亚洲区域，但资金却来源于全世界，哪个国家想注入都可以，所以它是一个国际性的经济组织。

(二) 经济全球化的效应

经济全球化有利于世界福利的增进，因为它突破了地域限制，使市场规模从一个区域扩大到了世界范围，促进了国际分工和国际竞争，从而使得所有参与经济全球化的国家可以在更大范围的国际分工和贸易中获利。但是，在现实经济生活中，经济全球化发展的后果并非都是积极的和正面的，它有时也会加大世界经济的风险性。

> 【案例】 1963年，气象学家洛伦兹指出，南美洲亚马逊流域热带雨林中的一只蝴蝶，偶尔扇动几下翅膀，就可能在两周后在美国德克萨斯引起一场龙卷风。后来，"蝴蝶效应"这个词就不断出现在媒体上，这是为什么？

"蝴蝶效应"说明组成事物的各个系统是相互影响、紧密联系在一起的，一个系统的微小变化会引起其他系统产生相应的变化，由此引起连锁反应，最终导致整个事物的性质发生很大的变化。与此类似的词还有"多米诺骨牌效应"，它是由一种叫"多米诺骨牌"的游戏引申出来的，即许多骨牌相隔一定距离排列起来，推倒第一块骨牌，它会带动第二块、第三块……直至所有骨牌全部倾倒。有个美国人甚至扬言，只要给他32块骨牌，一块比一块大1.5倍，他就可以推倒一座如纽约贸易中心大厦那样的大楼。经济全球化也是这样，它使得各国经济紧密地联系在一起，形成"一损俱损、一荣俱荣"的利益链。如果一个国家的经济处理不好，就有可能引发连锁反应，导致整个区域甚至全球性的经济危机。1997年，泰国爆发了金融危机，很快波及马来西亚、新加坡、日本、韩国和中国，形成了亚洲金融风暴。2006年美国发生了次贷危机，次级房屋信贷行业违约剧增、信用紧缩，引发了2007年夏季国际金融市场的震荡、恐慌和危机。这样的事发生以后，媒体上便会不断出现"蝴蝶效应"和"多米诺骨牌效应"这样的词，以引起人们的警觉。

经济全球化还会导致世界两极分化的加剧。这是因为没有了贸易保护，一些贫困国家和幼稚产业会在激烈的竞争中被边缘化，国家更加贫困，产业更加衰弱。产业衰弱又促进了国家贫困，相互影响形成恶性循环。

三、区域经济一体化与经济全球化的关系

很多人把区域经济一体化和经济全球化看成是世界经济一体化的两个不同阶段，前者是初级阶段，后者是高级阶段。这个观点并不科学，因为它混淆了区域经济一体化与经济全球化的本质区别。区域经济一体化的产生与地缘政治有密切的联系，是一个国家起主导作用的过程，它的直接动因是内部合作外部对抗；而经济全球化不是由地缘政治决定的，它是一个市场机制起主导作用的过程，直接动因就是打破地域界限实行全球经济合作。区域经济一体化不一定会导致经济全球化，它有时甚至会成为经济全球化的障碍。如果一个国家在区域经济一体化中获得的利益大于它和世界别的国家贸易所获得的利益，或者它在区域经济一体化以外碰到了强劲的对手，它就会阻碍经济全球化的进程。如果一个国家的某个阶层在经济全球化过程中利益受损，这个阶层就会给国家施加压力，使得这个国家贸易保护主义抬头，宁愿选择区域经济一体化而不是经济全球化。

第三节 汇率和汇率制度

汇率是影响一个国家和地区对外开放的重要因素，汇率的变动对外贸企业和地方经济有很大的影响。

一、汇率和汇率变动的影响

购买外国商品，或到外国投资，都需要使用外国货币，这种外币就是外汇。在国际结算中，本国货币需要通过外汇市场与外国货币折合兑换，汇率是两国不同货币之间的交换比率，是一国货币用另一国货币表示的价

格。如果 1 美元折合 6.17 元人民币，这个 6.17 元人民币就是美元用人民币表示的价格。

汇率是会不断波动的，这种波动对外贸企业和进出口占比较大的地区的经济会产生很大的影响。这是因为汇率变动会影响进出口货物的价格。例如，当人民币对美元升值时，表示 1 元人民币可换得更多美元。这样，中国货出口到美国就变贵了，竞争力就会下降；美国货进口到中国就变便宜了，竞争力就会上升。汇率变动对进出口的影响还要看各种商品的需求弹性，如果需求弹性小，汇率变动的影响也小；如果需求弹性大，汇率变动的影响也大。我国出口的劳动密集型产品较多，进口的资本密集型产品较多，而一般来说劳动密集型产品的需求弹性较大，资本密集型产品的需求弹性较小。这样一来，汇率变动对进出口影响就很大，因此外贸企业和地方政府都非常关注汇率的变动。近几年来，由于人民币对美元、欧元等外币不断升值，我国许多外贸企业经营变得相当困难。为了在国外市场上打开销路，不得不降价出口。这不仅削弱了企业的盈利能力，也让一些国家实施贸易保护主义找到了借口。当然，人民币升值也有好处，因为人民币在外国更值钱了，所以出国旅游和购物的人也多了。

汇率变动还会影响各国进出口贸易的平衡。假定外贸进出口本来是基本平衡的，如果本币忽然持续升值，国际资本就会大量涌入该国套利，迫使该国为稳定汇率动用大量本币买进外币，于是本币的流通量会迅速增加，形成流动性过剩和通胀的压力，还会推高资产价格，形成资产泡沫。我国近些年房地产价格猛涨就和流动性过剩有很大关系。

二、汇率的决定因素

汇率是如何决定的？汇率是和各国货币的购买力的对比相平衡的，汇率变化取决于两国货币的国内购买力的变化。这是购买力平价说，是从本质和长期的角度说明汇率是怎样决定的。从市场和短期的直接因素看，汇率既然是价格，它就和普通商品的价格一样，是由外汇的需求与供给决定的。决定外汇需求和供给的因素很多，这里特别需要指出的是利率。这是因为在外汇买卖市场上,很多人买卖外汇是为了投机盈利。利率高的国家人们愿意去投资,就会导致这个国家货币需求增加,从而货币升值。这是利率平价说。

其实汇率的决定因素主要归结于三组变量:两国相对货币供给量、相对实际收入和相对利息率,它们的关系是:

$$s = (m-m') - \eta(y-y') + \lambda(i-i')$$

上式是弹性价格货币模型的基本形式,式中 s 代表汇率,$(m-m')$ 代表两国相对货币供给量,$(y-y')$ 代表两国相对实际收入,$(i-i')$ 代表两国相对利息率,η 代表货币需求的收入弹性系数,λ 代表货币需求的利率准弹性系数。

三、汇率制度与外汇干预

汇率制度分为固定汇率制和浮动汇率制两种,固定汇率制是一种由政府规定本国货币与外国货币的比价,从而使汇率保持稳定的制度。浮动汇率制是一种听任汇率由市场供求决定的制度。现今世界普遍使用的制度介于这二者之间,称管理浮动汇率制度。它有两个特征:一是汇率可随市场力量而波动;二是中央银行可进入外汇市场干预汇率的波动,使汇率接近某个目标值。

政府对外汇市场的干预常常采用抛售或购买美元的办法,如为了防止本国货币贬值、美元升值,中央银行会在外汇市场上抛售自己储备的美元,外汇市场上本币供给减少,美元供给增加,本币就会升值,美元就会贬值。反之,当本国政府希望本国货币贬值时,中央银行就会在外汇市场上购进美元,从而使得外汇市场上本币供给增加,美元供给减少,于是本币就会贬值,美元就会升值。但是,一个国家的中央银行抛售或购买美元的行为,会影响本国的货币供应。为了减少本国货币供应量变化对本国经济的影响,一般各国都会在出售美元时将获得的本币在公开市场上购买债券。这样,流通中的货币供应量得以维持,这就是所谓的对冲。

利息率既是决定汇率的重要因素,也是引起资本在国家间流动的主要原因。比如当美国的利率高于日本时，购买美国的债券就比购买日本的债券有更高的收益率，于是资金就会从日本流向美国。在外汇市场上，美元的需求增加就会使得美元升值，日元的需求减少就会使得日元贬值。但在这个过程中投资者也要承担一定的风险，比如，假定美国利率高于日本，日本人购买了美国债券，但如果美元相比日元明显贬值了，经过一定时期日本人在美国的投资收益就可能不及因货币贬值带来的损失。因此，有时即使利率很高，但汇率波动的风险也会阻碍人们去国外投资。

> **【案例】** 特朗普指责中国是汇率操纵国，威胁要对从中国进口的商品征收45%的高额关税。什么是汇率操纵国？特朗普的威胁会奏效吗？

认定是否操纵汇率，应从主客观两个层面分析。主观要件，是指影响汇率的目的是为了产生阻碍其他成员国对国际收支的有效调整的结果，或者不公平地取得优于其他成员国的竞争地位。客观要件有两个层次，一是进行调控和影响的条件，如某成员国对国际收支项下或经常性交易项下的资金兑汇或移转重新增加限制时，没有充分的经济金融情势作为依据；或某成员国对资本国际流动实施不正常的鼓励或限制的金融政策，超越了为实现其国际收支平衡的需要的范围和程度等。二是指行为的结果，指实施这些政策是否给其他国家的正当利益造成负面影响。可见，认定一个国家是否是汇率操纵国是比较困难的，不是一个国家说了算的。特朗普如果将中国列为汇率操纵国，征收高额关税，中国必然会反制，两国之间的贸易战必然会爆发，这对双方都没有好处。特朗普是个商人，不会不考虑到这种严重后果。

四、我国国际收支的双顺差问题

多年以来我国国际收支一直处于双顺差的态势，就是经常项目（即商品进出口）和资本项目（即资本流入流出）都处于收大于支的不平衡状态。持续的双顺差造成对人民币的巨量需求，使得人民币面临过大过快的升值压力。

形成我国国际收支失衡的原因主要有：第一，内需不足，居民消费率（消费占 GDP 的比率）持续走低，形成高储蓄和高投资，高投资使得产能过剩，国内消化不了就只能靠出口来消化。第二，我国政府采取一系列鼓励外资进入和商品出口的政策，这不仅带来了贸易顺差，也带来了资本项目的顺差。第三，从国际经济形势来说，美国、欧盟、日本和中国台湾、香港等地区的产业要升级换代，因而把许多低端产业尤其是劳动密集型产业转移到劳动工资较低廉的中国大陆。我国沿海地区的"三来一补"加工贸易就是这样发展起来的。

随着中国经济结构的调整、增长方式的转变，供给侧结构性改革的力度加大，我们相信这种国际收支双顺差的格局将逐步改变。

第四节　我国的对外贸易政策

中国是一个发展中国家，走的道路、采用的政策在很多方面都和其他发展中国家有很多共同的地方。

一、发展中国家的贸易发展战略

战后，发展中国家的贸易发展战略可分为两种：进口替代战略（又称内向型经济）和出口导向战略（又称外向型经济）。

（一）进口替代战略

进口替代战略是指通过发展本国的工业，实现用本国生产的产品逐步代替进口满足国内需求，以期节约外汇、积累经济发展所需资金的战略。采取进口替代战略的依据来自发展中国家的两位经济学家普雷维什和辛格，他们认为传统的比较优势理论不适合发展中国家，因为处于中心地位的发达国家通过不等价交换剥削了处于边缘地位的发展中国家，使发展中国家难以发展。发展中国家应该摆脱这种不合理的国际分工体系，走独立自主的发展道路。另外，很多发展中国家既有比较先进的资本密集型工业部门，又有传统的落后农业（即所谓的二元经济结构），需要在政府的保护之下，排除来自先进国家的竞争，独占本国市场。进口替代战略的实施给很多发展中国家包括中国带来了一系列问题和困难。首先，实施效果与当初的愿望相反，对国内产业的保护导致企业竞争意识不强，生产成本过高。其次，加重了外汇短缺，20世纪70年代很多国家出现了严重的债务危机。第三，进口替代战略存在自给自足倾向，而这种把自己封闭起来的战略不利于借助外部的资源和技术发展自身的经济。因此，现在很多发展中国家包括中国都改变了进口替代战略，转向出口导向战略。

（二）出口导向战略

出口导向战略是指发展中国家通过促进本国产品的出口，积累发展资金，发展经济的战略。出口导向战略是建立在比较优势理论基础上的。比较优势理论认为，无论一国处在何种发展水平上，总有某种比较优势，如廉价劳动力的优势，借助这种优势，发展中国家可以出口劳动密集型产品或原材料，以获取经济发展的资金。以劳动密集型产品出口为主要特征的出口导向战略对发展中国家的经济发展起了很大的作用。第一，从比较利益论看，可获得资源再配置的经济效果，能将本国资源优势充分发挥出来，得到最大限度的利用。第二，出口导向能产生一系列的产业间的关联效应，进而带动整个经济的发展。第三，出口导向也有利于一国经济逐步实现工业化。因为在经济发展初期，发展劳动密集型产业可节约资金，避免在工业化初期就投入大量资金发展重化工业可能带来的资源配置的扭曲。第四，发展劳动密集型产业也有利于创造更多的就业机会，从而提高国民的收入和消费水平，促进消费品和其他产品的生产。从总的方面说，实施出口导向战略的国家和地区经济发展都比较快。中国改革开放以来实施出口导向战略，经济发展突飞猛进，现在的国内生产总值已超过日本，成为世界第二大经济体。当然，采取出口导向战略也并不是没有坏处。它过多地依赖国际市场，使得初级产品的贸易条件恶化。发达国家的贸易保护主义，可能会切断发展中国家借助国外市场带动本国经济发展的渠道。

二、我国对外贸易的发展

改革开放以来，尤其是 2001 年加入世贸组织以后，我国参与经济全球化的步伐加快，进出口贸易额从 2001 年的 5000 多亿美元到 2006 年一下子就达到 1.7 万亿美元。外贸依存度也逐步提高，2005 年到 2006 年就超过 60% 接近 70%。所谓对外贸易依存度，就是进出口总额占 GDP 的比重，从中可以看出一个国家和全球经济联系的紧密程度。我国外贸依存度的提高，其原因主要有两个：第一，中国的出口导向战略导致我国的外贸增长速度明显高于 GDP 的增长速度。近二三十年来，我国一直利用税收等手段鼓励进口先进设备和技术，同时为拉动经济又竭力用出口补贴和贴息等手段鼓励出口。正是在进口和出口的双重鼓励下，我国进出口快速上升，到 2014 年外贸规模已稳居世界前列。第二，经济全球化的发展，也为我国对外贸易的发展提供了良好的机遇。

应当承认，这些年来我国对外贸易的发展为中国经济的快速发展作出了很大贡献，尤其是在中国消费需求不足而劳动资源丰富、生产的大量劳动密集型产品在国内无法消化的情况下，大量出口换来了大量外汇，进口又提高了我国的科学技术水平。因此，对外贸易一直是推动我国经济快速发展的重要力量。

但是，我国外贸的发展也存在一些隐患。第一，我国出口的大多是资源和劳动密集型产品，资本和技术密集型产品较少，因此国际竞争力不强。随着我国人口红利逐渐消失，劳动成本不断提高，低成本出口的优势将逐渐丧失。第二，我国外贸的快速发展引发了不少贸易摩擦，一些发达国家以各种名义对我国实行新的贸易保护主义政策，包括汇率、知识产权、技术贸易壁垒、不承认我国的市场经济地位等政策，对中国出口加以限制。第三，世界经济不景气，我国最大的几个贸易伙伴国尚未走出低谷，这都会影响我国的进出口贸易。第四，我国国际收支长期的双顺差格局也带来一些负面影响。由于以上的一些原因，我国对外贸易依存度近些年有些降低，如果指望外贸还能像以前那样发挥作用，恐怕不现实。

三、我国的对外贸易政策

第一，在尽可能巩固现有外贸市场份额的基础上，扩大国内市场对经济拉动的作用和影响。我国是一个人口众多的国家，国内市场很大，现在很多人都跑到国外买东西，可见国内市场供给有问题。应通过供给侧结构性改革，生产更多受国内消费者欢迎的产品，通过扩大内需，减少国际经济波动对我国经济增长的负面影响。

第二，放弃以追求进出口数量为目标的思路，将"科技创新、以质取胜"定为整个外贸政策的核心，建立科学的贸易政策实施效果的评价体系，推动我国从贸易大国走向贸易强国，从而提高我国外贸的核心竞争力。

第三，加快加工贸易的转型升级。我国外贸主要依靠加工贸易，而加工贸易问题很多，如企业核心技术自主研发能力不强、产品档次低、缺少高附加值、资源和能源浪费严重等。为此，要大力进行加工贸易的转型升级工作，加强核心技术的研发，从劳动密集型和资源密集型向资本、技术密集型出口过渡，将粗放型贸易转向效益型贸易。

本章小结

为了使地方经济得到发展，地方政府还要适应开放经济的需要，融入世界经济的大潮。为此，要克服贸易保护主义的障碍。贸易保护的措施有关税、配额、出口补贴、倾销和反倾销，以及其他非关税壁垒。贸易保护起不到保护贸易的作用，反而会使社会福利水平下降。各国之所以仍搞贸易保护，是因为陷入了囚徒困境难以自拔。世界经济一体化是摆脱困境的一个办法，它分为自由贸易区、关税同盟、共同市场、经济联盟和完全的经济一体化五种形式。参加经济一体化不一定能增进福利，但能带来更多的出口机会，吸引更多的外部投资。市场经济的进一步发展，要求打破区域界限，各国经济都进入世界市场，各个生产要素可以在世界范围内优化配置，经济活动的各个环节可以在世界范围内布局和运作，这就是经济全球化。在经济全球化的过程中，跨国公司走在最前面。除此而外，各国经协商还成立了一些国际性组织，如世界贸易组织、世界银行、国际货币基金组织、亚投行等。经济全球化有利于世界福利的增进，但也会加大经济风险和两极分化。汇率是影响一个国家和地区对外开放的重要因素，我国国际收支持续双顺差格局导致人民币不断升值，给出口企业地方经济带来一定的压力。我国的对外贸易和其他发展中国家一样，经历了从进口替代到出口导向的过程。现在面对激烈的国际竞争和贸易保护主义，我国的对外贸易政策需要在尽可能巩固现有外贸市场份额的基础上，扩大国内市场对经济拉动的作用和影响。要放弃以追求进出口数量为目标的思路，将"科技创新、以质取胜"定为整个外贸政策的核心。要加快加工贸易的转型升级，将粗放型贸易转向效益型贸易。

思考题

1. 贸易保护有哪几种形式？我国当前面临的贸易保护主义主要是什么形式？

2. 贸易保护措施能否起到保护贸易的作用？为什么贸易保护主义能够盛行？

3. 举例并用支付矩阵说明什么是囚徒困境？

4. 世界经济一体化有哪些形式？参加世界经济一体化一定能增进福利吗？为什么？

5. 什么是经济全球化？经济全球化的国际组织有哪些？中国在其中是什么角色？

6. 什么是进口替代战略？什么是出口导向战略？为什么很多发展中国家都从进口替代战略转向出口导向战略？

第十三章

公共物品

地方政府的职责,除了发展地方经济以外,还要提供公共物品。这一章主要讨论的问题是:什么是公共物品?公共物品只有政府才能提供吗?什么是 PPP 模式?我国在公共物品的提供过程中存在什么问题?

第一节　公共物品和公共资源

一、公共物品和公共资源的概念

之前我们讨论的物品主要是"私人物品"。私人物品具有两个鲜明的特点,一是排他性:只有对商品支付价格的人才能使用该商品;二是竞用性:如果某人已经使用了某个商品,则其他人就不能同时再使用该商品。

然而在现实中还存在许多不满足排他性或竞用性的物品。如国防,一个公民即使没上税也享受国防的好处(非排他性),即使很多人已经享用了国防的好处,新增人口仍然可以再享用(非竞用性)。又如海鱼,谁都可以去捕捞(非排他性),但别人已经捕捞上来了你就没有可捕捞的了(竞用性)。通常我们把国防这样一类既不具有排他性又不具有竞用性的物品叫公共物品，而把海鱼这样一类不具有排他性但具有竞用性的物品称为公共资源。

【案例】 在2007年美国大学排行榜上，从第1名到第21名全都是私立大学，从第22名开始才有公立大学。排名第22的是公立的加州大学伯克利分校，它与第21名的私立大学在实力上相差很多。为什么公立大学不如私立大学？

教育有不同的形式，分属于不同的物品。远程教育是公共物品，因为它既不具有排他性又不具有竞用性。义务教育是公共资源，因为它不具有排他性但具有竞用性。普通高等教育是私人物品，因为它既有排他性又有竞用性。排他性表现为不交学费就上不了大学，领取奖学金的仅仅是少数优秀学生；竞用性表现为上大学是有名额限制的，名额满了就不能再录取。高等教育既然是私人物品，由私人经营可能会更有效率。公立大学虽然办学经费都由政府包下来了，但也因此会受政府很多约束，缺乏自主性，难以办出自己的特色。

二、公共物品和公共资源的滥用

由于公共资源存在着非排他性，而公共物品既存在着非排他性又存在着非竞用性，这就使得每个人出于自身利益的考虑，都会尽可能多地去利用它们、消费它们，不用白不用，用了也白用，造成了公共物品和公共资源的浪费。这就是所谓的"公地悲剧"。

【案例】 在我国，不同的海区、水域，都规定了不同的休渔期，如东海、黄海，北纬35度以北海域，休渔时间为7月1日12时至9月16日12时，休渔作业类型为拖网和帆张网作业等。在休渔期，不得进行相关的捕鱼作业。这是为什么？

这是因为海上捕鱼，私人成本曲线与私人收益曲线所决定的捕鱼量，总是大于社会成本曲线与社会收益曲线所决定的捕鱼量。图13-1中，

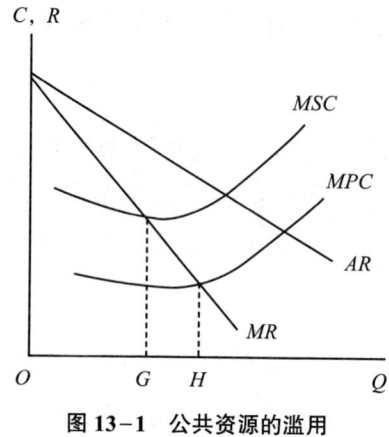

图 13-1 公共资源的滥用

MPC 是捕鱼者的边际私人成本,MSC 是捕鱼者的边际社会成本。由于边际社会成本等于边际私人成本加私人捕捞给社会造成的边际成本,因此 MSC 曲线在 MPC 曲线上方。如果没有有效的监管,将导致 $OH>OG$,即滥捕滥捞,渔业资源必然会枯竭。规定休渔期,就是为了保护渔业资源,让鱼类有充足的繁殖和生长时间。

第二节 公共物品的提供方式

公共物品是人类社会生存和发展所不可或缺的,应该由谁来提供?是市场还是政府?这要看谁提供更有效率。根据利润最大化原则,如果一个物品的提供,能够做到边际收益等于边际成本,那么这个物品的提供就是有效率的。以此为标准,我们来看私人物品和公共物品由市场或政府提供哪个更有效率。

一、私人物品由市场提供

假定社会中只有 A、B 两个消费者,如图 13-2 所示,横轴 OQ 代表物品数量,纵轴 OP 代表价格,S 代表私人物品的供给曲线。A 消费者对该私人物品的需求曲线为 D_A,表明价格是 P_2 时需求量为 0,需求量是 Q_B 时价格为 0。B 消费者对该私人物品的需求曲线为 D_B,表明价格是 P_2 时需求量为 Q_A,价格是 P_1 时需求量是 Q_B。因为社会中只有 A、B 两人,因此在每个价格水平上社会总需求量必然是两人需求量之和。在价格是 P_1 时社会总需求量 $OQ_C=OQ_A+OQ_B$,图中表现为 E 点。在价格是 P_2 时 A 的消费为 0，B 的消费为 Q_A。所以，在价格为 P_2 时社会总需求量为 Q_A，图中表现为 G 点。连接 G 和 E 并延长，就得到社会总需求曲线 D。当 S 和 D 相交时，市场达到了均衡，均衡价格为 OP_1，均衡数量为 OQ_C。因为需求曲线的含义是：在既定价格下，消费者的购买量是在保证边际收益等于边际成本的理性选择，所以，在市场价格等于 P_1

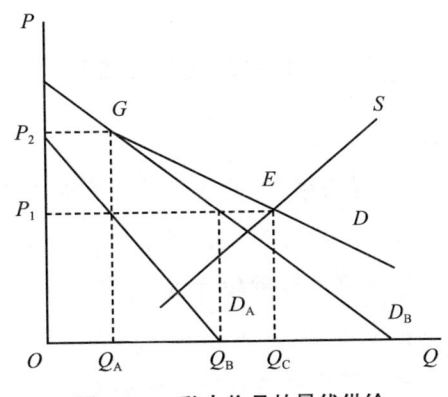

图 13-2　私人物品的最优供给

这个均衡价格时，A 的需求量为 OQ_A，B 的需求量为 OQ_B，每个人的边际收益刚好等于边际成本，实现了个人利润最大化。可见，私人物品由市场提供是有效率的。

二、公共物品由政府提供

公共物品由政府提供有两个好处：一是通过强制性的税收手段筹集资金；二是将征税取得资金强制性地用于公共物品的供给。这样就解决了"搭便车"的问题，保证了公共物品的供给。但政府提供公共物品也有坏处：

第一，政府仍然无法确切知道消费者的需求数量。这样，公共物品的提供量有可能大于民众的需求，也有可能小于民众的需求。无论哪种情况都称不上是公共物品的有效提供。

第二，政府提供公共物品是非市场化提供，缺乏市场价格的客观评价机制和优胜劣汰的竞争机制。

这两点不可避免地导致公共物品提供的低效率。而且，政府提供公共物品不见得公平，因为承担税负的群体有可能并未享受到公共物品带来的益处。

三、公共物品由市场提供

> 【故事】 某单元住户经常被盗，于是有人提议在这一单元楼道入口装一个防盗门，费用大家平摊。但这一提议只有少数住户同意，其他住户以各种理由推托。有人认为自己家的防盗门已经很好，用不着再装防盗门；有人认为家里常有人在，没必要再装防盗门；还有人认为自己家徒四壁，不怕贼偷……最后这个防盗门没装成。

这个单元的防盗门对这个单元的住户们来说是个公共物品，安装费用按每个住户的受益情况分摊，多受益多分摊、少受益少分摊，这就是由市场来提供。由于无法准确判断每个住户的受益情况，而平摊又会让一些住户觉得吃了亏，所以公共物品让市场来提供比较困难。

比较困难不等于没有可能。下面我们探讨公共物品由市场来提供的可能性。如图 13-3 所示，假定社会中只有 A、B 两个消费者，横轴 OQ 代表物品数量，纵轴 OP 代表价格，S 代表公共物品的供给曲线，D_A、D_B 分别代表 A、B 对该公共物品的需求曲线。这表明，A 对 OQ_1 的公共物品，愿出的价格是 OP_2，对 OQ_2 的公共物品，愿出的价格是 0；B 对 OQ_1 的公共物品，愿出的价格是 OP_3，对 OQ_2 的公共物品，愿出的价格是 OP_1。由于社会总需求量是两人需求量之和，所以公共物品的数量为 OQ_1 时，社会愿意出的价格 $OP_4=OP_1+OP_3$，在图中表现为 E 点；公共物品的数量为 OQ_2 时，社会愿意出的价格 $OP_2=0+OP_1$，在图中表现为 G 点。连接 G、E 两点并延长，就得到社会总需求曲线 D。比较图 12-3 和图 12-2 可知，私人物品的总需求曲线是横向加总而得，公共物品的总需求曲线是纵向加总而得。但共同点是，当供给曲线与总需求曲线相交于 E 点时，社会边际收

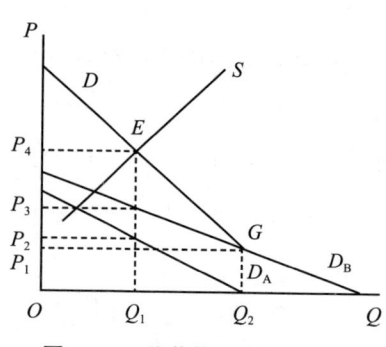

图 13-3 公共物品的最优供给

益等于消费者 A 和 B 愿意支付的价格之和。按帕累托最优原则，社会边际收益等于社会边际成本，公共物品的供给达到了最优水平。可见，公共物品由市场来提供也是有可能达到帕累托最优的，其条件就是：

消费者边际收益之和＝社会边际收益＝社会边际成本

这个条件看起来简单实际上不简单，因为消费者并不能真实表达他的收益，很多人只想"搭便车"，只愿享受公共物品而不愿支付相应费用。所以，尽管理论上需求曲线和供给曲线会有一个交点，但因为需求曲线并不能完全代表真实的社会意愿，那么这个交点就无法像私人物品的提供那样满足帕累托效率的要求。这样，有限的资源不见得被利用到了最需要的地方。这说明，公共物品要由市场提供就必须设计出一种机制，让消费者能够准确地表达对公共物品的支付意愿，并为此支付相应的费用。

【案例】 1770 年，库克船长带领船队来到了澳洲，随即英国政府宣布澳洲为它的领地，开始了开发澳洲事业。当时澳洲还是个不毛之地，没人愿意来，于是政府就把判了刑的罪犯向澳洲运来。这样既解决了英国监狱人满为患的问题，又给澳洲送去了丰富的劳动力资源。运送罪犯的工作由私人船主承包，开始时是按上船时罪犯的人数付费，结果船主拿到钱了以后就不顾罪犯的死活，船上拥挤不堪，营养和卫生条件极差，死亡率很高。据英国历史学家查理·巴特森写的《犯人船》一书记载，1790 年到 1792 年间，私人船主运送犯人到澳洲的 26 艘船共 4082 名犯人，死亡 498 人，平均死亡率为 12%。其中一艘名为"海神"号的船，424 个犯人死了 158 个，死亡率高达 37%。这么高的死亡率不仅经济上损失巨大，而且在道义上也引起了社会的强烈谴责。怎么解决这个问题呢？当时既没有乞求船主们发善心，也没有派官员随船监督，只是把原来的制度做了一个改动：政府不按上船时运送的罪犯人数付费，而是按下船时实际到达澳洲的罪犯人数付费。结果船主们为了多赚钱，就要改善罪犯的生活条件，还要配备医生，免得罪犯半路上死了造成前功尽弃。新制度实施后立竿见影，据《犯人船》一书介绍，1793 年，3 艘实施新制度的船到达澳洲

> 后，422 个罪犯只有 1 人死于途中。以后这个制度还有改进，不仅按实际到达澳洲的罪犯人数付费，如果这些罪犯健康状况良好还给船主发奖金。这样，运往澳洲罪犯的死亡率下降到 1%—1.5%。

这个案例说明，押运囚犯是个公共物品，让私人船主来承担并给他一定费用，就是让市场来提供。为什么政府按上船时运送的罪犯人数付费就没有效率呢？就是因为私人船主拿到钱以后为了节约成本就不管囚犯的死活了，也就是说这时他成了"搭便车者"，只愿享受公共物品而不愿支付相应费用。后来政府改为按到澳洲下船的罪犯人数付费，这样就制止了"搭便车"行为，让消费者能准确地表达对公共物品的支付意愿，并为此支付了相应的费用，效率就提高了。

四、公共物品提供方式的演化

公共物品政府提供的低效率，使得人们重新将眼光投向市场，出现了几种不同的公共物品提供方式。

一是公共物品完全由私人提供。这种方式就是由私人筹集资金，负责生产和维护，免费提供给民众使用。有的企业家赚了钱，为家乡架桥、铺路、建学校，就是这种情况。

二是私人与使用者联合供给。这种方式适用于受益范围比较小的情况，如一个社区，社区负责人可能会自行联系生产者生产公共物品提供给居民。

三是私人和政府联合供给。可以是私人负责生产，政府再采购过来提供给消费者；也可以是政府将公共物品的生产经营权交给私人，并通过政策和法律条文对其生产经营活动进行一定程度的规制。

> 【案例】 在纽约市曼哈顿岛上有一座小公园，名字叫布朗特公园，面积不大，大约只相当于一个半足球场那么大。过去这里肮脏不堪，经常有人在这里大小便、交易毒品、色情、凶杀和抢劫也不时发

生。所以游人路过这都绕道走,本地居民一说到这也皱眉头。纽约市政府也曾花了很大力气整治这个公园,比如加大拨款增派警力等,但整治的时候好一些,风头一过一切又照旧。后来市政府决定,布朗特公园由私人接手,一个公园管理公司成立了。该公司同市政府签了合同,保证在政府现有每年财政拨款的水平上,经过若干年后使公园面貌一新。人们将信将疑,然而公园在不知不觉中确实发生了很大的变化。公园里打扫得十分干净,花团锦簇,绿草如茵,园中央还有上百把椅子供游人休息,所以有人也称它为"椅子公园"。人们在这晒太阳、看书下棋、喝咖啡、吃快餐,夏日的夜晚还有免费露天音乐会和电影。在拥挤嘈杂的曼哈顿城里,"椅子公园"好像沙漠中的一块绿洲,给人舒心自在的感觉。

布朗特公园的变化说明,像公园这样的公共物品也可以交给私人来经营。因为公共物品具有一定外部性和公益性,所以政府不能交给私人以后就不管了,仍须履行以下职责:

(1)政府要为公共物品的私人提供者给予制度激励,包括产权界定、财政补贴或税收减免。这首先是因为产权是一种强制性的制度安排,私人是无法界定的,必须由政府做出界定。其次,某些公共物品生产周期长,投入成本高,惠及面广,这需要政府通过财政补贴成其他优惠政策来提高经营者的积极性。

(2)政府要控制公共物品生产者的负外部性问题。为实现公共物品生产的规模经济效应,政府会限制厂商的进入数量,这就会使已经获得经营权的厂商拥有了垄断的实力,他可能会提高价格或者降低产品质量。这就需要政府在价格、产品安全性和质量等方面进行严格规制。有的地方政府由于没有注意这个问题,导致改革出现了反复。

第三节　PPP 模式

一、PPP 模式的概念

> 【案例】为迎接"水上奥运",青岛市规划至 2008 年中水回用率和污水处理率分别达到 40% 与 90%,为此,青岛市与以法国威立雅水务集团为主的外资企业合作进行了规模庞大的水域综合治理。该项目于 2003 年 11 月举行了签约仪式。合作期限 25 年,总投资 4280 万美元,注册资本 1525 万美元。中方占 40%,以实物资产出资;外方占 60%,以 915.4 万美元的现金出资。双方约定由威立雅提供污水处理技术、进行污水处理厂管理、设备运营和维护。项目建成后最大污水处理规模将达到每日 22 万立方米。污水处理价格为:前 3 年 1.00 元/吨,第 4 年以后 1.045 元/吨。

青岛市政府和以法国威立雅水务集团为主的外资企业的合作采用的就是 PPP 模式。PPP 模式即 Public Private Partnership 的缩写,中文直译为"公私合伙制",是指政府与私人组织之间,为了提供某种公共物品与服务,以特许权协议为基础,彼此之间形成一种伙伴式合作关系,并通过签署合同来明确各方的权利和义务,以确保合作的顺利完成,最终使合作各方达到比预期单独行动更为有利的结果。

广义的 PPP 可以分为外包、特许经营和私有化三大类,如图 13-4 所示。外包是指政府投资、私人部门承包整个项目的一项或几项职能。特许经营需要私人参与部分或全部投资,并通过一定的合作机制与政府分担项目风险、共享项目收益。私有化则需私人部门负责项目的全部投资,在政府的监管下,通过向用户收费收回投资实现利润。

在发达国家,PPP 的应用范围很广泛,既可以用于基础设施的投资建

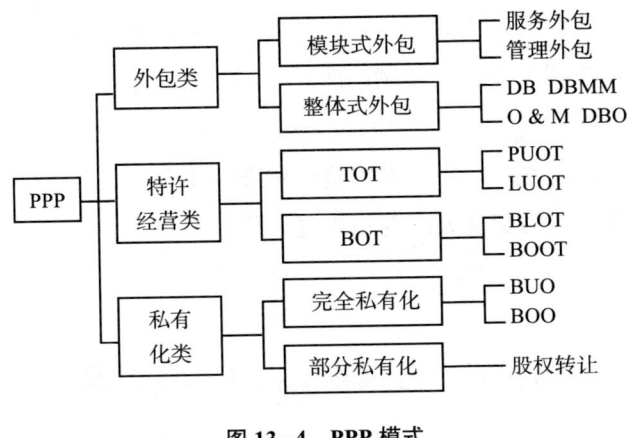

图 13-4　PPP 模式

设，如水厂、电厂；也可以用于很多非盈利设施的建设，如监狱、学校。我国 PPP 模式的应用也正在推进中。截至 2015 年 11 月底，国家发展和改革委员会公开推介的第一批 1045 个 PPP 项目中，已签约项目达 329 个，占推介项目的 31.5%。北京市正在准备通过法人招标方式建设奥运场馆以及城市铁路。

二、PPP 模式的优越性

PPP 模式将部分政府责任以特定方式转移给了社会主体（企业），政府与社会主体建立起"利益共享、风险共担、全程合作"的共同体关系，将市场机制引进了基础设施的投融资，政府的财政负担减轻，社会主体的投资风险减小。具体来说，PPP 模式的优点在于：

（1）消除费用的超支。PPP 模式只有当项目已经完成并得到政府批准使用后私人部门才能开始获益，因此有利于提高效益和降低造价。研究表明，与传统的融资模式相比，PPP 项目平均为政府节约 17% 的费用。

（2）有利于转换政府职能。政府从过去的公共物品的提供者变成监管者，从而可以从繁重的事务中解脱出来，不仅可以保证公共物品的质量，而且可以使公共物品更加丰富，满足人民不断增长的物质和文化生活的需要。

（3）促进了投资主体的多元化。利用私人部门提供公共物品，能为政府节省资金，有利于投融资体制的改革，提高办事效率，传播最佳的管理理念和经验。

（4）PPP模式也使一些令人困扰的难题有了解决的途径，如有害废弃物处理和生活垃圾的焚烧处理与填埋处置等。

第四节　公共物品提供中的问题

改革开放以来，各地政府改变了过去"先生产后生活"的模式，把提高人民生活水平放在第一位，搞了不少民生工程，提供了很多公共物品。但因为我国人口众多，分布又很分散，公共物品的提供总是难以满足人们日益增长的物质文化生活的需要。这里有一些问题应该引起各级政府的重视。

一、重外表轻细节

"爱美之心，人皆有之。"但美不仅表现在外表，还在内心，在细节。有些地方政府太注重外表而忽视了细节，老百姓很有意见。如建了很多高楼大厦却忽视了下水道的建设，一下大雨就成了汪洋一片；大街上干干净净，小巷子和郊区却垃圾成堆，蚊蝇乱飞，完全成了另一个世界；交通有规则没秩序，人走车道，车走人道，一些斑马线成了"夺命线"等。

发达国家的城市建设很重视细节。就拿下水道来说，伦敦的下水道系统已有150多年的历史了，仍保持着强大的排涝功能；东京的地下排水系统建于2006年，既牢固又先进，护卫着东京免受内涝灾害；巴黎的下水道处于地下50米，总长2300多公里，规模远超巴黎地铁，其下水道博物馆已成为除埃菲尔铁塔、卢浮宫和凯旋门之外又一著名景点。

中国人不缺聪明才智、雄心壮志，缺的是对"精与细"的执着追求。

当今好多城市都在打造"文明城市"、"宜居城市",不遗余力地进行"亮化"、"美化"和"拆建",但却不去注意有几条路没有"开膛破肚"?有多少供残疾人用的无障碍通道?高楼中间有多少绿地?公共厕所的男女蹲位比例是多少?这些虽然是细节,却能影响一个地方整体的完美。有时100减1不等于99,而等于0,因为,"千里之堤,溃于蚁穴","集腋"才能"成裘","聚沙"才能"成塔",有"细节"的城市才能成为"文明城市"、"宜居城市"。

二、重管理轻使用

公共物品提供以后,很多地方政府都把它当成宝贝,安排很多保安来管。这本来是好事,不管,损坏了怎么办?但如果管理过头,限制过多,影响了它的使用,这就有问题了。某市政府花钱修建了一个很漂亮的公园,里面还建有宾馆、店铺和车道,环境和设备都挺好,却安排保安在路口设卡,不让小车进去(官员批条的例外)。由于公园很大,山也不低,不让小车进去就影响了游客数量和旅游质量。结果几年过去了,游人很少,店铺、宾馆也租不出去,有些虽然租出去了也没有客源。南方某市政府花钱整修了××湾海滩,却大煞风景地拉上了铁丝网,还让旅游警察四处巡逻,不让游客进入草坪,不让房车进入停车场等等,致使游人减少,人们的旅游心情也受到影响。

所以,衡量地方官员的政绩,不仅要看地方经济的发展、公共物品的提供,还要看公共物品的使用情况。如果公共物品提供了很多,但使用率很低,这也是一种资源的浪费。为了提高公共物品的使用率,一是要根据老百姓的需要提供公共物品,不需要的或暂时不需要的不提供或暂时不提供,等有需要了再提供。二是公共物品提供了以后需要管理,但管理不能过头,限制不能过多,不能影响老百姓使用。要明白公共物品是拿来用的而不是管的,管是手段用才是目的。如果使用的人少,政府应该进一步放宽条件改善环境,鼓励老百姓使用。

三、重垄断轻竞争

公共物品既然私人也可以提供,就不能由政府包办和垄断。政府包办和垄断既会造成财政困难,又会降低效率。这里有两个极端:一个极端是将本来就紧张的公共资源完全交给私人去经营,政府又缺少监管,这就使得原来的政府垄断变成了私人垄断。由于缺乏竞争,价格变高服务质量变差,还不如政府垄断,老百姓怨声载道。另一个极端是死抱住计划经济的那一套不放,公共物品非要政府提供不可,哪怕政府财力有限不能提供,也不让私人提供。这真应了那句话:"宁长社会主义的草,不要资本主义的苗"。时代不同了,我们的思想还是应该解放一些,只要对老百姓有好处,公共物品由政府提供或私人提供都可以,还可以政府和私人联合提供。还是邓小平那句话说得好:"不管白猫黑猫,抓住老鼠就是好猫。"

地方政府除了要发展地方经济以外,还要提供公共物品。公共物品与私人物品是相对的概念,私人物品具有两个鲜明的特点,一是排他性,二是竞用性。通常把国防这样一类既不具有排他性又不具有竞用性的物品叫公共物品,而把海鱼这样一类不具有排他性但具有竞用性的物品称为公共资源。由于公共资源存在着非排他性,而公共物品既存在着非排他性又存在着非竞用性,这就使得每个人出于自身利益的考虑,都会尽可能多地去利用它们、消费它们,从而造成了公共物品和公共资源的浪费。这就是所谓的"公地悲剧"。

公共物品由市场提供容易产生"搭便车"现象,由政府提供又容易产生低效率。所以,公共物品的提供应将二者结合起来,采用 PPP 模式。PPP 模式是指政府与私人组织之间,为了提供某种公共物品与服务,以特许权协议为基础,彼此之间形成一种伙伴式合作关系,并通过签署合同来明确各方的权利和义务,以确保合作的顺利完成,最终使合作各方达到比预期单独行动更为有利的结果。

在公共物品的提供中应该努力克服重外表轻细节、重管理轻使用、重垄断轻竞争等问题。

思考题

1. 什么是私人物品、公共物品、公共资源、公地悲剧？举例说明。
2. 教育是私人物品还是公共物品？为什么？
3. 分别画出私人物品和公共物品由市场提供的几何图形，说明公共物品为什么能由市场提供？
4. 什么是PPP模式？你们那里有这样的模式吗？它的优点和缺点是什么？
5. 如果说"犯人船"、"椅子公园"、青岛与威立雅的合作都属于PPP模式，它们是PPP模式的什么类型？
6. 上网查一下图13-4中的其他概念都是什么意思。
7. 2012年7月21日的一场特大暴雨，使北京差点成了"北海"，遭受了比较大的人伤亡和财产损失。暴雨过后，"欢迎来北京看海"的帖子在网上出现；"在北京有房有车不算什么，还要有船"，"南水北调工程已见成效"，"'北漂一族'终于有了正确的注解"等调侃短信开始流传。这些帖子和短信幽默风趣，让人忍俊不禁。可看过之后又有很多苦涩，别有一番滋味在心头。对此，你是怎么想的？为什么会出现这种情况？怎样才能避免类似事情的发生？

第十四章 公共选择

讲完了公共物品，面临一个新的问题，就是公共物品是由谁来选择的？是怎样选择的？公共经济学认为公共物品是选民通过投票的方式集体选择的，这和我国的实际情况不完全符合。我国的地方政府官员是上级任命和地方百姓（通过人大）选举相结合的产物，公共物品是老百姓委托地方政府选择的。所以这一章先简要讲一下公共选择理论，再介绍一下委托—代理理论。

第一节 个人选择与公共选择

人的一生要碰到很多选择，而有人说经济学就是关于选择的学问，这样就把公共选择这种看似政治学的问题纳入经济学的研究范围里了。

一、个人选择

顾名思义，个人选择就是根据个人意愿做出的选择。布坎南认为，个人选择有三种境况：

一是作为私人的个人选择。它的特点是个人不能控制买卖任何商品或劳务的交易条件，每个人的选择与行动往往只对他本人产生影响，而不对他人产生多大影响，这时的选择责任与后果是统一的。

二是作为代理人的个人选择。这时代理人的个人选择必将影响委托人的福利，也会影响本人的利益。让代理人按符合委托人的利益行事，可以通过制度来控制代理人的权力，不行就把他换掉；也可以把代理人变成受其选择影响的团体中的一员，让他共同分享利益与分担成本。这时选择责任与后果已经开始分离了。

三是集体选择下的个人选择。这时个人选择既不对别人的福利产生影响，也不对自己的利益产生影响；既不承担决策的责任，也基本不承担行动的后果。这时选择责任与后果已经完全分离了。

二、公共选择

所谓公共选择，是指选民以个人利益最大化为内在驱动力，通过投票这种民主程序来实现对公共决策的理性选择。鉴于直接民主比较少见，代议制民主是公共选择的主要形式，因此，公共选择更现实的含义是：选民按照自身愿望和利益，通过投票选择最能表达自身偏好的政府来提供公共产品，履行公共经济职能。而政府在提供公共物品的决策中也必须广泛地运用公共选择的方法和手段。

公共选择理论是在20世纪50年开始发展起来的一个理论体系，它从经济学的假设出发，运用经济学的理论和方法来研究政府的行为机制和运行机理。按照它的说法，政府不过是经济交易过程的延伸。在经济市场上，消费者喜欢什么私人物品，就用钞票去"投票"；在政治市场上，选民喜欢什么公共物品，就用选票去投票。因此，完全可以运用经济学的方法来解释个人偏好与政府公共选择的关系，研究消费者作为选民如何对公共物品的选择表达自己的意愿。

当然，公共选择理论也注意到了公共物品配置方式和私人物品配置方式的不同。私人物品的配置取决于商品市场的供给与需求关系，决策是由个人和厂商个别做出的，决策的好坏由双方自己承担；而公共物品的配置是通过非市场的政治过程来决定的，公共决策是通过投票共同做出的，投票结果要强制实行，不能因为你投了反对票就不执行。这样，公共选择就面临两个问题：一是选民如何表达自己的意愿；二是无数个人偏好怎样表达为一个公共偏好。

皮科克曾经提出一个政治金字塔结构图，处于顶端的是少数政治家，处于中间的是层级状的文官体系，处在底端的是无数选民。这三类人都是经济人，政治家追求的是选票最大化，官员追求的是本部门预算最大化，选民追求的是投票净收益最大化，投票净收益＝投票收益－投票成本。公共选择的经济人假设，有助于我们在分析复杂问题时拨开迷雾看到本质。

第二节　公共选择的代价

公共选择是一个民主的决策过程，它有很多优点，如可以集中大家的智慧等。我们常说"三个臭皮匠，顶个诸葛亮"，尽管"皮匠"是"裨将"之误，仍可说明个人的智慧是有限的，比不上集体的智慧。但是任何事情都是有代价的，民主的代价就是效率。打仗的时候这一点表现得最明显，该撤的时候你要大家投票表决，一个炸弹下来就都报销了。

对于公共选择来说，它的代价具体表现为以下几个方面。

一、不同规则的代价

（一）一致同意规则

所谓一致同意规则，是指一项公共议题，只有所有投票者都同意，或者至少没有一个人反对的前提下才能通过的一种表决方式。因为任何一个人都可行使否决权，所以随赞成票比例的增加，决策成本不断提高，到最后一个人也同意的时候，决策成本达到最大。正因为如此，一致同意规则的决策成本是很高的，高到任何一个议题都很难通过。所以萨缪尔森说：

"实行一致同意的政府很可能会保持现状,不论是坏的还是好的现状。"[1]

(二)最优多数规则

最优多数规则即少数服从多数,也就是多数人可以把他们认为合理的方案强加到少数人的身上,使少数人遭受损失。这就出现了"多数人强制"问题,布坎南称之为"外部成本"。外部成本随赞成票比例的增加而下降。如图14-1所示,C_1 表示决策成本曲线,它随赞成票比例的上升而上升;C_2 表示外部成本曲线,它随赞成票比例的上升而下降;C_3 表示投票总成本曲线,它是 C_1 与 C_2 之和。L 点是 C_3 的最低点,对应的赞成票比例是 K,K 就是最优多数规则。

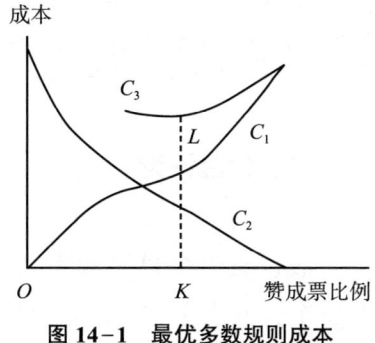

图14-1 最优多数规则成本

(三)相对多数规则

以上规则也是绝对多数规则,就是票数至少过半。相对多数规则不要求票数必须超过半数,只要求"最高票当选"。现在我们探讨这是否就是一项民主的制度。假设某地要选出一个地区行政首长,候选人有A、B、C、D四个,他们的得票率分别是24%、20%、32%、11%。得票率相加不到100%,说明有人对这四个人都不满意。C的得票率最高,是32%,根据相对多数规则C当选。但也不能排除这种可能,就是这个地区剩下的68%的选民最反感的就是C,可他当选了,这意味着32%的少数击败了68%的多数,这显然不符合民主原则。这种情况被称为波德效应。

> 【案例】 1978年,科尔曼和庞尼特对1966年的英国大选进行了考察,为波德效应提供了实际例证。当时参加大选的三个主要政党是:保守党、自由党和工党,有大约261个选区,在15个选区中出现了波德效应。例如在撒普汉选区,保守党候选人获得了18275票,

---

[1] 萨缪尔森等:《经济学》(第十二版)下册,中国发展出版社1992年版,第1182页。

自由党候选人获得了 17581 票，工党候选人获得了 10257 票。而民意测验表明，有 54.62% 的人相对于保守党来说更喜欢自由党。就这样，有 14 个大多数人较喜欢的候选人落选了。

二、投票悖论

假设有三个投票者甲、乙、丙，就 A、B、C 三个公共决策方案进行投票，结果如图 14-2 所示，有 2/3 的人认为 A 优于 B，2/3 的人认为 B 优于 C，2/3 的人认为 C 优于 A，出现了循环的大多数，投票不能达成公共决策，少数服从多数的原则失灵了。这种情况被称为孔多塞悖论。

	甲	乙	丙
最佳选择	A	B	C
次佳选择	B	C	A
最次选择	C	A	B

图 14-2 孔多塞悖论

还有一种被称为相继程序的投票程序中也存在着投票悖论。这种投票程序在德国、挪威、丹麦和欧洲议会中被广泛采用。它要求投票者轮流对每一个方案进行投票，直到大多数人赞同某一方案为止。假设有左、中、右派三个投票者，分别对左、中、右三个方案进行投票。

如果按左、中、右的顺序对三个方案进行投票，结果是：

第一轮：左派赞成左方案，中派、右派反对；结果：左方案未被通过。

第二轮：中派、左派赞同中方案，右派反对；结果：中方案通过。

如果按中、左、右的顺序对三个方案投票，结果就不同了：

第一轮：中派赞成中方案，左派、右派反对；结果：中方案未通过。

第二轮：左派和中派赞成左方案，右派反对；结果：左方案通过。

上述例子说明，投票结果与投票顺序相关，即少数服从多数原则并不总是有效的。明白了这一点，人们会在投票之前选择对自己有利的投票顺序，于是许多场合下人们会就表决程序争执不下。

在布坎南看来，20 世纪 60 年代的美国出现的学生造反运动就是对民主制度和宪法政府的这种内在缺陷不满的表达。类似的例子还有很多。有直接抵制投票的，如在印度等国；有对投票结果不予承认的，如在阿尔及利亚等国；有些国家甚至因此爆发内战，如某些东欧国家、某些非洲国家。发生这些情况的原因可能很多，但其中的一个重要原因，是存在相当深刻的民族矛盾和宗教矛盾，在投票中处于少数的人们不能容忍多数可能强加在他们身上的损害，于是对滥用少数服从多数原则所造成的多数暴政进行反抗。

那么，是否存在一般的不会产生悖论的选择程序呢？阿罗经过证明，认为试图找出一套规则（或程序）来从一定的社会状况下的个人选择顺序中推导出符合某些理性条件的公共选择程序，一般是办不到的。这就是阿罗的不可能性定理。

第三节 委托—代理

我们讲公共选择的代价，并不是说民主投票不好，而是说它的代价很高，是个奢侈品，我们现在还没有能力完全地消费它，只能部分地消费它。等以后有条件了，我们还是要完全消费它的，毕竟民主表决是人类社会目前来说缺点最少的一项制度安排。

我们现在的地方政府，是上级部门任命和地方百姓选举相结合的产物，它是一种委托—代理关系，即上级部门和地方百姓是委托人，地方政府是代理人，上级部门和地方百姓委托地方政府来代理地方事务。由于上级部门对地方的情况不太了解，地方百姓对情况的了解也很分散，只有地方政府对地方情况的了解比较集中，比较详细。也就是说在信息的掌握上，地方政府处于优势地位，上级部门和地方百姓处于劣势地位，这就是信息不对称。在信息不对称的条件下地方政府容易出现两种情况：逆向选择和道德风险，这些行为都会对上级部门和地方百姓的利益造成损害。

一、逆向选择

> 【故事】《晏子春秋》中讲了这么一个故事：齐景公让晏子治理东阿，三年后，国内到处能听到诽谤他的话，齐景公就召回晏子准备罢免他。晏子请求说："请您让我再干三年，到时候我保准誉满全国。"齐景公同意了。三年后，果然全国称誉晏子的德行。齐景公十分高兴，再次召回晏子，准备奖励他。晏子婉言谢绝奖励。齐景公问"为什么？"晏子回答："前三年我治理东阿时，修田筑路，严管门客，荒淫的人憎恨我；任贤节俭，严惩盗贼，懒惰的人憎恨我；惩贪罚恶，不避权贵，有钱有势的人憎恨我；对待权贵不卑不亢，尊贵的人憎恨我。这样一来，谣言四起，毁谤遍地。而后三年，我一改前贤，不修筑道路，放纵宽容；不提倡节俭，不惩罚盗贼；亲近的人找我办事，有求必应；对权贵也一改常态，偏袒侍奉。这样一来，原来诽谤我的人都称赞我，因此誉满全国。过去我应受到奖励，您却要罢我的官；如今我应该受到惩罚，您却要给我奖赏，因此受之有愧。"齐景公听了大为愕然。

齐景公之所以在晏子该奖励的时候要罢他的官、该惩罚的时候要奖励他，主要原因就是信息不对称。齐景公的信息来源是官吏，而官吏的评价主要取决于晏子是否对他们有利。前三年尽管晏子做了很多好事，但那是对老百姓的，对官吏们并没有好处，所以他们要诽谤他。后三年晏子没做什么好事，但对官吏们有求必应，所以他们称誉他。齐景公听信官吏的意见，所以才会造成这种结果。这种情况在信息经济学里叫逆向选择。所谓逆向选择，就是在信息不对称的情况下，投票者因为种种原因往往选出来的并不是最好的，甚至可能是最差的。现实生活中逆向选择的例子也很多。

> 【故事】某研究所有一个对外合作项目，需要派一名优秀的技术人员到国外工作。根据专业需要，所领导将这一名额给了某研究室。

研究室主任新来，不了解情况，大家又都想去，就只好选举。先是无记名投票，结果是一人一票，无效。后又搞记名投票，规定不许投自己的票，结果所有的人都怕把票投给比自己优秀的人而使自己失去机会，于是票数集中到了那个最差的人身上。

某乡长贪污受贿，欺压百姓，乡民们对他恨之入骨，但因为他在县里有靠山，也奈何不了他。这一次县里要提拔一名乡长当副县长，组织部派人来考察，结果这个乡长获得了一片赞扬声。乡民们私下里说："哪怕他去当联合国秘书长，只要不在乡里祸害就行了。"

某大学一名副教授想当教授，但条件很差。于是他到一个担任评委的教授家里去说："我知道我条件不够，但如果上了高评会连一票都没有，那就太丢人了，希望教授能投我一票。"这个教授发了恻隐之心，心想别的教授肯定不会投他的票的，我就投他一票吧。没想到这个人到每个评委家都去了，都说了同样的话；也没想到大多数教授都发了恻隐之心，结果这个副教授在高评会上高票通过，这让所有的人都大吃一惊。

这些例子告诉我们，因为信息不对称，逆向选择很难避免。作为委托人，既不能偏听偏信，也不要以为是民主推荐的就没有问题了。"民主"不是绝对的，只有在特定的条件下民主才有真正的意义。

二、道德风险

由于信息不对称，也可能产生道德风险问题。逆向选择是契约订立之前的隐瞒信息问题，道德风险是契约订立之后的隐瞒信息和行为的问题。

【故事】 江苏华西村是中国闻名的富裕村，其领头人吴仁宝讲过一个关于"猫和老鼠"的传说：上天交给猫一个任务，让它挑选12种动物作为人的生肖，条件是它可以在12生肖中位列第一。猫又把任务交给了它认为能力最强、最可信赖的老鼠。老鼠将属于猫的第一

> 把交椅留了下来，然后秉公办理，严格挑选。由于动物们都想被选中，所以对老鼠行贿并拍马屁。老鼠把握不住自己，把鸡、猪和狗也都拉了进来，结果发现11个座位都排定了，自己还没有地方呢，于是干脆一不做二不休，把留给猫的第一把交椅自己坐了。为什么后来猫那么恨老鼠？原因就在这里（开玩笑）。

在这个传说中，猫和老鼠的关系就是一种委托—代理关系，猫是委托人，老鼠是代理人。由于信息不对称，就可能出现代理人的道德风险：一是偷懒；二是机会主义。老鼠利用自己的信息优势欺上瞒下，胡作非为，利用委托给它的权力为自身利益服务（即机会主义），结果使直接委托人——猫的利益受到损害，也使得间接委托人——上天的公平公正原则受到了损害。

现实生活中每个人在不同的场合下充当着不同的角色，所以在这种场合下他可能是代理人，在那种场会下他又可能是委托人。比如地方政府的主要负责人，对于上级部门和地方百姓来说他是代理人；对于本级政府内各部门和下级政府他又是委托人。所以，谁都有可能出现道德风险问题。比如，各级政府的"扶贫办"，它对于本级政府和上级主管部门来说是代理人，接受本级政府、上级主管部门以及民间和国际机构的委托，负责将扶贫资金发放给贫困人口。这中间就可能出现道德风险问题。据审计署的一项报告，1997年至1999年上半年，中央和地方各级政府共向全国592个贫困县投入扶贫资金488亿元，经审计，查出扶贫资金被挤占挪用、虚列支出、转移资金和私设"小金库"达43.43亿元。党的十八大以来，中央加大了反腐力度，150多只"老虎"落马，800多只"狐狸"归案，20多万个"苍蝇"被处分，可见道德风险问题多么严重。

三、委托人的应对措施

在信息不对称的情况下，委托人应采取什么措施来防止代理人的逆向选择和道德风险呢？一般认为，应加强人大、审计署、纪检委、监察局、反贪局的监察监督，加大法律、纪律对违法、违纪行为的惩治力度，这是没错的。问题在于：第一，代理人的很多行为并不涉及法律和纪律，比如他的工作热情不高、偷懒，你就没法用法律、纪律来约束他，而靠法律和纪律也不能激励他的内在工作热情。第二，检查和监督是有成本的，如果检查和监督很细致，很频繁，监督成本就很高，很可能得不偿失；如果检查和监督不细致，又很少，监督成本降下来了，又有可能给逆向选择和道德风险留下很多空间。

这里提供几个思路供参考。

（一）制定具有内在激励机制的制度

制度是克服信息不对称的一大法宝。比如保险公司存在逆向选择的问题，由于保险公司不能准确地了解投保人的私人信息，就只能根据事故的平均发生概率来制定保费，但这样的保费却只能吸引高风险的人来投保。于是，事实上的事故发生率仍会高于平均概率，保险公司只好进一步提高保费来弥补损失，但这样做的结果是使得一些事故发生概率较低的投保人不再愿意投保，于是事故发生率进一步上升，保险公司又进一步提高保费，又有一部分人退出保险市场。结果，如果政府不用制度来保证，那么整个保险市场就会萎缩了。所以，有些险种如汽车的第三者责任险等，就是由政府通过制度化措施强制相关人投保的。

（二）注意信号发送与信息甄别

由于逆向选择和道德风险是由信息不对称引起的，那么直接的解决办法就是通过可行的措施来降低信息的不对称程度。谁更有积极性去这样做呢？

其一是在提供公共产品方面作出了突出贡献的地方政府，因为他们的工作成绩可能会因为信息不对称而不为上级和百姓了解。于是他们会主动将信息向上级和百姓传递，这就是信号发送。现在很多地方政府建立了自己的网站，但不少政府网站内容很少更新，成了摆设。这可能是它没有什么工作成绩，也可能是对向民众公布信息不感兴趣。

其二是想得到真实信息的上级和地方百姓，他们生怕因信息不对称而受骗上当。现在随着互联网的推广，网上曝光某些政府官员腐败和不作为、乱作为的言论很多，这是上级政府和地方百姓获取信息的重要渠道。但由于其中有很多虚假信息，上级和百姓必须对这些信息进行判断，这就是信息甄别。信息甄别是很重要的，否则虚假信息会扰乱人心。但是我们也不能因为有虚假信息就堵塞言路，那也是建立民主社会之大忌。所以，应该掌握好一个度、一个标准。

> **【案例】** 在劳动市场上，为什么有文凭的人比没文凭的人工资高？一般认为有文凭表明受过一定教育，会提高人的劳动生产率。如果是这样，因为教育是个持续和渐进的过程，这就意味着受教育年头与收入之间应该有一个平衡增长的关系，但来自美国的一项资料表明，受过1—3年大学教育的人与更低一级教育水平的人相比，平均工资增长14.8%，而有大学文凭的人与更低一级教育水平的人相比，平均工资要增加37.6%。也就是说受教育年头与收入之间不是平衡增长的关系，而是以文凭为界形成了一个台阶。这是为什么？

这个案例说明，有没有文凭对个人收入至关重要，这不仅是因为教育可以提高劳动生产率，更重要的是因为文凭对于用人单位来说，起着信息甄别的作用。平心而论，比起三年后离开大学的人，那些完成大学四年学业的人可能更胜任工作。一般来说，较聪明的学生感到大学学业容易完成，因此不愿半途而废；而那些学不下去的学生才会在中途离开学校，觉得还是不要再浪费一年时间为好。因此，用人单位重视文凭不仅是因为这些毕业生学到了本事，而且是因为学业的完成是一个人更具生产能力的信号。当然，中途退学的人并不都是不中用的，有些人中途退学是因为家庭困难，有些人比如说比尔·盖茨，中途退学是为了创业。但是，用人单位必须根据可得到的有限信息进行判断，为了节省信息甄别的成本，毕业文凭就成了一个方便的信号。

前面讲过因为GDP这个评价指标本身有缺陷，如没有包括资源利用、环境保护等，所以不能片面追求GDP的增长。现在再讲，如果单纯把

GDP 作为衡量地方政府努力程度的甄别手段，效果也是不好的，容易使一些地方产生逆向选择和道德风险。在图 14-3 中，横轴表示努力程度，纵轴表示待遇水平。这里 GDP 平均增长水平作为甄别手段，如果高于平均增长水平的待遇水平为 2；低于平均增长水平的待遇水平为 1，那么待遇水平就出现了如 ABDK 的折线。如果不要任何成本就能达到平

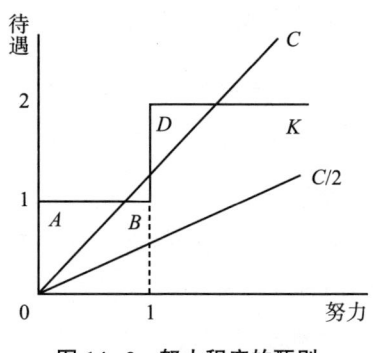

图 14-3　努力程度的甄别

均增长水平，那么在利益驱动下每个地区都会达到平均增长水平，于是"平均增长水平"也就失去了信息甄别的作用。但是，达到"平均增长水平"是要付出成本的，越是达到或超过平均增长水平，付出的成本就越大，因此成本曲线向右上方倾斜。但是对于不同的地区来说，达到同样增长水平所付出的成本是不一样的。有的地区条件好，付出的成本就低，假设为 C/2；有的地区条件差，付出的成本就高，假设为 C。这样就有了两条成本曲线 C 和 C/2。人们的目的是利益最大化，因此他的选择原则就是：待遇水平与成本之间的差距最大为最佳。对于成本为 C 的地区来说，努力程度为 0 时差距最大；对于成本为 C/2 的地区来说，努力程度为 1 时差距最大。所以，只有条件好的地区才有动力达到或超过"平均增长水平"，条件不好的地区就没有这个动力。这就是 GDP 作为衡量地方政府努力程度甄别手段的缺陷。它使得一些落后地区为达标不惜编造数字欺骗上级，这是一种道德风险；也会使一些落后地区为了获得补贴而力争戴上贫困地区的帽子，这是一种逆向选择。有一个县甚至挂出了"庆祝我县被评为贫困县"的横幅标语，不以为耻反以为荣。

（三）要有参与约束与激励相容约束

克服逆向选择与道德风险，目的还是在于激励代理人的工作热情。这里介绍激励代理人的工作热情的参与约束和激励相容约束。所谓参与约束，就是要让当事人明白，参加进来比不参加进来要好；所谓激励相容约束，

就是要让当事人明白，为地方而努力与为自己而努力是一致的，不矛盾。

> **【案例】** 非洲大陆比较干旱，时常发生森林火灾，火灾过后，很多动物都被烧死了，但有一种蚂蚁却能活下来。按理说个体越小越容易被烧死，比如一头狮子被火燎一下，多半只是皮毛受伤，但如果火燎的是分散的蚂蚁，肯定个个都被烧焦。那为什么这种蚂蚁可以躲过森林大火世世代代繁衍下来呢？你会说蚂蚁会钻洞，但这种蚂蚁是住在树上的。原来它们生存的办法是：每当林火过来，这种蚂蚁就会抱成一团往地下滚。蚁后在蚂蚁团的中心位置，其他蚂蚁一方面手拉着手脚钩着脚，一方面拼命往里钻。就这样里三层外三层，抱成一团在火中滚。外面的蚂蚁被一层一层烧死，被烧焦的尸体对最里层的蚂蚁起着保护作用。一直滚到安全的地方，最里层的蚁后和一些蚂蚁还活着，这个蚂蚁小王国又可以重新繁衍起来。

在这个过程中，只有参与抱团才有可能活着，分散的蚂蚁绝无生还的可能，这就是参与约束。参与进来还要拼命往里钻，这既符合蚂蚁个体的利益，因为越往里钻越安全；也符合蚂蚁王国整体的利益，因为这样才能使蚂蚁团越抱越紧，不至于在滚动中散了架。这就是激励相容约束。有了这种机制，这种蚂蚁才免于在森林大火中灭绝。

对于上级部门、地方政府和百姓这个三位一体的系统来说，也要有参与约束和激励相容约束机制，这样才能调动各方面的积极性。某地要举办一个重要的国际性会议，届时国家领导人和几十位外国政要都将参加。地方政府对此很重视，做了充分的准备。会议开得很成功。美中不足的是，一位外国记者报道，说一看就知道这里经济不发达，因为公园里游人不多，湖上没有游船，路上汽车很少，商店里顾客稀稀落落。原来，这是地方政府为了保证国家领导人和外国政要的安全，采取了一些限制措施。采取一定的限制措施是必要的，但不要过头。路上的汽车和湖上的游船能影响到与会代表的安全吗？好事情要让老百姓参与，让老百姓认识到国家的事就是他的事，为国家而努力与为自己而努力是相容的，这才能激发他的主人翁精神，显示出大国的风范。

第四节 政府缺陷和政府干预

逆向选择和道德风险反映了政府存在缺陷。什么是政府缺陷？既然有缺陷为什么还要干预经济？

一、政府缺陷

关于政府缺陷，美国经济学家萨缪尔森定义为：当政府政策或集体行动所采取的手段不能改善经济效率或道德上可接受的收入分配时，政府缺陷便产生了。① 政府缺陷主要表现在以下几个方面：

第一，由于行为能力和其他客观因素的制约，政府不正确干预经济的结果不仅不能实现预期的社会经济目标，反而产生了有害的结果，损害了效率与公平。斯蒂格勒在《管制者能管制什么》一文中提供了一个案例：1939 年美国的某些州为了制止供电企业制定的垄断高价，成立管制委员会对电价实行管制。但管制后电价的平均水平与没有受管制的其他州相比，并没有下降。反而由于管制，导致权钱交易的寻租活动滋生。事实证明，管制越多，寻租活动就越盛行。

【案例】 1991 年 11 月，华北某市全面放开了鸡蛋的收购和销售价格。1995 年 7 月，鸡蛋价格持续上涨，市场价达到 3.50 元/斤，大大突破了市政府的限价 3.00 元/斤。鉴于此，市政府于 1995 年 8 月成立了由市长、秘书长和有关部门负责人组成的天津市鸡蛋调市工作组，对鸡蛋价格实行严格管制。工作组对设在各郊县的鸡蛋生产基地逐层下达了鲜蛋调市任务，规定各养鸡场每售一斤平价鸡蛋（3.15 元/斤）补贴 0.10 元。结果政府补贴了几千万元钱，市场价格却不降

---

① 萨缪尔森等：《经济学》（第十九版）上册，商务印书馆 2012 年版，第 11、89 页。

> 反升，一度达到了 4.10 元/斤。1996 年市政府被迫放弃了鸡蛋价格的管制制度，当年鸡蛋价格就降下来了，维持在 3 元左右。这是为什么？

主要原因在于：市场有它自身的规律，是靠价格机制这只"看不见的手"来调节的。鸡蛋价格高自然会吸引人们去养鸡，于是鸡多了鸡蛋多了价格自然就会降下来。现在市政府成立了由市长和有关部门负责人组成的工作组企图通过行政手段和财政补贴这只"看得见的手"来平抑鸡蛋价格，工作组只给郊县的鸡蛋生产基地优惠政策，每售一斤平价鸡蛋补贴 0.10 元，这一方面增加了财政负担，使政府不堪重负；另一方面"看不见的手"的功能被削弱了，只有得到补贴的鸡蛋生产基地有积极性，其他组织和个人没有积极性，而仅靠鸡蛋生产基地是无法满足全市消费者需求的，于是鸡蛋价格必然会上升。后来市政府放弃了管制制度，由市场去调节，"看不见的手"起了作用，价格自然就会稳定在均衡价格水平上。

第二，政府制定政策是一项复杂的系统工程，其中存在着种种困难、障碍和不确定因素，使得政府制定的政策脱离实际，出现错误。错误的政策会造成更加不利的后果。政府的政策效应具有滞后性，这有三方面的原因：一是认识时滞，即认识不到位；二是决策时滞，而决策要反复讨论、调研；三是执行时滞，即从执行到见效有个过程。由于存在时滞，就会使计划赶不上变化。本来是抑制膨胀的政策，由于时滞等到执行时经济已由膨胀变成萧条了，该政策就会雪上加霜，使经济更萧条。

第三，政府干预经济的成本昂贵，效率低下，导致资源不能得到有效和充分的利用。英国学者帕金森剖析了政府官僚机构人浮于事、办事效率低下的原因：官僚为了做出政绩，会尽量增加自己的权力；为行使这些权力，会尽量增加政府机构和人员；机构和人员增加了，办事成本提高了，效率却降低了。这就是所谓的"帕金森定理"。

第四，现实中的政府并不一定代表公共利益，有时政府目标会偏离公共目标。这是因为政府是由人组成的，是人都有弱点，在个人利益与公共利益发生冲突时很多政府官员会选择把个人利益放在前面。在市场经济和民主制度下，政府政策往往只是实现了一部分人的利益；在非市场经济和非民主的制度下，政府更不可能完全代表公共的利益。

二、政府干预

虽然存在政府缺陷，但政府干预还不能少。在我国，地方政府强力介入和干预地方经济有其必然性。

一是战后凯恩斯主义在世界范围的盛行。16世纪至20世纪初，经济自由主义在资本主义国家处于主导地位。经济自由主义主张把政府职能限定于向社会提供那些私人企业所不能提供的公共产品，其他方面则让市场这个"看不见的手"去调节。但是，1929—1933年的世界经济危机粉碎了经济自由主义的梦想，促成了一系列政府干预主义理论和政策的产生，其中以凯恩斯的政府干预论影响最大。凯恩斯认为，如果让市场机制去决定工资、价格和产量，固然可以实现均衡，但不一定能达到充分就业的均衡。为了实现充分就业的均衡，政府必须干预经济。凯恩斯理论的提出被称为是经济理论上的一次"革命"，很多国家的政府都根据这个理论加强了对经济的介入和干预。

二是我国具有长期实施计划经济的传统。新中国成立以来很长一个时期都受苏联的影响，实施的是计划经济。计划经济的特点就是生产资料公有，经济管理由政府统一计划和行政命令实施。产品数量、品种、价格，消费、投资方向和规模，就业、工资和经济发展速度等均由政府指令决定。尽管计划经济缺乏市场价格传递经济信号的功能，抑制了企业和个人的生产积极性，导致经济效率低下，使得我们不得不转向市场经济，进行经济体制的改革。但由于我们对计划经济的反思不够彻底，使得政府干预经济成为一种惯性，很难在短期内消除。而且我国又处在由计划经济向市场经济转型的阶段，又要向发达国家赶超，这就像一部汽车既要转弯又要加速，如果没有地方政府对地方经济的强力干预，是很难成功的。这也决定了我国的地方政府和发达国家不同，发达国家的地方政府是服务型政府，主要职能就是通过收税向地方提供公共产品，直接介入地方经济比较少；而我国的地方政府是管理型政府,除了通过税收向地方提供公共产品以外,还要直接介入地方经济,引领和推动地方经济的发展。尽管地方政府的长远目标是由管理型政府向服务型政府过渡,但现阶段还不行,还要在提高管理效率上下功夫。事实证明,改革开放三十多年来我国经济之所以能取得令世人瞩目的成就,和地方政府强力介入地方经济有很大的关系。

三、东方专制主义

其实,政府强力干预经济并不是中国的专利,亚洲很多国家在赶超阶段都是这么做的。日本就有一个高度集中的管理体制,政府对经济活动管得很多,有些地方的行政权力集中程度比中国还厉害。在流通领域,日本有大型店铺法,大型企业对遍布全日本的零售店强制使用"厂家期望价格",价格的变动受到严格控制,这种做法在欧美是违反反垄断法的。在农业领域,大米的生产、流通和价格被置于政府的严格管制之下。政府通过对大米和牛奶价格的控制,对农产品、畜产品价格的变动施加影响。除此之外,出租车价格、货运、国内航运、公共汽车、汽油、酒等的流通和价格都受到控制,就是在澡堂洗澡的价格想要变动,都必须先由行业组合提出申请,报政府有关部门批准才行。

亚洲的如韩国、新加坡以及中国的台湾和香港地区,在经济发展道路上行政当局介入也比较多,和日本高度集中的管理体制一起,被称为"东方专制主义"。新加坡内阁资政李光耀首先提出了"亚洲价值观"的概念,以抗衡西方的价值观,强化了东方专制主义。1994 年,美国少年迈克尔·费伊因为喷漆涂污汽车而被新加坡法庭判处鞭刑,受到西方媒体批评。李光耀站出来为新加坡的严格法治辩护说:"许多亚洲国家不接受西方过分尊重个人而牺牲社会利益的价值观,这些价值观将导致社会混乱。我们宁可有纪律。"

政府干预过多必然会遭致民众反对,为什么这些国家或地区依然很稳定?美国政治学家亨廷顿教授提出以下三个公式可以给出答案:

$$社会动员 / 经济发展 = 社会挫折感 \tag{1}$$

社会挫折感/社会流动机会 = 政治参与　　　　　　　　　（2）

政治参与/政治制度化 = 政治不稳定　　　　　　　　　　（3）

公式（1）中的"社会动员"是"人们腐蚀和摧毁一整套旧的社会、经济和心理的信奉，接受新式社会化和新的行为模式"的过程。它意味着人们的观念、价值标准和期望的改变。社会动员的结果会提高人们的期望，而经济发展会提高社会满足人们期望的能力。但是社会动员的速度往往比经济发展的速度更快，两者相比就会使人们产生"社会挫折感"。公式（2）表示，如果社会存在纵向与横向的流动机会，这种"社会挫折感"就可以得到缓解，否则就会促使人们通过政治参与提出自己的要求。公式（3）是说，如果政治参与增加的同时，政治制度水平未能相应提高，就会导致政治的不稳定。用这三个公式来比照亚洲这些国家的情况，会发现它们之所以稳定，不是因为民众没有社会挫折感，而是因为它们的社会流动机会比较多、政治制度化程度比较高，把这种社会挫折感给缓解了。

四、政府缺陷的克服

为了避免政府缺陷，人们从不同方面提出了不同的解决方案。从经济方面，要正确认识市场机制的作用，合理界定政府职能，让市场机制在资源配置中起决定性的作用。市场机制的作用主要体现在价格的功能上。市场价格具有三大功能：一是资源配置的适时协调功能。供不应求时价格会上升，会及时吸引厂商增加生产；供过于求时价格会下降，会使厂商很快会减少生产。这也反映了市场价格的第二个功能，即资源配置的信号传递功能。三是资源配置的效率提高的功能。效率指有限的资源怎样才能制造出更多更好符合社会需要的产品。市场也会有缺陷，但政府缺陷更多，所以要市场机制起决定性的作用。

合理界定政府职能比较困难，要考虑多方面的因素，而这些因素往往又是变化的。但因为政府职能范围的大小在很大程度上取决于预算拨款的多少，而预算拨款又直接来源于税收规模，所以加强对税收和预算拨款的约束，可以起到防止政府职能无限扩大的作用。可采取通过立法机构在批准程序上保持相应的有效约束，规定政府收支增长直接和国民生产总值增长挂钩，不能任意提高税收占国民生产总值的比例。

要避免政府缺陷，还有一个关键措施，就是要改进政治过程，完善政治体制。要进行政治体制的改革，就要改革规则，改革政府活动赖以生存的制度结构。这种制度的改进取决于民主制度本身的真正确立。政府权力的特点是要求集中，要求政府对政治事务进行有效的处理。政治上的民主化不是指政治权力的分散，而主要指决策者的产生过程与决策过程的民主化与科学化。

本章小结

公共物品是由谁来选择的？所谓公共选择，是指选民以个人利益最大化为内在驱动力，通过投票这种民主程序来实现对公共决策的理性选择。在公共选择中，不论是一致同意规则、最优多数规则，还是相对多数规则，都有一定代价，也不论是哪种投票方式，都存在着悖论。我们现在的地方政府，是上级任命和民主表决相结合的产物，是一种委托代理关系，即上级部门和地方百姓是委托人，地方政府是代理人，上级部门和地方百姓委托地方政府来代理地方事务。在这种情况下，就存在一个信息不对称的问题，可能产生逆向选择和道德风险。逆向选择是契约订立之前的隐瞒信息问题，道德风险是契约订立之后的隐瞒信息和行为的问题。为了克服这些问题，须制定具有内在激励机制的制度，注意信号发送与信息甄别，要有参与约束与激励相容约束。政府干预经济有它的必然性和必要性，但这并不说明政府强力介入就必然会导致经济的发展和福利的改善。这是因为政府和市场一样，也有缺陷。政府缺陷主要表现在以下几个方面：一是受行为能力和其他客观因素的影响，效率低下；二是制定政策是一项复杂的系统工程，具有滞后性；三是政府干预经济成本昂贵；四是政府并不一定代表公众的利益。克服政府缺陷在经济方面要通过立法加强对税收和预算拨款的约束，在政治方面要加快政治民主化的进程，在决策者的产生过程和决策的过程中实现民主化和科学化。

1. 什么是公共选择？画图说明最优多数规则的成本。
2. 什么是孔多塞悖论？
3. 举例说明投票结果与投票顺序相关。
4. 举例说明什么是逆向选择？
5. 举例说明什么是道德风险？
6. 有一副对联，上联是："上级压下级，一级压一级，层层加码，马到成功"；下联是："下级骗上级，一级骗一级，层层掺水，水到渠成"。横批是："数字出官，官出数字"。问：哪一联是逆向选择，哪一联是道德风险？如何克服逆向选择和道德风险？
7. 画图说明单纯把GDP作为衡量地方政府努力程度的缺陷。
8. 某局人事科长喜欢传闲话，大家都烦她。她想当副局长没当上，就想调到上级主管部门去工作。主管部门派人到局里来调查，如果反映好，就把她调去。结果人们都说她的好话。她果然如愿以偿，到上级主管部门当了一名科长，被提拔了。问：这是一种什么现象？怎样防止这样的现象发生？

第十五章

地方财政

地方政府对于地方经济活动的干预主要是通过地方财政来实现的。地方财政包括地方政府收入和地方政府支出两部分。这一章除了讲这两部分以外，还讲由这两部分引起的地方政府债务问题，以及财政制度的改革问题。

第一节 地方政府收入

政府收入，又称财政收入或公共收入，是政府为了满足公共支出的需要，凭借其政治权力从企业和个人取得的一切货币收入。当然，并不是所有的政府收入都是为了满足公共支出的需要，像罚金。政府收入主要包括税收、公债、公共收费、公共财产收入、公有企业收入等。

一、税收收入

税收是政府收入的主体来源。在多数发达国家，税收收入占全部政府收入的80%以上。过去我国中央政府收入实行的是地方政府承包制，中央财政收入依赖地方政府收入的定额上解。这种方法使得中央财政十分困难，不得不利用收费来筹措资金。1994 年，中央实行了分税制改革，将税种划分为中央税、地方税以及中央与地方共享税，将维护国家权益、实施宏观调控所必需的税种如关税、消费税等 8 种税划为中央税，将适合地方征管的税种如营业税、个人所得税和房产税等 18 种税划为地方税，将与经济发展密切相关的主要税种如增值税等 3 种税划为中央与地方共享税，其中增值税中央与地方分享比例为 75∶25。2002 年中央实施了所得税分享改革，2016 年又实施了营业税改增值税的改革。这些改革保证了中央财政收入，但存在财权不断上收、事权不断下放的倾向。

尽管对于任何一个国家，税收都是不可缺少的，它对于保障国民福利、调节国民经济和维护国家安全都具有十分重要的意义。但我们也应该看到，税收也具有负面影响，会对国民经济带来无谓损失。如图 15-1，需求曲线 D 和供给曲线 S 交于 E 点，决定了均衡价格为 P_0，均衡数量为 Q_0。这时有了税收（间接税），厂商会把一部分税负转嫁给消费者，将价格提升到 P_2，使消费者剩余减少了梯形 P_0EFP_2。厂商自己也要负担一部分税负，实际得到的价格为 P_1，生产者剩余减少了梯形 P_1GFP_0。如果总剩余的减少换来的是政府收入的增加，那税收没有造成损失，取之于民、用之于民。但现在不是了，税收是矩形 P_1GFP_2，总剩余的减少却是锥形 P_1GEFP_2，两相比较，还有三角形 GEF（即阴影部分）的总剩余损失没有补偿，这就是税收的无谓损失。这是由于税收会使企业和个人的可支配收入减少，从而影响了消费与投资，使国民收入减少。税收太多也会影响厂商和个人的工作积极性，使生产减少。

地方政府征税既要合法，也要合理，否则不仅会使国民收入减少，也会伤了老百姓的心。比如房地产税的征收问题，眼看着卖地收入的空间越来越少，很多地方政府的眼睛便盯上了它。但这里有几个问题想问一下：第一，商品房里已经包含了土地使用权出让金，再开征房地产税，等于一样东西卖两次甚至

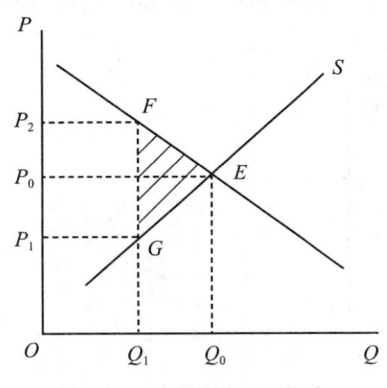

图 15-1　税收的无谓损失

每年再卖一次，是否合法合理？第二，地面建筑的所有权属于业主，对于完全属于业主又没有处于交易状态的私有物进行征税，是否合法合理？第三，中国发达地区的基础设施建设连美国的特朗普总统都羡慕得不行，再从老百姓口袋里掏钱搞基础建设，是否符合可持续发展的理念？

【案例】 1980年1月，里根刚竞选上总统，其竞选班子特别安排了一些经济学家来为里根上课，第一位给他上课的是阿瑟·拉弗，他以拉弗曲线理论而闻名。拉弗曲线的横轴是税率，纵轴是国家税收收入，它是一个先升后降的峰形曲线，意思就是随着税率的增加，起初税收会增加，但到一定程度后，税收反而会减少。当拉弗给里根讲到"税收高于某一值时，人们就不愿工作"的时候，里根兴奋地站起来说："对！就是这样。二战期间，我正在当电影演员，当时的战时收入附加税曾高达90%，我们只要拍四部电影就达到了这一税率范围。如果我们再拍第五部，那么第五部电影赚来的钱将有90%要交税，我们几乎赚不到钱。于是，拍完四部电影后我们就不工作了，到国外旅游去。"

里根总统联系自己的亲身经历理解了拉弗曲线理论，所以他一主政后，就大力推行减税政策，从而使得一开始没有被人注意的"拉弗曲线"理论登上了经济学主流的大雅之堂。如图15-2所示，横轴表示税率，纵轴表示税收，拉弗曲线呈抛物线形。它表示随税率的增加起初税收在增加，但增加到一定程度后就开始减少。这是因为税率太高，企业不堪重负，纷纷亏损甚至倒闭，导致税基变窄，税收自然减少。

税收多了，国民收入不是简单减少，而是成倍的减少。为什么呢？这是因为税收和投资一样，具有乘数效应，不同的是投资乘数为正而税收乘数为负。假设某地税收为T，税率为t，边际消费倾向为b，则地方政府如果增加税收ΔT，

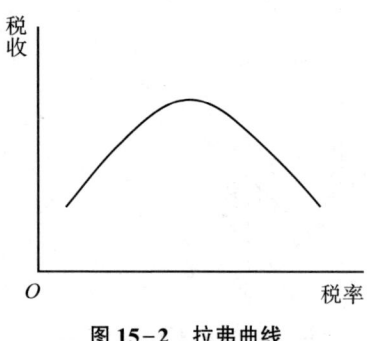

图15-2 拉弗曲线

可使该地区消费者可支配收入减少（1-t）ΔT，其中 b（1-t）ΔT 本来要用于消费，现在没有了，商家可支配收入减少了 b（1-t）ΔT，其中 b^2（1-t）^{2} ΔT 本来也要用于消费，现在没有了……就这样形成连锁反应，各商家收入的减少就形成了一个无穷递缩等比数列。根据求和公式，整个地区国民收入的减少量就为

$$\Delta y = \frac{b(1-t)}{1-b(1-t)} \Delta T$$

因为 $\frac{b(1-t)}{1-b(1-t)} > \frac{1-b(1-t)}{1-b(1-t)} = 1$，所以，增加税收会使国民收入成倍的减少。

二、公债收入

所谓公债，是政府凭借自身信用向社会的借款。政府可以向商业银行、企业、事业机构和个人借钱，也可以向中央银行借钱，还可以向国外借钱。向中央银行借债，称货币筹资，实际上是叫中央银行增加基础货币，其结果是通货膨胀。向国内企业、居民和外国借债，称债务筹资，不会引起通货膨胀，但会使利率上升。

在国外，公债可以由中央政府发行，也可以由地方政府发行。中央政府发行的债务称为"国债"，其收入列入中央政府预算。地方政府发行的公债称为地方公债，其收入列入地方政府的预算。国债在国内发行，称为"内债"；在国外发行，称为"外债"。公债发行期限在一年以内为短期债券，一年以上五年以内叫中期债券，五年以上为长期债券。

公债的发行具有双重功能：一方面可以增加财政收入，影响财政收支，是财政政策的一个工具；另一方面又可以对货币市场的扩张和紧缩起重要作用，影响货币的供求，是货币政策的一个工具。

三、公共收费

公共收费一般包括规费、特别课征、特许金与罚金四种。规费是指政

府或其他公共机关为个人或企业提供某种特定服务所收取的费用，如商标登记费、执照费、出生登记费、结婚登记费等。特别课征是政府为公共目的新增设施或改良旧有设施向受益人收取的费用，如机场建设费。特许金是政府公共机关给予个人以某种行为或营业活动的特别权利所收取的费用，如出租车营运费、矿山开采费等。罚金是公共部门对于个人违法行为的罚款，如交通违章罚款等。

四、公有财产收入

公有财产收入是国家直接保有的财产所带来的收入。公有财产分为两类：公有动产，如债券、股票、基金等；公有不动产，如图书馆、公园、道路、机场、土地、森林、矿山、河流等。我国地方政府的主要收入不是税收，而是卖地收入。中国的土地属国家和集体所有，所以所谓卖地，就是转让70年使用权。2015年，地方政府卖地收入超过4万亿元，增长3.2%，土地财政又创新高。此外还有土地增值税、耕地占用税、城镇土地使用税等，几项收入相加达1.2万亿元。也就是说，地方政府通过卖地和与地相关的税收已超过地方财政收入的一半。

五、国有企业收入

因为国有企业是政府财政投入所形成的，政府作为所有者代表可以获取经营性国有资产的收入。经营性国有资产的收入主要有利润上缴收入和股息红利收入。过去我国国企只缴税不缴红利，2006年世界银行发布报告，指出这样是不对的，其他国家纳税是纳税，分红是分红。2007年财政部和国资委发文件，要求央企率先按比例上缴利润。

第二节　地方政府支出

政府支出，也称财政支出或公共支出，是政府为履行其职能而支出的一切费用的总和。政府支出可以分为"消耗性支出"和"转移性支出"。"消耗性支出"又可分为公共消费支出和公共投资支出，"转移性支出"又可分为社会保障支出和政府财政补贴。

一、公共消费支出

公共消费支出，是指政府为提供公共服务而进行的支出，其特点是在支出过程中不形成任何生产性资产。最典型的公共消费支出是行政管理费用，国防支出、公共教育支出、公共卫生支出也属于公共消费的范畴。教育和医疗都具有一定的竞用性和排他性，严格说来不能算是公共物品，为什么也要政府公共消费支出呢？这是因为教育和医疗具有明显的外部正效应。一个受过教育的身体健康的人，不仅能给自己带来更大的收益，也能使社会更具有创造性和活力。所以，发达国家对教育和医疗的投入都比较多。2010年OECD国家公共教育支出占GDP的比重是5.8%，而我国到2014年才达到4.15%。2013年OECD国家医疗保健支出占GDP的比重是8.9%，而我国是5.6%。可见，中国对教育和医疗的投入还应该继续增加。

【案例】　据媒体报道，英国高校联合会发布公告，建议把高校学费的最高限额由每年大约3000英镑提高到7000英镑，以支付教师薪酬，确保教学质量和提升竞争力。无独有偶，我国著名经济学家茅于轼、张维迎也在不同场合建议提高高校收费金额，以拿出更多的钱奖励优秀大学生。此消息一出，立刻在网上引起一片吐槽声。对此你怎么看？

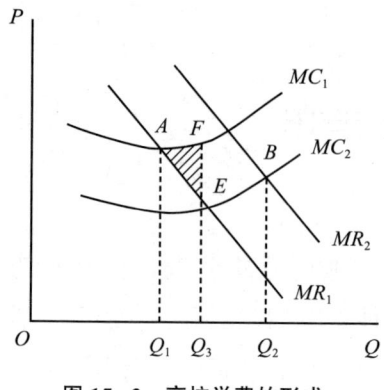

图 15-3 高校学费的形成

图 15-3 中，横轴 OQ 表示大学生人数，纵轴 OP 表示高校学费。美国芝加哥大学的萨卡罗普洛斯教授在他的《教育收益国际比较》一书中通过对 33 个国家的综合分析，得出结论：教育的个人收益率高于社会收益率。所以个人边际收益曲线 MR_2 在社会边际收益曲线 MR_1 的右边。因为上大学的社会成本高于个人成本，所以社会边际成本曲线 MC_1 在个人边际成本曲线 MC_2 的上方。根据利润最大化原则，MC_1 与 MR_1 的交点 A 确定了社会利益最大时的大学生人数为 Q_1，MC_2 与 MR_2 的交点 B 确定了个人利益最大时的大学生人数为 Q_2。因为 $Q_2>Q_1$，也就是说个人希望上大学的人数超过政府愿意培养的人数，于是政府在压力之下将招生规模扩大到 Q_3，这也是一些大学生毕业后找不到工作的原因之一。尽管曲边梯形 M_1M_3FA 是多投入的部分，但这部分投入也是有社会收益的，所以政府要负担大头，为梯形 M_1M_3EA。个人也要承担一部分，为 EFA，即图中那个有阴影的三角区域。它的口朝右开，说明扩招的规模越大，学生应交的学费也就越多。这和规模经济不一样。

二、公共投资支出

公共投资支出，是指政府为提供公共产品而进行的支出，其特点是投入会形成产业和资产。公共投资的出发点是为了弥补市场失灵和私人投资的不足，从而促进社会资源的优化配置。通过公共投资，能够为社会经济发展提供必要的基础设施和良好的外部条件。公共投资的主要方向是某些容易形成自然垄断的行业，以及私人部门无力或不愿意提供的项目，例如对国家发展具有战略意义的重大科技研发项目、大型基础设施项目等。

公共投资主要有三种方式：直接投资、股份式投资和委托式投资。直接投资即政府组建国有企业，由国有企业直接经营；股份式投资即政府参与股份式公司的组建，按股份投资；委托式投资即政府投资，委托私人部门经营。后两种方式就是我们在前面讲过的 PPP 模式。

公共消费支出和公共投资支出都属于公共消耗性支出，它是政府进入市场，以购买者的身份对经常性的商品、劳务进行购买时所发生的支出。公共消耗性支出的主要实现形式是公共采购制度。公共采购制度是通过公开招投标，公平竞争和财政部门直接向供货商付款的方式购买商品和劳务。这种制度使政府的购买行为由分散变为集中统一，从而有利于细化预算编制，强化财政对部门对经济活动的管理和监督。

公共消耗性支出增加了社会需求与投资，对国民收入的增长具有重要意义。所以，在经济萧条时很多国家都会加大公共消耗性支出。但是我们也应看到，消耗性支出具有"财政挤出效应"。所谓财政挤出效应，它是指政府的公共消费和公共投资将私人消费和私人投资给"挤出"去了。这是因为在其他条件不变时，公共支出的增加会使货币需求增加，从而引起银行利率的提高，使得对利率很敏感的私人消费和私人投资减少。虽然财政挤出效应不能完全抵消公共消耗性支出对国民收入增长的作用，但至少可使这种作用打了折扣。

三、社会保障支出

社会保障是指国家通过立法，积极动员社会各方面资源，保证无收入、低收入以及遭受各种意外灾害的公民能够维持生存，保障劳动者在年老、失业、患病、工伤、生育时的基本生活不受影响。我国的社会保障体系包括社会保险、社会救济、社会福利、社会优抚、社会互助。其中尤以养老、医疗和失业保险等社会保险为核心。

> **【案例】** 第二次世界大战以后，发达国家的经济实力不断增长，社会保障也普遍实行，北欧国家更是以"从摇篮到坟墓"的福利保障而闻名于世。在一些人看来，高福利必定会助长人们的惰性，不利于国民劳动积极性的提高。但是，21 世纪到来之后，北欧国家给了世界

> 一个惊讶：每年世界经济论坛评选的"世界竞争力经济体"排名，以及每年的人均国民生产总值排名，北欧国家都位居前列。这是为什么？

一些学者研究了这一现象，认为主要原因有三：一是北欧国家对国民教育和科技研发十分重视，公共支出中教育方面的投入都占到10%以上；二是私人部门、第三产业都在市场经济中发挥着独特的政治和经济功能，营造了政府与社会之间的对话、沟通、协作和协调机制；三是政府高度廉洁，减少了对资源配置的干预和扭曲。

四、政府财政补贴

政府财政补贴是指政府为实现特定的政治、经济和社会目标，在一定时期内向生产者或消费者提供的种种补助和津贴。它分为价格补贴、企业亏损补贴、财政贴息、居民生活补贴，以及各种税收优惠。

社会保障支出和政府财政补贴属于公共转移性支出，是政府资金单方面支付给受益者而不带有任何交换性质的财政支出。它增加了个人和厂商的可支配收入，进而增加了个人消费需求和厂商的投资需求；它通过转移支付这个渠道，使国民收入的分配发生了有利于弱势群体的转变，对实现社会公平有重要意义。

第三节 地方政府债务

1994年分税制改革以来，中央政府把事权下放、财权上收，这就不可避免地带来地方政府债务的积累与膨胀。2013年6月，我国地方政府债务占GDP的比重达到31%，西部一些地区的债务水平更高，像贵州、重庆、甘肃、云南、青海等的债务甚至超过了50%。地方债务总规模已达10.71万亿元之多。

一、地方债务形成的原因

(一) 地方财政支出不断增长

19世纪末期,瓦格纳对许多发达国家做了考察,发现了政府职能不断扩大及政府活动增加的规律,后人称之为"瓦格纳法则"。政府活动不断增加,必然会使公共支出不断增长。1961年,皮科克和威兹曼又指出,公共支出的增长是阶梯式的,如图15-4所示。这是因为,

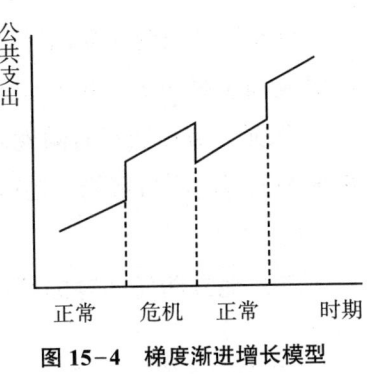

图 15-4 梯度渐进增长模型

经济和社会的正常时期和危机时期是交替出现的,危机时期政府会增加支出以削弱危机的影响。

我国各级政府的公共支出也是在不断增长的,这除了政府功能和活动不断增加的因素以外,还和政府官员的政绩观有关。官员要想升迁,就要有政绩;要想有政绩,就要支出。而每届政府任期是五年,在这期间没有政绩得不到升迁年龄就过了,再想升迁就不容易了,这也促使政府官员通过扩大公共支出以换取政治资本。

(二) 地方财政收入占比下降

1994年分税制改革以前,地方财政收入占全国财政收入的比重,高于地方财政支出占全国财政支出的比重,尤其是在20世纪六七十年代,前者比后者高出二三十个百分点。但自分税制改革以后,地方财政收入占全国财政收入的比重就直线下降,下降到45%左右。而地方财政支出占全国财政支出的比重却没有下降,反而一直在稳步上升,2012年上升到85%[①]。在这个过程中虽然中央政府也给地方政府不少转移支付,但这些转移支付中有大量的专项转移支付,这些专项转移支付都需要地方配套支

---

① 国家统计局:《中国统计年鉴2013》,中国统计出版社2013年版。

付相应的资金才能获得。

(三) 应对国际金融风险

地方债务问题还受国际经济形势的影响。2008年底2009年初，为了应对亚洲金融风暴，中央出台了4万亿元救市政策，地方配套投资高达18万亿元，短短两年时间就使地方债务飙升至10万亿元的天文数字。很多地方上马的项目可能会还债无望，从而变成银行坏账。

二、地方债务问题的解决

> 【案例】 2015年，美国底特律市宣布破产的新闻引起了人们的关注。底特律地方财政入不敷出，到期债务无法偿还，只好宣告破产。破产后虽受到破产保护，债务可以免除，但开支受到限制。底特律政府为缩减开支，不得不减少警察、教师、公交车、环卫工数量，致使城市治安、教育、交通、环境状况变得更差。面对这条新闻，人们不禁要问：(1) 底特律不是有名的汽车城吗，怎么会破产？(2) 即使地方财政入不敷出，不会借债吗？或向中央政府寻求支持？(3) 这件事对美国、对底特律是好事还是坏事？(4) 我们从中可以得到什么启发？

(1) 底特律之所以会破产，是因为它的支柱产业——汽车业近年来受到廉价日本汽车的挤压，亏损严重，地方财政收入因此大幅减少。(2) 底特律的债务问题已经很严重了，而联邦法律又不允许中央财政为地方债务埋单，除非它受到不可抗拒的自然灾害。(3) 底特律破产也不全是坏事，可迫使地方政府提高危机意识，不盲目借债；可以将政府债务控制在一定范围内，不波及全国。(4) 我国虽然没有地方政府破产的法律，但从底特律破产事件中可以得到不少启发：一是要促进地方产业结构的调整，避免单一发展的风险；二是加强地方财政收支在法律上、制度上的规范约束，把财权"关在笼子里"；三是调整中央和地方的财政收支分配结构，事权下放了，财权也应相应下放；四是允许地方政府发行公债，把地方隐性债务变成公开债务，便于监督管理。

第四节　我国财政制度的改革

一、税收制度的改革

我国的税收在经济发展过程中发挥了不少作用，如为公共需要提供了财力保障，使资源的配置更加有效，调整了经济结构和收入分配结构，维护了国家权益等。但随着形势的发展，现行税收制度也暴露出与市场经济发展不相适应的问题，需要通过深化改革才能进一步发挥作用。

一是完善分税制和地方税体系。我国的分税制是按税种划分为中央和地方收入来源的一种税收管理体制，在新形势下也产生了一些问题：（1）各级政府事权不明确导致财政支出错位、越位；（2）部分财权划分不合理，没有严格划分中央税、地方税和共享税属于哪一级财政收入；（3）地方税体系不健全，地方尤其是县、乡政府的财政无稳定的税收来源；（4）中央与地方的事权和财权不对称，地方财权太小而要管的事太多。

二是逐步提高直接税比重。直接税是纳税人无法把税收负担转嫁给他人的税种，如所得税、财产税、遗产税，纳税人就是税收负担人。间接税是纳税人可以把税收负担转嫁给他人的税收，如营业税、增值税、消费税，他可以通过提高物价让消费者负担一部分。营业税改增值税以后，中国的税制主要是以增值税为主的间接税，而不是像美国那样以所得税为主的直接税。以间接税为主的税制首先不利于调节贫富差距，因为富人的边际消费倾向（即消费占收入的比重）低，转嫁到他头上的负担轻；穷人的边际消费倾向高，转嫁到他头上的负担重。其次是会加剧物价上涨，有人统计说我国商品价格里有1/3来自税收，所以间接税是引起成本推动的通货膨胀的一个重要因素。第三，不利于培养老百姓的纳税人意识。个人所得税有个起征点，很多人达不到这个起征点不用交税，他就不会去关心政府把钱花到哪里去了。所以，现在应该做的不是提高个人所得税起征点，而是取消个人所得税起征点，只要有收入就要交税，多收入多交税，少收入少交税，哪怕只交一元钱也是个意思，表明他尽到义务了，也是个纳税人，可以挺起腰板去监督政府了。

三是大幅度减税。我国总体来说企业税负太重，不利于国民经济摆脱下行的压力。2016年底，全国政协委员、福耀集团董事长曹德旺接受采访时说："中国制造业的综合税负跟美国比的话，比它高35%。"曹德旺此前还透露，计划投资10亿美元，在美国建厂生产汽车玻璃。一时间，"中美经营成本之争"刷屏。中央党校周天勇给出的数据显示，1995年我国企业宏观税负率只有16.5%，2000年也只有21%，2010年一下子就到了36%了，2015年已接近37%。天津财经大学李炜光测算，我国企业综合税负达到50%以上，在21个亚太经济组织中排名第四。我们已经说过，任何形式的征税都会产生"无谓损失"，减少社会总福利，所以税收又是一种"恶"。但很多政府官员就是不明白这个道理，仍把增加了多少税收当成政绩来宣传，实在可悲。

二、政府支出的改革

由于我国正处在体制转型中，政府职能和财政支出还未真正从计划经济中摆脱出来，财政支出预算的供给范围还未有效统一规划到市场经济中政府的职能范围上来，因此，财政支出范围依然过大，政府包揽过多，特别是向竞争性生产建设领域延伸过多过细，远远超过了社会公共发展的需要。本来，各地应当兴办什么建设项目，发展什么产业等，应当由市场来决定，让企业去做主，可是在我国，各地政府仍然是当地经济发展的主宰，不仅规划审批，甚至招商引资、资金筹备、项目兴建等都由政府官员亲力亲为。各级政府官员都追求经济发展的政绩，竞相开展经济竞赛。然而由于财力有限，顾了这头顾不了那头。很多地方政府把大量资金财力运用于兴办工程项目、补贴国有企业上，势必难以顾及那些社会公共服务事业。

这就形成政府职能和财政支出的越位和缺位。所谓越位，就是不该支出的地方大力支出；所谓缺位，就是该支出的地方无力支出。即在资源配置上面临"经济发展"和"民生服务"这两大不同职能的两难选择。由于经济发展容易测量、能见度高、见效快，所以受到地方政府的重视和偏爱；而民生服务难以度量、收益周期长，所以无法得到地方政府的重视和偏爱。事实表明，我国地方政府尤其是县级政府多年来在"经济建设为中心"的大政方针下，对基本建设比较重视，而在教育、医疗和社会保障方面自主投入往往不够，总依靠上级政府加大投入。这种状况需要改变。

从总的方面看，我国政府在支出方面有三个问题需要解决。一是财政支出功能的越位错位问题。二是政府支出的透明公开问题。人民政府是人民委托政府管理大家的事，人民是委托人，政府官员是代理人，这中间就存在信息不对称的问题。为了解决这个问题，政府的开支就应当向人民公开，接受人民的检查和监督。现在中央政府要求政府各部门把"三公"消费的数据公开，这是建设廉洁政府的有益尝试，但还不够，其他开支也应向社会公开。三是如何规范和约束政府的财政收支行为问题。政府花的是纳税人的钱，不能只等着花完了再公布，在没花之前就应该经过人民的批准。人民选出自己的代表来行使这种权力。但多年来我国政府财政预算权不在人大手里，而在政府自己手里，即使每年政府在人民代表大会上作一次预决算报告，也基本上流于形式。正因为如此，这些年来纳税人的钱被贪污、挪用、浪费、错用等情况屡见不鲜。为了使人大代表能很好代表人民履行其职责，应该改兼职为专职，并具备一定的专业知识，否则也只能当哑巴代表、举手代表，徒有其名。

本章小结

地方政府对于地方经济活动的干预主要是通过地方财政来实现的。地方财政包括地方政府收入和地方政府支出两部分。政府收入是政府为了满足公共支出的需要，凭借其政治权力从企业和家庭取得的一切货币收入，主要包括税收、公债、公共收费、公共财产收入、公有企业收入。税收对于保障国民福利、调节国民经济和维护国家安全都具有十分重要的意义，但它也有负面影响，会对国民经济带来无谓损失。政府支出是政府为履行其职能而支出的一切费用的总和。政府支出可以分为"消耗性支出"和"转移性支出"。"消耗性支出"又可分为公共消费支出和公共投资支出，"转移性支出"又可分为社会保障支出和政府财政补贴。公共消耗性支出对国民收入的增长具有重要意义，但它具有"财政挤出效应"。所谓财政挤出效应，它是指政府的公共消费和公共投资将私人消费和私人投资"挤出"去了。我国的地方债务问题很严重，急待解决。我国税收制度的改革应从三方面入手：一是完善分税制和地方税体系。二是逐步提高直接税比重。三是大幅度减税。我国政府在支出方面有三个问题需要解决。一是财政支出功能的越位错位问题。二是政府支出的透明公开问题。三是如何规范和约束政府的财政收支行为。

思考题

1. 地方政府收入包括哪几项？分别表示什么意思？
2. 为什么税收会造成无谓损失？画图说明。
3. 我国地方政府的主要收入是什么？为什么？
4. 地方政府支出包括哪几项？各项都有哪些内容？
5. 什么是财政挤出效应？
6. 怎样解决我国的地方债务问题？
7. 2016年11月，年收入12万元算不算高收入问题受到社会强烈关注。争议在于收入水平高的人应该多缴多少税才是合适的，还在于怎样确定一个人的收入处在高水平上。有人认为应该对资本所得课以重税，你认为呢？

第十六章

经济政策

地方政府除了根据本地情况制定地方性政策法规以外,还要执行国家的政策法规,所以必须对国家的经济政策有所了解。这一章要讨论的问题是:我国政府采取了什么样的经济政策?这些经济政策会产生什么影响?为什么要强调供给侧结构性改革?

第一节 微观经济政策

微观经济政策是微观经济学研究的内容。微观经济学以单个经济单位(家庭、企业和单个产品市场)为考察对象,运用个量分析方法,研究单个经济单位的经济行为以及相应的经济变量如何决定,分析的是资源配置问题。由于资源配置在市场经济中是通过价格机制决定的,所以微观经济学又称价格理论。微观经济学研究的一个重要内容就是微观经济政策,它是政府为了增进社会福利,在市场失灵时对微观经济领域进行的有目的的干预。微观经济政策的目标,是通过一定的政策措施减轻或消除市场失灵造成的损失,以实现帕累托最优状态。造成市场失灵的因素有垄断、外部影响、信息不对称等。

一、应对垄断的政策

我们前面已经讲过,垄断会导致低效率和市场失灵,所以需要政府出面加以干预。政府干预是多种多样的,包括对垄断价格和税收的调节等。

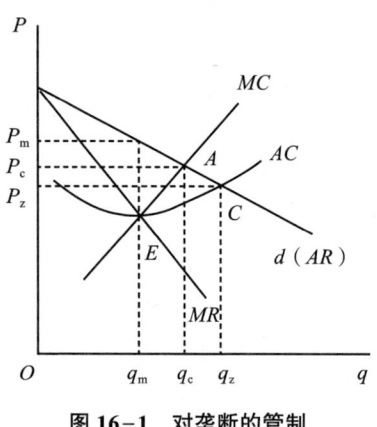

图16-1 对垄断的管制

图 16-1 中,横轴 Oq 表示产量,纵轴 OP 表示价格,$d(AR)$ 表示垄断厂商的需求曲线和平均收益曲线,MR 表示垄断厂商的边际收益曲线,AC 和 MC 分别表示平均成本曲线和边际成本曲线,MC 和 MR 交于 E 点,决定了在没有管制时,垄断厂商生产其利润最大化产量 q_m,并据此确定垄断价格 P_m,获得垄断利润。MC 和 $d(AR)$ 交于 A 点,说明当政府把价格定在 P_c 时,$P_c=MC$,实现了帕累托最优,垄断厂商仍可获得部分经济利润。AC 和 $d(AR)$ 交于 C 点,说明如果政府把价格定在 P_z,平均收益等于平均成本,P_z 可称为零经济利润价格。因为边际成本大于价格,帕累托最优条件被违反了。

政府还可以对垄断企业进行税收调节。对垄断企业的税收分从量税与一次总付税,从量税是指对企业所生产的每一单位产品征收某一固定数量的税收;一次总付税指一次性征收的税收,如营业执照税。征收从量税会使垄断企业将部分税收负担转嫁给消费者,而征收一次总付税就没有这个问题。

二、应对外部影响的政策

前面我们已经讲过环境污染的负的外部性,还讲过幼稚产业正的外部性,这些都属于外部影响。外部影响可以分为以下几种情况。

(1)生产的外部经济,如一个企业对其所雇用的工人进行培训,而这些工人可能转到其他单位去工作。

（2）消费的外部经济，如一个人对自己的孩子进行教育，使他对街坊邻居很有礼貌。

（3）生产的外部不经济，如过度开发造成资源匮乏，生产扩大造成交通拥堵等。

（4）消费的外部不经济，如吸烟者使得身边的人也吸了二手烟等。

政府对于外部经济应给予扶持，对于外部不经济则应进行限制。外部不经济造成了一个严重后果，就是即使是完全竞争的条件仍会使资源配置偏离帕累托最优状态。如图16-2所示，水平直线 $d(MR)$ 是完全竞争厂商的需求曲线和边际收益曲线，MC 为其边际成本曲线，其交点决定了最大利润的产量为 OQ_0。由于存在生产

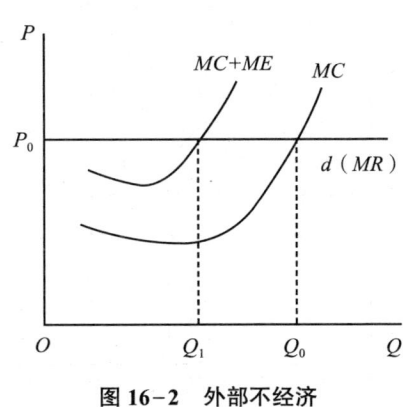

图 16-2 外部不经济

上的外部不经济 ME，使得社会的边际成本曲线 $MC+ME$ 高于私人的边际成本曲线 MC。$MC+ME$ 和 MC 的交点决定了利润最大化的产量为 OQ_1。由于 $OQ_1<OQ_0$，可见外部不经济造成了效率损失，使产量无法达到帕累托最优的产量。

有关外部影响的政策包括：

（1）使用税收和津贴。政府对造成外部不经济的企业征税，其数额等于企业给社会造成的损失；对造成外部经济的企业发津贴，使企业私人利益与社会利益相等。

（2）使用企业合并的办法。将影响企业和受影响企业合并，外部影响就被"内化"了。

（3）使用规定财产权的办法。如为了不使千岛湖污染，浙江省每年给安徽省1亿元，让其提高流入千岛湖河水的水质。水质若不达标，浙江省有权要求赔偿。

三、应对信息不对称的政策

完全竞争模型的一个重要假定是完全信息,即买卖双方对所交换的商品都很了解。但实际上这是做不到的,买的永远没有卖的精,这就是信息不对称。前面我们讲过,信息不对称可能造成两种情况:逆向选择和道德风险,这就会导致市场失灵。

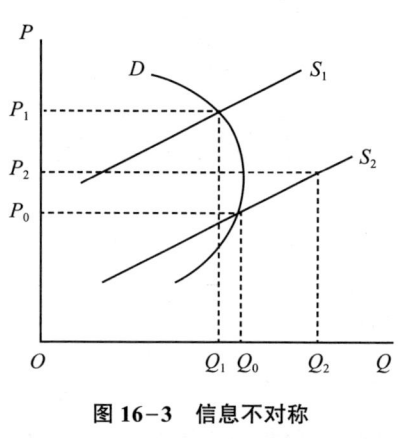

图 16-3 信息不对称

如图 16-3 所示,本来需求曲线 D 是向右下方倾斜的,但由于信息不对称产生逆向选择,使得 D 向左下方弯曲。供给曲线在 S_1 的位置时与 D 的交点决定了均衡价格为 P_1,均衡数量为 Q_1,这与以前讲的没什么不同,不存在低效率的市场失灵。但供给曲线在 S_2 的位置时,尽管均衡价格为 P_0,但它却不是最优价格。这是因为,如果我们把价格从 P_0 上稍微提高一点,则根据需求曲线就可以增加产量,而在较高产量上,需求曲线高于供给曲线,即需求价格高于供给价格,消费者和生产者都将获得更大的利益。但是价格也不能超过 P_2,否则根据需求曲线,产量不仅不增加,反而会减少,从而消费者和生产者的利益都将受到损失。因此,最优价格应当是 P_2。但是,当价格为 P_2 时,我们却注意到生产者的供给将大于消费者的需求,出现了非均衡状态,这就违背了帕累托最优标准。因此,信息不对称导致了市场失灵。

应对信息不对称的政策有:

(1)建立公开、公正、透明的市场秩序,打击坑蒙拐骗行为,产品不仅要明码表价,而且可以无理由退货,定期保修。

(2)各级政府都要建立政务网站和发言人制度,及时向公众发布地方将要发生的事情和政府的对策等信息。

(3)建立科学的公开透明的政绩评价体系和激励机制,充分发挥"信誉"的作用，提高诚信的收益和欺骗的成本。

第二节 宏观经济调控的原理

宏观经济调控原理是宏观经济学的内容。宏观经济学以整个国民经济活动作为考察对象，运用总量分析方法，研究社会总体经济问题以及相应的经济变量如何决定，研究这些变量的相互关系。这些变量中的关键变量是国民收入，因此宏观经济学又称国民收入决定理论。

一、国民收入流量的循环

国民收入是不断流动和循环的。为了循序渐进，我们先从两部经济说起，再到三部门经济、四部门经济，看国民收入是怎样流动和循环的，达到均衡的条件是什么。

（一）两部门经济国民收入的循环

两部门经济是指只有厂商和居民户的经济。在两部门经济中，居民户向厂商提供劳动、土地、资本和企业家才能，获得工资、地租、利息和利润等报酬。居民户用各种收入购买厂商的产品和劳务，进行消费，使厂商也有了收入，可以继续购买居民户的生产要素并进行再生产。于是国民收入就在厂商和居民户之间流转和循环起来。如图16-4所示。如果居民户不是把全部收入都用于购买厂商的产品和劳务（即消费），而是把一部

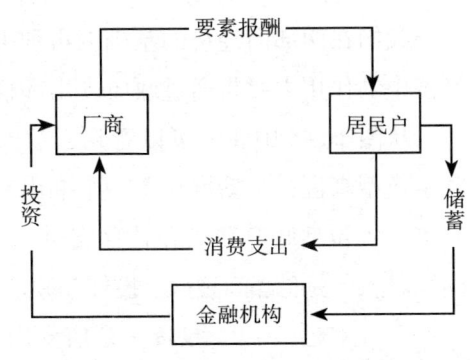

图16-4 两部门经济国民收入循环

分储蓄起来，那么这部分收入就会在循环中暂时漏出。如果这漏出的部分通过金融机构转化成了厂商的投资，注入这个循环当中去，国民收入就实现了均衡。所以，两部门经济均衡的条件是：

$$投资 = 储蓄$$

> 【故事】 英国经济学家凯恩斯曾经引用过18世纪英国医生孟迪维尔的讽喻诗《蜜蜂的寓言》来说明他的观点。《蜜蜂的寓言》叙述了一个蜜蜂王国的兴衰史：最初蜜蜂追求豪华奢侈的生活，大肆挥霍浪费，本来可以吃两顿的蜂蜜只吃一顿就完了，下一顿为了保持这种奢华的生活水平，必须倾巢出动，飞来飞去于各花丛之间采蜜，结果忙忙碌碌，社会兴旺，百业昌盛。后来，来了一个新蜂王，它反对奢侈浪费，主张节俭朴素，本来只能吃一次的蜂蜜，它们要分成两次吃。第二次因为有了剩余，不需要辛勤工作，可以睡大觉了，结果日渐懒惰，经济衰落。最后这个蜜蜂王国被敌人打败逃散。

根据这个寓言，西方经济学家得出了这样的推论：节俭，即储蓄，对个人来说是件好事，但对整个社会来说却是坏事，因为它属于漏出，使国民收入收缩；相反，浪费，即支出，对个人来说是坏事，但对整个社会来说却是好事，因为它属于注入，使国民收入扩张。他们把这种情况称为"节约的悖论"。

（二）三部门经济国民收入的循环

我们在两部门经济的基础上再加上政府，就成了三部门经济。政府在经济中的作用主要是通过政府支出和税收来实现的。

从图16-5中我们可以看到，对于厂商与居民户之间收入流量循环的基本模型来说，又新增加了一个漏出——税收，新增加了一个注入——政府支出（包括政府购买和转移支付）。因此可以说，在三部门经济中决定国民收入的是储蓄、税收、投资和政府支出，国民收入达到均衡的条件是：

$$投资 + 政府支出 = 储蓄 + 税收$$

在这时对国民收入起收缩作用的漏出包括了储蓄和税收，对国民收入起扩张作用的注入包括了投资与政府支出。在图 15-5 中我们没有把图 15-4 的金融机构标出，是因为金融机构在国民收入流量循环中只起中介作用，所以被省略了。

（三）四部门经济国民收入的循环

我们在三部门经济的基础上再加上国外部门，就成了四部门经济，又称开放经济。国外部门对本国经济的影响是：向本国提供商品与劳务，这就是进口；向本国购买商品与劳务，这就是出口。如果是进口，国外部门要向本国政府交纳关税。

图 16-6 是四部门经济的国民收入流量循环模型。从这个模

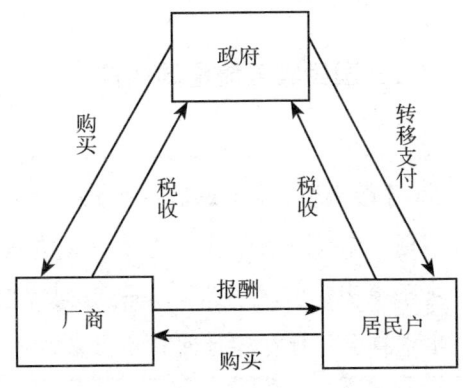

图 16-5　三部门经济国民收入循环

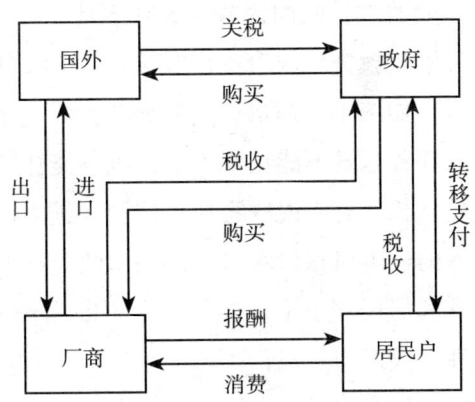

图 16-6　四部门经济国民收入循环

型中我们看到，对于厂商与居民户之间的流量循环来说，除了储蓄、税收以外，又增加了新的漏出——进口；除了投资、政府支出之外，又增加了新的注入——出口。为什么进口是漏出而出口是注入呢？这是因为进口是东西进来了，收入出去了；而出口是东西出去了，收入进来了。所以，在四部门经济中决定国民收入的是储蓄、税收、进口、投资、政府支出与出口。这时对国民收入起收缩作用的漏出包括了储蓄、税收与进口，对国民收入起扩张作用的注入包括了投资、政府支出与出口。国民收入达到均衡的条件是：

$$投资 + 政府支出 + 出口 = 储蓄 + 税收 + 进口$$

二、国民收入流量的调控

> 【故事】 姜昆说过一个相声,说他上初中的儿子回来问他一道数学题:有一个水池既有进水口又有出水口,打开进水口多长时间可把池子灌满,打开出水口多长时间可把水放完。问:同时打开进水口和出水口会怎样?姜昆回答不出来,急了:"谁吃饱了撑的出这样的题?"

其实,每个国家都有一个大水池,也可叫水库。不过这个水库里不是一般的水,叫国民收入;也不是一般的进水口和出水口,进水口有三个,分别叫投资、政府支出和出口;出水口也有三个,分别叫储蓄、税收和进口。如图16-7所示。这个"水库"有个管理员,他的名字叫政府。政府的任务是既不能让水干了,也不能让它溢出来,而是要维持水位有个稳定的增长。有人说这容易,控制好进水口和出水口就行了。问题在于这个水库的进水口和出水口不都是由政府掌握的,像投资和储蓄就分别掌握在厂商和居民户手上,他们还会不断出现一些"理性合成谬误"。什么是"理性合成谬误"呢?

厂商和居民户作为个体来说是理性的,但作为集体来说常会犯"理性合成谬误"。比如在经济衰退的时候,也就是"水库"里水少了,本来应该增加注入减少漏出,但因为居民户和厂商对未来不乐观,反而会增加储蓄减少投资。大家都这样做的结果,注入减少了而漏出增加了,更加剧了经济衰退。又比如在经济膨胀的时候,也就是"水库"里的水快满了,本来应该减少注入增加漏出,但因为居民户和厂商对经济前景看好,投资者会积极投资,消费者也会减少储蓄大把花钱,于是注入反面增加了,漏出反而减少了,这就使得"水库"面临崩溃的危险。

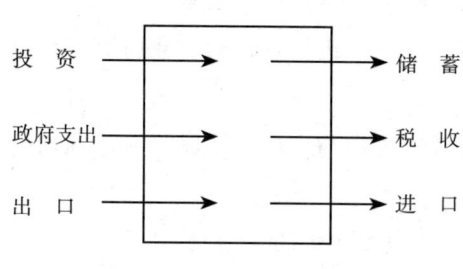

图 16-7 国民收入的"水库"

在这种情况下，政府只好"逆风向而动"了，就是在经济衰退时，居民户和厂商增加储蓄减少投资，政府就要反其道而行之，减少税收增加政府支出；在经济膨胀时，居民户和厂商减少了储蓄增加了投资，政府也要反其道而行之，增加税收减少政府支出。政府不仅要使用自己直接控制的进水口和出水口来调节流量，还要间接使用一些其他手段，才能使"水库"里的国民收入流量达到均衡。

三、通货膨胀和失业

作为水库管理员最担心两件事，一是水库爆满，大坝快要决堤；二是水库干枯，鱼虾难以成活。作为政府来说也担心两件事：一是经济膨胀，二是经济萧条。两者都对国民经济的健康发展不利。经济膨胀一般表现为通货膨胀，经济萧条一般表现为存在大量失业。

失业问题我们在劳动流动那一章里已经说过了，现在主要说通货膨胀。通货膨胀是指物价水平在一定时期内持续地、普遍地上升。物价水平是指所有商品和劳务交易价格总额的加权平均数。这个加权平均数也叫价格指数。衡量通货膨胀的价格指数一般有三种：（1）消费者价格指数，即 CPI；（2）生产者价格指数，即 PPI；（3）国内生产总值价格折算指数。通货膨胀是价格水平变动的问题，有关价格水平变动的概念有："同比"，是指与历史同时期相比，如 2016 年 10 月与 2015 年 10 月相比。"环比"，是指这个月与上个月或今年与去年相比。

通货膨胀形成的原因主要有需求拉动和成本推进两种。需求拉动的通货膨胀是指物价水平的上升是由商品市场的过度需求拉动的，即投资需求、政府支出需求、消费需求和净出口需求超过了按现行价格可能得到的供给，导致一般物价水平的上升。成本推动的通货膨胀是指物价水平的上升是由生产成本提高推动的，它又分为工资推动、利润推动和原材料、能源价格推动几种。工资推动的通货膨胀是指劳动工资的上升打入商品成本而造成的产品价格上涨。利润推动的通货膨胀是指垄断厂商为了获得垄断利润利用其垄断地位而造成商品价格的上涨。除此而外，原材料和能源价

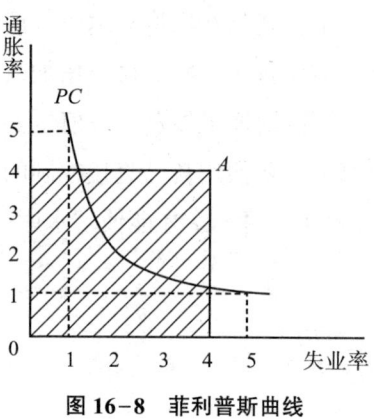

图 16-8 菲利普斯曲线

格的上涨也会使得成本提高，从而形成通货膨胀。20世纪70年代世界石油大涨价，尤其是2007年石油、铁矿石的价格成倍上涨，推动着世界性物价持续大幅攀升。

通货膨胀和失业之间存在一定的此消彼长、相互交替的关系，这种关系可以用菲利斯曲线来表示。在图16-8中，横轴表示失业率，纵轴表示通货膨胀率，那条向右下方倾斜的曲线就是菲利普斯曲线。图中阴影部分是社会临界区域，指政府对于失业率和通货膨胀率的社会可接受程度的理解，即在一定的失业率和通胀率之下，社会是可以接受的，政府不必采取任何措施。如果失业率或通胀率超过了这个区域，政府就有必要调节，以求得社会安定。调节的办法是：如果失业率（或通胀率）超过了临界点，可采取措施提高通胀率（或失业率），以换取失业率（或通胀率）的降低。

四、宏观经济政策的目标

宏观经济政策的目标主要包括充分就业、物价稳定、经济增长、国际收支平衡等。充分就业指一切生产要素都有机会以自己愿意的报酬参加生产的状态，通常指劳动这一要素的充分就业。按凯恩斯的说法，充分就业就是消灭了非自愿失业的就业。价格稳定指价格总水平的稳定，它是一个宏观经济的概念。价格稳定不是价格不变，而是相对稳定，不出现严重的通货膨胀。轻微的通胀是正常现象。经济增长指在一个特定时期内经济社会所生产的人均产量和人均收入的持续增长。我国GDP增长速度虽然从几年前的10%左右降到2016年的6.5%，而且经济学家预测今后的经济走势不会是U形，也不会是V形，而是L形，即不会再恢复到10%的高增长，但相比其他国家而言仍属持续均衡增长。平衡国际收支不是指政府收支平衡，而是指国际收支平衡，即出口和进口基本持平，不存在大的长期的贸易顺差或逆差。

有的人认为顺差要比逆差好,有的地方甚至提出了"千方百计扩大出口"的口号。这合适吗?我们看下面的案例。

> 【案例】 假设一个美国商人将10万美元服装生产设备运到我国,美国海关登记出口10万美元,我国海关登记进口10万美元。该设备在我国境内卖了15万美元,该美国商人用这15万美元买了西装回国,于是我国海关登记出口15万美元,美国海关登记进口15万美元。这样我国就有顺差5万美元,美国就有逆差5万美元。谁赚谁亏?如果他不是将这些设备卖了,而是利用中国廉价的土地、能源和劳力开办服装厂,源源不断地生产服装出口美国,中国的贸易顺差就远远不止5万美元了,谁赚谁亏?

显然是美国人赚了。前面他以10万美元机器换回15万美元西装出口美国,赚了5万美元;后面他办厂生产服装再出口美国,设备技术还是他的,源源不断的利润也是他的,服装还穿在美国人身上,而中国却要付出资源消耗、环境污染、土地占用的代价,仅得到最低工资和税收,但对外贸易顺差却惊人,GDP也上去了。所以不能总认为顺差就比逆差好,甚至提出"千方百计扩大出口"的口号。中国在经济起飞之初采用出口导向型发展战略是无可厚非的,但长远来说经济还是要靠国人的消费来拉动。因为消费既是手段,也是目的。

> 【案例】 假设上述美国商人不是带设备而是直接带10万美元到中国投资办厂,但在中国境内只能用人民币交易,所以他要以即时汇率将美元兑换成人民币,由此中国增加了10万美元的外汇储备,并同时增发了与10万美元等值的人民币进行对冲。美国人用这笔钱办了厂生产了西服销到了美国,卖了20万美元再拿到中国来扩大生产,由此我国又增加了20万美元的外汇储备。如此循环往复,我国外汇储备不断增加。那么,这些外汇储备是中国人的吗?

不是,是美国人的。一旦哪一天他不想干了,将人民币兑换成美元回国了,那些外汇储备也就没有了。所以外汇储备只是我们代为保管的外国货币,并不是越多越好。外汇储备多了,与之对冲的人民币的供应量也就多了,会增加通货膨胀的压力。万一外币贬值了,我们也会蒙受相应的损失。当然外汇储备多了也有好处,无论是政府还是私人都可以用它去购买外国产品和劳务,或到国外去投资。这等于是借人家的钱去办事,或是"借鸡下蛋"。但借钱总是要还的,还要附上利息。

五、宏观经济政策体系

西方经济学有个假设,就是资源存在闲置现象,一旦有了需求,这些闲置资源马上就能利用,所以供给不是问题,需求才是问题。因此,西方经济学主要是围绕总需求展开的,政府的宏观经济目标也都是通过调节总需求实现的,其政策,包括财政政策和货币政策,被称之为需求管理政策。除此而外政府的工具箱里还有一类是供给管理政策,它不是指如何促进经济长期增长的政策,而是指在短期内如何从供给方面采取一些政策措施来消除经济较大波动带来的失业和通胀。供给管理政策主要包括收入政策和人力政策。我国政府强调的供给侧改革,实施的主要是供给管理政策,但又和西方经济学讲的供给管理政策有所不同。需求管理政策和供给管理政策共同组成宏观经济政策体系,如图16-9所示。

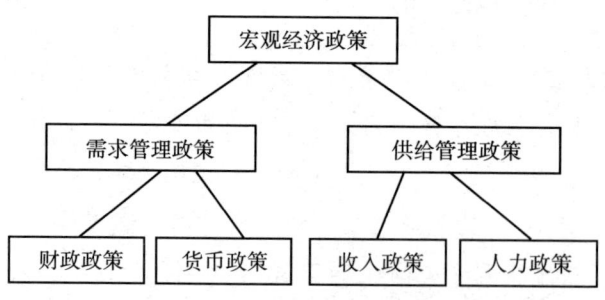

图16-9 宏观经济政策体系

第三节 宏观需求管理政策

一、财政政策及其运用

（一）财政政策的概念

财政政策是政府变动税收和支出以影响总需求进而影响就业和国民收入的政策。比如，经济萧条时，政府采取扩张的财政政策，如减税，给私人和企业多留些可支配收入，以刺激消费和投资，从而增加生产和就业；还可以扩大对商品和劳务的购买，多搞些公共建设，这样就可以扩大私人企业的商品销路，还可以增加消费，刺激总需求。经济膨胀时正好相反，采取紧缩的财政政策，如增加税收、减少政府支出等。

（二）自动稳定器

自动稳定器亦称内在稳定器，是指经济系统本身存在的一种会减少各种对国民收入冲击的机制，能够在经济繁荣时自动抑制通货膨胀、经济衰退时自动减轻萧条，而无须政府采取任何行动。有些财政政策具有自动稳定器的作用，如个人和企业的所得税、失业和贫困救济金以及农产品维持价格。当经济萧条时，企业和个人收入减少，符合纳税标准和较高税率的企业和个人减少，符合补贴和救助的企业和个人增加，于是税收减少转移支付增加，个人可支配收入增加引起消费增加，这对经济萧条起到抑制的作用。而当经济膨胀时，企业和个人收入增加，符合纳税标准和较高税率的企业和个人增加，符合补贴和救助的企业和个人减少，于是税收增加转移支付减少，个人可支配收入减少引起消费减少，这对经济膨胀起到抑制的作用。农产品维持价格之所以能起到自动稳定器的作用，是因为经济萧条时国民收入下降，农产品价格下降，政府按支持价格收购农产品，可保证农民的收入和消费，对经济萧条起到抑制作用；经济膨胀时国民收入增长,农产品价格上升,政府抛售农产品限制价格上升,可抑制农民的收入和消费,从而对经济膨胀起到抑制作用。

(三) 赤字政策

在20世纪30年代大危机以前,很多国家的政府都要求年度预算平衡。后来这个原则遭到凯恩斯主义者的攻击,他们认为衰退时税收必然减少,如果坚持平衡预算,只能减少政府支出,这会加深衰退;膨胀时税收必然增加,如果坚持平衡预算,只能增加政府支出,这会使膨胀更加严重。应该在衰退时实行扩张性政策,有意安排预算赤字;膨胀时再实行紧缩性政策,使预算赤字得到弥补。

二战后西方国家普遍采用赤字政策,并有所谓"公债哲学":第一,公债的债务人是公众,公众是政府的纳税人,政府是公众的代表,因此他们在根本利益上是一致的,政府欠公众的债实际上是自己欠自己的债,没有关系。第二,政府的债务可以一届一届传下去,还可以借新债还旧债,所以公债的偿还是有保障的,不会引起信用危机。第三,政府债务与国民收入总是保持一定比例,萧条时欠的债可以在繁荣时还,这样公债就不会无限扩大下去。

我国也在适度地运用赤字政策。面对GDP和财政收入增长双双减速的压力,国务院总理李克强在政府工作报告中提出,2015年中国拟安排财政赤字1.62万亿元,其中,中央财政赤字1.12万亿元,地方财政赤字5000亿元。赤字率从2014年的2.1%增至2.3%。国际上通常用两个指标来评价一国财政风险:一个是赤字率,赤字占GDP的比重不超过3%;另一个是国债余额占GDP比重不超过60%。我国2015年中央财政国债余额为111908.35亿元,占GDP的比重不足20%。可见,我国的赤字率和国债余额都在安全区之内。

西方有些国家在运用赤字政策时有几点没考虑到:第一,工资和福利具有刚性,一旦上去就很难再降下来,因此实行扩张的政策容易,实行紧缩的政策难,会引起民众的反对甚至社会动荡。第二,民选政府为了获得选票,会给民众承诺很多好处,上了台就要兑现,造成财政赤字不断扩大,留给下一届政府的债务越来越多。第三，社会逐渐福利化、老龄化，享受社会福利的人越来越多，创造社会财富的人越来越少。由于这种种原因，最终导致西方一些国家如希腊等债务无法偿还，陷入债务危机之中。

（四）财政政策的局限性

政府在运用财政政策时，还会遇到一些困难。

首先，不同政策会遇到不同阶层与集团的反对。例如，增税会遇到公众普遍的反对，甚至引起政治动乱；减少政府购买（尤其是减少政府军费支出）会遇到强有力的垄断企业的反对；削减转移支付则会受到一般平民及其同情者的反对等。

其次，有些政策执行起来比较容易，但又不一定能收到预期的效果。例如，减少税收增加转移支付不会引起反对，但在萧条时期人们很可能会把减税和增加转移支付所增加的收入存入银行而漏出。

再其次，任何财政政策都有一个时延的问题，也就是说从方案的提出、有关部门的批准到最后执行都有一个过程，在短期内很难见效，然而在这一段时期内，经济形势也许会发生意想不到的变化。

最后，整个财政政策的实施要受到政治因素的影响等。所有这些都会减少财政政策的作用。

（五）我国的财政政策

我国的财政政策，主要是通过税收、补贴、赤字、国债、转移支付等手段对经济进行调节，既要平抑波动，又要发展经济。改革开放以来，我国根据各个时期经济发展的需要，相继出台了不同的经济政策，基本上都是"逆经济风向而动"，即经济偏冷时实施扩张的财政政策，我们称之为"积极的"财政政策；经济偏热时实施收缩的财政政策，我们称之为"从紧"或"稳健"的财政政策。我们在政策调控手段和方法上，逐步放弃了以行政手段为主的直接调控，转向适应市场经济体制的以经济手段为主的间接调控。

当前我国经济面临下行的压力，所以主要是围绕深化经济体制改革、调整经济结构和转变发展方式这几个方面，实施积极的财政政策。这些政策包括：完善结构性减税，如降低新能源、先进设备和关键零部件的进口税，减轻小型企业的税收负担，营业税改增值税等；降低流通成本以支持商贸流通体系建设；健全社会救助和保障标准与物价上涨挂钩的联动机制，落实好对困难群体生活的帮助；着力优化投资结构和财政支出结构，支持保障性安居工程、水利建设、科教文卫基础建设、节能减排、生态建设和自主创新能力建设，以及促进新疆、西藏等少数民族地区的经济发展；加大科技投入，加强重点节能工程建设，大力支持战略性新兴产业和现代服务业发展，加强生态保护建设；提高财政收支的透明度和效率，严格控制"三公消费"的支出等。

二、货币政策及其运用

（一）货币政策的概念

货币政策是中央银行通过变动利率和货币供给量来调节总需求的政策。当经济萧条时，央行采取扩张的货币政策，降低利率，扩大货币供给，以刺激私人投资和消费，使生产和就业增加；当经济膨胀时，央行采取紧缩的货币政策，提高利率，减少货币供给，以抑制投资和消费，使生产和就业减少。

（二）货币政策的主要工具

货币政策的工具包括再贴现率政策、公开市场业务和法定准备率。再贴现率是中央银行对商业银行及其他金融机构的贷款或者说放款利率。公开市场业务是中央银行在金融市场上公开买卖政府债券以控制货币供给和利率的政策行为。法定准备率是央行决定的商业银行准备金的比率。经济衰退时，中央银行降低再贴现率，在公开市场买进政府债券，降低准备率，这样就增加了货币的供给，使消费和投资增加，起到刺激经济的作用。经济膨胀时，中央银行提高再贴现率，在公开市场卖出政府债券，提高准备率，这样就减少了货币的供给，使消费和投资减少，起到抑制经济的作用。

(三) 其他货币政策工具

(1) 道义劝告，是指中央银行运用自己在金融体系中的特殊地位和威望，通过对银行及其他金融机构的劝告，影响其贷款和投资方向，以达到控制信用的目的。

(2) 垫头规定，即规定购买有价证券必须付的一定比例的现款，其余的可向经纪人借款。

(3) 规定利息率的上限。

(4) 控制分期付款和抵押贷款的条件。

2015年一些地方为了刺激楼市，允许商业银行发放"首付贷"，即客户买房连首付都可以贷款，使一线城市房价大幅上升。这不仅侵害了无住房和想改善住房人的利益，而且存在大量经济泡沫，所以央行叫停了"首付贷"。

(四) 我国的货币政策

在西方市场经济国家，货币政策与财政政策一样，一般只有扩张的、紧缩的和中性的货币政策三大类，但在我国文件和媒体中货币政策却有"稳健的"、"适度从紧的"、"适度从宽的"几种提法。"适度从紧"就是适度紧缩，"适度从宽"就是适度扩张，这个好理解。什么是稳健的货币政策？所谓稳健的货币政策，是指在货币供给方面，为正确处理防范金融风险和支持经济增长的关系，在提高贷款质量的前提下，保持货币供应量的适度增长，以支持国民经济快速健康发展。这里有个问题，就是货币供应量增长了，物价肯定会上升，那怎么办？我国的货币政策允许适度的物价上升，这是因为：

第一，我国还处在计划经济向市场经济的转轨阶段，市场化要实现资源的优化配置，而要做到这一点，必须要理顺价格关系，这就会导致物价上涨。有人说现在的物价是过去的多少倍，怎么不说现在的工资是过去的多少倍？成本上升了价格能不提高吗？如果货币政策不允许适度的物价上升，就等于不容许优化资源配置的经济改革，这显然是不行的。

第二,我国是个发展中国家,要想跻身于发达国家之列,经济必须要增长。而只要经济增长,就一定会伴随着物价上涨。这个道理就和水涨船高一样。所以,货币政策也应当允许有适度的物价上涨。

第三,国际收支基本平衡也要求货币政策相应起作用。如果国际收支严重不平衡引起汇率过分波动,政府就要出手干预。例如为了防止人民币升值过快,就不得不投入一定数量的基础货币,这就会形成因货币投放过多而带来的通货膨胀。

当然,允许适度的物价上升不等于就允许通货膨胀。通货膨胀坏处多多,这里就不细说了。货币政策的主要目标还是对付通胀和通缩,这就和水库的水一样,太多太少都不好,都要防止。所以,控制货币流量至关重要。那怎么来调节货币流量呢?因为利息率是货币的价格,所以我们国家和多数国家一样,都是通过变动利息率来调节货币流量的。

> 【案例】 2015年9月,中国人民银行又一次调低了利率和法定准备金率,使得银行存款利率降为1.75%,低于8月份CPI增长率2%。也就是说,通胀率高于定期存款利率,中国进入了负利率时代,存钱等于亏钱。这是为什么?

第一,这是因为中国乃至全球的资本回报率进入了下行通道。2008年全球金融危机爆发,美国房地产价格暴跌。为了维系借贷契约,美联储从危机开始到2014年10月,实施了三轮量化宽松政策,通过超发货币稳定经济。美元贬值,资本带领下的商品和服务生产开始疏散到美国以外的世界各地,很多国家因此受益,中国也不例外。但是从2014年开始,经济形势发生变化。美国经济重新回到过去200年间年均增长2%的正常区间,美联储多次叫喊要加息,加之欧元区主权债务危机一直无法化解,新兴经济体转型升级不够迅速,一些与经济相关的地缘政治、军事因素挥之不去,导致资本回流美国。为此各国纷纷下调银行存款利率,降低企业借贷成本。

第二,中国经济亟待降低运行成本,鼓励就业、投资和消费。中国经济正经历一场由总量扩张到提质增效的转型过程,被称之为经济新常态。

这有赖于创新型企业的诞生，更需依靠传统行业走向高端产业。怎样才能做到这一点呢？政府部门直接动手是不行的，你怎么知道哪些是创新型企业？何况大量的传统行业向高端产业转型也有一个过程。所以要通过降息这个市场手段，尽量维持政策中性，避免资本、劳动等要素的错误配置。银行存款利率下降了，贷款利率才能下降，更多创新型企业才能诞生，从而带动就业；更多传统企业才能有更多的资金用于创新，淘汰旧设备，研发新设备。存款利率降低了，存款等于亏钱，人们才会把更多的钱用来消费，产品才能更多地卖出去，企业才能有更多的钱用于生产。

第三，为了减轻地方政府的债务负担。目前地方政府的债务负担很重，大多来自商业银行的借款，数以 10 万亿为单位计，每年光利息就不是个小数字。原来靠卖地可以解决问题，但这两年占地方财政收入半壁江山的土地出让金收入不断下滑。这种情况下央行降息对他们来说肯定是个利好消息。

经济形势是不断变化的，所以经济政策也不能一成不变。2017 年 2 月，中国人民银行继春节长假前调升中期借贷便利（MLF）利率后，节后首日（2 月 3 日）同时上调公开市场逆回购以及常备借贷便利（SLF）各期限利率，其中逆回购利率为 2015 年 1 月重启以来首次调高，彰显了央行紧货币、降杠杆的决心。

三、相机抉择

相机抉择是指政府在对宏观经济进行调控时，可以根据市场情况和各种调节措施的特点，机动灵活地选择哪一种或哪几种政策措施。宏观财政政策和货币政策各有自己的特点。

首先，它们作用的猛烈程度不同。政府支出增加和法定准备率调整的作用都比较猛烈，而税收政策与公开市场业务的作用就比较缓慢。

其次，政策效应的时延不一样。例如货币政策可以由中央银行决定，作用快一些；而财政政策从提案到人大讨论、通过，要经过一段时间。

第三，政策发生影响的范围大小不一样。政府支出的影响面就大一些，而公开市场业务的影响面则小一些。

第四，政策受的阻力的大小也不同。增税和减少政府支出的阻力较大，而货币政策的阻力一般较小。因此，政府在对经济进行调控时，究竟采取哪一项政策或哪一些政策并没有一个固定的模式，要根据不同的情况灵活地决定。

政府这个"水库管理员"还应该是一个好医生，要善于根据国民经济出现的不同症状选用不同的政策配方。比如在经济发生严重衰退时，这相当于一个人病得很严重了，这样就不能下作用缓慢的药，而要用作用比较猛烈的药，如紧急增加政府支出，或举办公共工程。相反，当经济开始出现衰退的苗头时，这好比一个人刚出现得病的症状，这时不宜用作用猛烈的药，而要用一些作用缓慢的药，如有计划地在金融市场上收购债券以便缓慢地增加货币供给量，以降低利息率。

作为一个好的医生还要善于将不同的药搭配起来使用。政策的搭配一般有这样几种办法：一是为了更有效地抑制经济衰退，可以把扩张性的财政政策与扩张性的货币政策配合使用；为了更有效地削弱经济膨胀，可以把紧缩性的财政政策与紧缩性的货币政策配合使用。这就好比为了治一种病，可以下好几种药，这几种药的作用都是相同的，一起吃可以增加疗效。二是可以把扩张性的财政政策与紧缩性的货币政策配合使用，以便在刺激总需求的同时又不致于引起太严重的通货膨胀；或者把扩张性的货币政策与紧缩性的财政政策配合使用，以便既能降低利息率增加投资，又可以减少政府支出，稳定物价。之所以把不同作用的药一起吃，是因为凡药都有副作用，吃不同作用的药既可以治病，又能消除其副作用。

第四节 宏观供给管理政策

2015 年 11 月，中央有一个重要决策，就是着力进行供给侧结构性改革。什么是西方的宏观供给管理政策？什么是我国供给侧结构性改革？为什么要进行供给侧结构性改革？政府应该做什么工作？这是本节要讨论的问题。

一、西方的供给管理政策

西方的供给管理政策主要包括收入政策和人力政策，它是从供给方面来对付通货膨胀和失业的政策措施。面对20世纪70年代各主要西方国家出现的滞胀局面，调节总需求的宏观经济政策，无论是财政政策还是货币政策都显得无能为力。这些政策只能用来对付单独发生的失业或通胀。为了对付同时发生的失业和通胀即滞胀局面，主流的凯恩斯主义经济学家萨缪尔森、托宾等人主张，在推行财政政策和货币政策的同时，配合使用收入政策和人力政策。

收入政策主要是针对通胀的，是用来限制垄断企业和工会对物价和工资操纵的一种政策。西方国家的垄断企业和我们国家的垄断企业不同，都是私人垄断，热衷于通过垄断价格获取垄断利润。西方国家的工会也和我们国家的工会不同，为提高工资动不动就罢工。所以收入政策以管制工资—物价为主要内容。它包括以下措施：(1)设立工资—物价"指导线"，要求企业和工会通过协商，自愿把工资和物价的增长率限制在指导线以内。(2)对某种增长较快的工资和物价实行"权威性"劝说和施压，不行就颁布法令硬行管制甚至冻结。(3)以税收作为限制工资增长的手段，增长率在规定界限下可以减税，超过则增税。

人力政策主要是针对失业的，是用以改进劳动市场状况、消除劳动市场不完全性的一种政策。它通常包括以下措施：(1)发展能吸收更多劳动的服务部门；(2)政府直接雇用企业不愿雇用的工人，让他们从事社会公益事业；(3)培训和指导工人就业；(4)增加劳动在部门、地区间的流动性。

二、我国面临的问题

我国的情况和西方国家的"滞胀"有所不同，不能套用但可借鉴西方的供给管理政策。当前我国面临的问题概括起来就是"三期叠加"：增长速度的下行期、结构调整的阵痛期和刺激政策的消化期。这中间的核心问题就是增长速度下降，由多年的平均增速10%左右下降到2015年的6.5%。为了应对这个挑战，我国的宏观经济政策长期以来都是侧重于需求管理的，比如2008年全球经济危机，中国批量上马基建、家电下乡补贴，其实就是借公共支出，把投资和消费需求拉起来"补缺"；再比如住房"限购"，是通过抬高购房门槛，把需求压制下来。但仅凭"需求管理"常常治标不治本，财政刺激就像兴奋剂，劲儿过后政府债务、产能过剩、房价问题立马浮出水面。中国钢铁、煤炭、有色金属等行业产能过剩尤其严重。中国供应了全球50%的钢铁，光2015年就向欧盟出口700万吨，欧盟73起反倾销案中就有56起涉及中国产品。另一方面，老百姓很多日用消费品却要到国外去买，皮鞋、化妆品、奶粉、箱包甚至马桶盖。

为什么需求管理政策不起作用了呢？需求管理的理论来源于凯恩斯主义，我们前面讲过，用支出法计算GDP，就是将消费支出（C）、投资支出（I）、政府支出（G）和净出口这几项都加起来，即：GDP=C+I+G+（X–M），这就是凯恩期主义的分析框架。因此，对付经济下滑主要靠提高消费需求、投资需求和净出口需求这"三驾马车"。这"三驾马车"里又主要靠投资增长，因为消费要增长，首先要收入增长，而收入增长首先要有工作，这就要靠投资增长。影响净出口增长有两个因素：一是国外有需求，这个我们决定不了；二是看国内企业的竞争力，这也离不开投资增长。所以算来算去抑制经济下滑主要就是靠投资增长了，这些年我们也确实是这么做的，年年都增加投资。但连续这么多年以后发现了两个问题：一是投资的回报率越来越低，看来是边际收益递减规律在起作用；二是债台高筑，杠杆率（债务对GDP比率）加速提高。这一比例高了就有发生系统性危机的风险。所以，光靠需求管理政策解决不了问题，要从供给侧想办法。

三、供给侧结构性改革

从供给侧分析问题并寻找对策，分析框架是生产函数 $Y=AK^{\beta}L^{1-\beta}$，式

中 A 表示索洛余值，K 表示资本，L 表示劳动。有人说这还不是离不开投资吗？我们说是离不开投资，但不同的是有了一个索洛余值 A，尽管对这个 A，库兹涅茨和舒尔茨有不同的界定，但我们理解，它和创新，和结构有重要关系。这就是我们不断强调创新、强调结构性改革的原因。

说到创新，信息化是主力。特别是在现代经济里，信息成本占总成本的比重越来越大，而信息化的最重要的功能就是降低信息成本。1995年我国制定的第九个五年计划，就提出要转变经济增长方式，从投资驱动转到效率驱动，但20年过去了，这个问题始终没有解决。为什么？一个是因为有信息化障碍，另一个是因为有体制性障碍。信息化障碍影响了创新，体制性障碍指的是政府在资源配置中起决定性作用，它影响了效率。

说到结构性改革，国际货币基金组织（IMF）强调的是改革政府与市场的关系、政府与企业的关系。我们认为结构性改革要达到两个目的：一是使市场在资源配置中起决定性作用，第二就是要更好地发挥政府的作用。总之就是要建立统一开放、竞争有序的市场体系。为此要重点做好两件事：

第一，通过这样的市场体系对资源进行有效配置。我们说的"去产能、去库存、补短板"，就是使资源从那些无效的部门、过剩的部门转到有效的短板部门。截长板补短板，桶虽然矮了，由于补了短板，容量却大了。

第二，通过市场建立正向的激励机制，依靠市场机制实现优胜劣汰，实现结构的优化。目前看这方面的问题比较多，一些地方官员怕冒改革的风险，出现"懒政"现象；一些企业家对形势缺乏信心，没有投资和参与的积极性。所以我们既要鼓励改革，也要允许在改革中犯错。只要不是贪污腐败，就不能一棍子打死。

四、借鉴供给学派的政策主张

新古典综合派继承和发展了凯恩斯主义，也从供给方面提出了一些政策主张，但那只是充当财政政策和货币政策的配角。20世纪70年代在美国兴起并作为里根总统经济政策重要参考的供给学派，其政策主张则是直接作为凯恩斯主义的对立面出现的。他们的供给管理政策主张的核心是强调激励的作用,认为激励意味着对工作、储蓄、投资和企业家才能的足够报酬,而凯恩斯主义的需求管理政策使政府支出日益增加,为弥补财政赤字,只能靠增加税收和发行货币,结果严重挫伤工作、储蓄和投资的积极性,造成供给不足,从而使失业和通胀同时出现。

为了增强激励,供给学派提出了一套供给管理的政策思想,其核心是减税,特别是降低高边际税率(增加的税收在增加的收入中的比例),因为高边际税率是妨碍工作、储蓄、投资和创新积极性及提高劳动生产率的罪魁祸首。降低了税收,就会提高资产报酬率,鼓励储蓄和投资,提高劳动生产率,降低产品成本,缓和通货膨胀,使消费、产出和就业增加。

供给学派的政策思想大大影响了里根政府的政策,1977年一些议员提出的在3年内全面削减边际税率30%的"肯普—罗斯法案"就一度为里根政府所坚持并取得了促进经济复兴的效果。这是继肯尼迪减税后美国减税政策的又一成功案例。

我国税收总体来说还是比较高的,面临经济下行的压力,我们认为不妨借鉴一下供给学派的主张,实行减税政策,使企业轻装上阵,获得不断创新的动力,才能使整个国民经济焕发出活力,走出下行的阴霾。

五、关于产业政策的争论

2016年8—9月份,中国两位经济学家林毅夫和张维迎围绕我国产业政策爆发了激烈争论。张维迎认为,由于人类的认知局限和激励机制的扭曲,技术和新产业是不可预见的,因此,产业政策注定是要失败的,政府不应该给任何企业、任何行业任何的特殊政策。林毅夫则认为,不管是发达国家还是发展中国家,产业政策都是经济发展的必要条件,政府必须优先扶持那些对经济发展具有重大贡献的产业,企业家也需要政府帮助来克服外部性和协调关系。这场争论很有意义,它关系到中国的政策导向和经济增长。

我们更倾向于林毅夫的观点,但认为张维迎的观点也有一定道理。林毅夫认为，许多发展中国家的政府采用产业政策时经常失败，除了执行能力的问题以外，究其原因是发展中国家的政府容易出于赶超的目的，而去支持违反比较优势的产业，结果这些产业中的企业在开放竞争的市场中缺乏自生能力，只能靠政府永无止境的保护补贴来生存。但不能因此就反对一切产业政策，而要研究产业政策成功和失败的原因，以帮助政府在制定和实施产业政策时，减少失误，提高科学性。

从世界各国的发展经验看，成功的产业政策通常发生在后发国家学习和模仿发达国家的过程中，而失败的产业政策通常发生在那些新兴行业或处于技术前沿的行业。比如日本，它扶持汽车行业的政策比较成功，而扶持家电产业的政策就比较失败，主要原因就在于前者是传统工业，具有比较稳定的产业发展和转移规律，而后者的发展规律具有不确定性，技术变化日新月异，连处于市场前沿的企业家都搞不清楚，政府就更无法先知先觉。当日本政府还在支持开发等离子技术时，哪想到液晶技术会后来居上，结果功亏一篑。根据图 5-5 的模型，我们也可以解释为什么政府应该扶持传统产业的转型升级，因为这些产业往往初始投资大、生产周期长、配套环节多，一句话，就是产品的供给缺乏弹性。支持它的发展，从长远来说可以获得更大的利益。所以，政府的产业政策还是要有的，但应仅仅局限在前景比较明朗的传统产业，比如支持"互联网+"运用于传统产业的转型升级等；而对于前景不太明朗的新技术的开发，还是交给市场比较稳妥。

本章小结

经济政策包括微观经济政策和宏观经济政策两部分。微观经济政策的目标，是在市场失灵的时候政府出手，通过一定的政策措施减轻或消除市场失灵造成的损失，以实现帕累托最优。它的参照系是完全竞争市场，为此要抑制垄断和外在不经济，消除信息不对称造成的影响。宏观经济调控的原理是：国民收入是不断流动和循环的，实现均衡的公式是"投资+政府支出+出口＝储蓄+税收+进口"，等式左边是注入，等式右边是漏出。

注入大于漏出，通货膨胀；注入小于漏出，失业严重。宏观经济政策的目标是：充分就业、物价稳定、经济增长、国际收支平衡等。财政政策是政府变动税收和支出以影响总需求进而影响就业和国民收入的政策。有些财政政策具有自动稳定器的作用，如个人和企业的所得税、失业和贫困救济金以及农产品维持价格。货币政策是中央银行通过变动利率和货币供给量来调节总需求的政策，其工具包括再贴现率政策、公开市场业务和法定准备率。供给管理政策是从供给方面采取措施消除经济较大波动带来的失业和通胀。我国的供给侧结构性改革应该注意三个问题：一是改革政府与市场的关系，使市场在资源配置中起决定性作用；二是借鉴供给学派的政策主张，实行减税政策，理顺政府和企业的关系；三是政府应支持传统产业的转型升级，而把前景不太明朗的新技术的开发交给市场。

思考题

1. 什么是市场失灵？微观经济政策的目标是什么？
2. 画图比较垄断竞争市场和完全竞争市场的效率有什么不同。
3. 宏观经济政策的目标是什么？提出"千方百计扩大出口"的口号合适吗？
4. 什么是财政政策？具有自动稳定器作用的财政政策有哪些？其作用原理是怎样的？
5. 什么是货币政策？货币政策的工具有哪些？其作用原理是怎样的？
6. 什么是供给侧结构性改革？为什么现在要强调供给侧结构性改革？你认为我国供给侧结构性改革应注意哪些问题？
7. 我国的对外贸易政策应该是什么？为什么要有这样的政策？
8. 你同意林毅夫的观点还是张维迎的观点？为什么？你认为"林张之辩"有什么意义？
9. 2016年12月11日，中国加入世界贸易组织（WTO）期满15年，理应获得该组织框架下的"市场经济地位"。也就是说，以后其他成员方都不能在对华反倾销、反补贴案中继续采用"替代国"之类的做法，而是只能采用受调查产业的中国价格或成本。但由于受保护主义的影响,欧盟、美国、日本却反对中国获得此待遇,并酝酿在多行业加收惩罚性关税措施。面对这种局面,我们该怎么办?

第十七章

腐败问题

最后，我们谈谈腐败问题。党的十八大以来，反腐力度大大加强，腐败问题已成为各级地方政府高度重视的问题。本章从经济学的角度简要探讨权力与腐败的关系、腐败产生的原因和供求关系以及腐败的治理问题。

第一节 权力与腐败

一、权力的性质与类别

作为政治学、社会学、管理学等多学科研究的共同课题，"权力"通常被描述为组织中人与人之间的一种关系，是处在某个管理岗位上的人对整个组织、所辖单位与人员的一种影响力。在组织中为了权力关系的稳定化需要设置了职位，但有了职位不一定就会拥有相应的权力。

【案例】 公元11世纪，德意志皇帝亨利四世和教皇格列哥利七世为争夺主教述任权而进行了激烈的斗争。皇帝不把教皇放在眼里，认为自己拥有至高无上的权力，宣布废黜教皇；教皇也不"尿"皇帝那一套，认为自己秉承了上帝的旨意，宣布开除皇帝的教籍。结果，

> 由于很多臣民都服从于教皇，亨利四世四面楚歌，面临失去皇位的危险，不得不冒着风雪严寒到教皇的城堡外赤足披毡，等候了三日，才得到教皇的赦免。

可见，权力是一种影响力。定义为影响力的权力主要包括三种类型：专长权、个人影响权与制度权。专长权是指管理者因具备某种专门知识或技能而产生的影响能力；个人影响权是指因个人的品质、社会背景等因素而赢得别人尊重与服从的能力；制度权是与管理职务有关、由管理者在组织中的地位所决定的影响力。这三种权力都有可能导致腐败，但最容易腐败、危害也最大的还是由制度权力导致的腐败。制度权力与职位有关，而与占据职位的人无关，所以腐败分子一旦占据了一定职位，便有了"有权不用过期作废"的想法，加快了以权谋私的步伐。很多人原本清廉，一旦占据了一定职位，便有了腐败的机会，受到腐败的诱惑，如果缺少权力制衡机制，想不腐败都难。

二、权力与腐败

社会上的腐败现象很多，我们这里特指利用权力产生的腐败。

> 【故事】有7个人组成了一个小团体共同生活，每个人都是平凡而平等的，没有什么凶险祸害之心，但不免自私自利。他们本来没什么矛盾，但在吃饭的问题上却渐起纠纷。原来他们的每顿饭就是分食一锅粥，起初由一个人专门负责分粥，很快大家就发现这个人为自己分的粥多，给别人分的少。于是又换了一个人，也是一样。后来大家不要一个人专门分粥了，改由大家轮流值日，轮到的人分粥。结果每个人一星期只有一天能吃饱，还有剩余，其余六天都饿肚皮。于是大家又改变了轮流分粥的做法，选举一个大家信得过的人来分粥。开始这位品德高尚的人还能保持公平，但不久就开始为自己和溜须拍马的人多分，给其他人少分。再后来大家选举产生了一个分粥委员会和一

> 个监督委员会，每次分粥时分粥委员会都要讨论，监督委员会还要检查，有时还争论不休。这样粥分得公平了，但等到吃粥时，粥早就凉了。问：他们应该怎样分粥才能既公平又分得快呢？

最后，这7个人制定了一条规则：不论谁分粥，领粥时分粥的人最后拿。令人惊奇的是，问题很快解决了，粥分得又快又公平。这个故事给我们的启示是：(1)由一个人专门负责分粥，很快大家就发现这个人为自己分的粥多，再换一个人也是一样。由此可见，权力导致腐败，绝对的权力导致绝对的腐败。(2)大家轮流分粥每人一天，看起来平等了，但每人只有一天不仅吃饱，还有很多剩余，其余6天饥饿难耐。于是又可得出结论：绝对的权力还导致资源浪费。(3)大家选择一个信得过的人分粥，开始他还能保持公平，但不久就开始为自己和溜须拍马的人多分。看来，制度不好会让好人也逐渐变坏。(4)选举一个分粥委员会和一个监督委员会，形成集体决策和监督机制。这样公平是做到了，但每次分粥，委员会都要讨论，监督委员会还要检查，有时还争论不休。等到大家可以吃粥时，粥早就凉了。看来，过于民主也要付出效率的代价。(5)不论谁分粥，但领粥时分粥的人要最后拿，这样一来粥分得又公平又快。这是因为分粥的人明白，只要有一碗粥比别的少，那一碗肯定是自己的，所以他必须公平。可见，一个好的制度不是不让人自利，而是要形成一个内在的制约机制，把人们的自利行为引导到对社会有利的方向。邓小平和哈耶克都说过，一种坏的制度使好人做坏事，而一种好的制度会使坏人也做好事。好的制度并不是要改变人利己的本性，而是要利用人这种无法改变的利己心去引导他做有利于社会的事。制度的设计要顺从人的本性，而不是力图改变这种本性，这样才能形成一种因势利导的有效激励机制。

三、寻租活动的危害性

在第九章"土地流转"中，我们由地租的概念引申出寻租的概念，寻租活动就是一种腐败。寻租活动对社会经济效益的危害是很深的，这一点从长远来看会很清楚。布鲁克斯和黑吉德拉把寻租竞争和科技发明的竞争做了分析比较。如图 17-1 所示，横轴 t 表示时间，纵轴 Y 表示产出，原先社会生产力的发展轨迹是 G_1。假设第一种情况：在时点 T 发生了一场为科技发明权而产生的科研竞赛，由于竞争者把资源移用于科研，减少了生产，所以产出水平由 A 降到 B。但由于科技发明对生产力的推动作用，产出的增长速度从 B

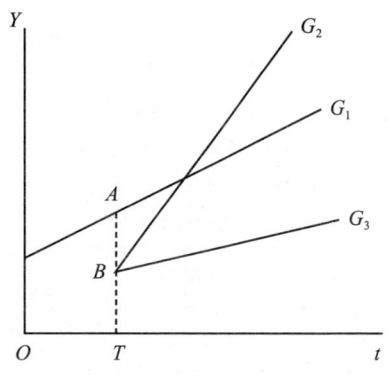

图 17-1　寻租活动的危害

点加快了，沿着一条更为陡峭的轨迹 G_2 增长。又假设第二种情况：在时点 T 发生了一场寻租竞赛，且寻租者移用的资源和第一种情况中移用的资源一样多。那么，虽然一开始产出的下降一样，但由于寻租活动白白耗费了社会资源，并造成了资源配置的扭曲，降低了生产效率，所以产出增长的速度放慢了，沿着一条更为平缓的轨迹 G_3 增长。若干时间以后，我们会发现这两种情况的生产力发展水平会相差很多。由此可见，寻租等腐败活动对生产力的危害是深远的。

第二节　对腐败的遏制

腐败不仅和权力有关，还和别的因素有关。这一节我们拟从经济学的角度对腐败产生的原因、腐败的需求与供给、遏制腐败的措施以及集权分权等问题进行分析。

一、腐败产生的原因

第一，人的欲望与满足欲望的手段的矛盾。人是有欲望的，马斯洛

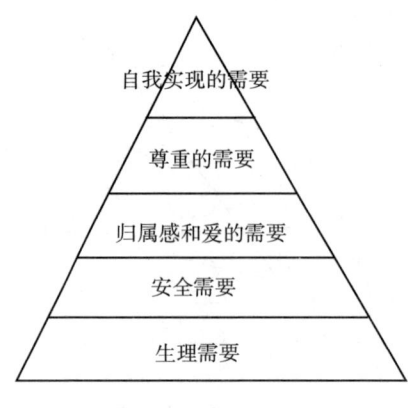

图 17-2 需要层次论

将人的欲望或需要分为五个层次，如图 17-2 所示。根据马斯洛的需要层次论，腐败者的欲望主要集中在生理需要和安全需要上，包二奶以及把资产和老婆孩子转移到国外的情况很多。需要层次论还告诉我们，人的较低层次的欲望满足以后会产生新的欲望，所以人的欲望是多种多样而且无穷无尽的。但是，满足欲望的手段是有限的，这是因为资源是有限的。这种欲望的无限性与手段的有限性的矛盾是腐败产生的根本原因。有人提出了"高薪养廉"的政策主张，之所以行不通，就在于没有看到人的欲望的无限性。有人对某些官员贪污那么多钱还要贪污不理解，也是因为没有看到人的欲望的无限性。

第二，金钱与权力的矛盾。有人说金钱是万能的，但在一个官本位的社会里，金钱的功能是有限的，权力却是万能的。有了金钱不一定有权力，而有了权力却可以换来金钱。这种"权钱交易"还是不公平交易，其不公平性表现在：权力是人民的，只是交给官员使用，官员却可以用不属于自己的权力和别人交换，给自己谋福利。这种交易本身也是不公平的，一个工程 200 万元卖给承包商，承包商偷工减料赚 2000 万元，豆腐渣工程造成的损失可能超过 2 亿元。官员之所以贱卖权力，是因为权力不用过期作废，就像易腐烂的蔬菜水果不赶快卖掉就会砸在自己手里。而且得到的好处是自己的，损失却是国家的或公共的。国家那么大，人口那么多，大多数人又都是"搭便车者"，并不关心国家或公共财产有没有损失，这就使得腐败分子可以胆大妄为。

第三，市场机制与政府干预的矛盾。在现实经济社会中，"看不见的手"并不总是有效，市场机制在很多场合并不能导致资源的有效配置，处于"失灵"状态。这就要求政府在一定限制内掌握必要的经济资源和参与必要的经济活动。我国又是发展中的社会主义国家，民主制度不健全，而只有集中力量才能办大事，所以需要政府官员更多地掌握经济资源，更深地参与经济活动。于是，权力和资源的结合在这一体制背景下具有了某种天然的必要性与合理性，这就为腐败的产生奠定了体制基础。

第四，腐败收益与成本的矛盾。以上三条是腐败产生的必要条件，但必要条件只是腐败产生的可能性，并没有说明腐败必然会发生。腐败行为能否发生还取决于它产生的充分条件，即当权者对腐败成本与收益的比较。腐败成本中首先是心理成本，即要突破自身的种种心理障碍，改变其道德观念，放弃循规守法的操行，面对社会的谴责等。其次是价格成本，某地卖官论级别，副科级10万元，正科级20万元；某地教师调动论距离，离市中心1公里1万元，10公里10万元。第三是交易成本，行贿的钱给谁？怎么给？要不要托人？中介费是多少？这要花费金钱和精力。第四是惩罚成本，腐败行为一旦暴露，将会受到相应的政纪法规的惩罚。第五是机会成本，即如果不搞腐败，会受到社会的尊重，有个好的口碑，拥有相应的地位与生活待遇等。由于腐败者是不会考虑社会成本的，所以这里只计算私人成本。

一个理性的当权者在进行腐败决策时要进行成本—收益分析。假设收益为 R，腐败行为不被发现的概率为 p，被发现的成本为 C，那么他的期望损益值（E）为：

$$E=pR+(1-p)C$$

当 E>0 时，他才会去腐败，否则不会去腐败。

二、腐败的需求与供给

由于以上原因，腐败对于有些人来说就像臭豆腐，闻起来臭吃起来香。腐败是既有需求又有供给的，前面所说的腐败的原因构成了对腐败的需求，而腐败不是单方面的事，一方腐败的需求就构成了另一方腐败的供给。比如有受贿的，就有行贿的，行贿的钱物数量就是受贿的腐败供给量。

如图17-3所示，如果别的因素不变，受贿者对腐败的需求数量与腐败成本成反方向变化关系：腐败成本越高，腐败需求量就越少；腐败成本

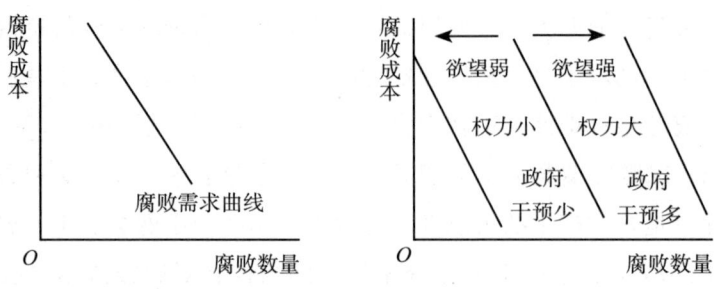

图 17-3　腐败需求曲线及其移动

越低，腐败需求量就越多。所以，在以横轴表示腐败数量、纵轴表示腐败成本的坐标系中，腐败的需求曲线向右下方倾斜。

影响腐败的还有别的因素，如个人欲望的强弱和满足手段的高低、金钱的多少和权力的大小、市场化程度和政府干预程度等。这些因素对腐败需求的影响，表现为腐败需求曲线的平移：欲望强、权力大、政府干预多，腐败会增加，腐败需求曲线向右平移；欲望弱、权力小、政府干预少，腐败会减少，腐败需求曲线向左平移。

腐败的供给也和腐败成本有关，但一般来说影响比较小，法律往往对行贿者惩罚比较轻或者不予惩罚。腐败的供给主要和预期收益有关，预期收益大，供给就多；预期收益小，供给就少。所以，在以横轴表示腐败数量、纵轴表示预期收益的坐标系中，腐败的供给曲线向右上方倾斜，如图 17-4 所示。

影响腐败供给的还有其他一些因素，如机会多少、惩罚力度大小、官员自律程度和透明度大小等。机会多、惩罚轻、透明度小，腐败供给就多，供给曲线向右平移；机会少、惩罚重、透明度大，腐败供给就少，供给曲

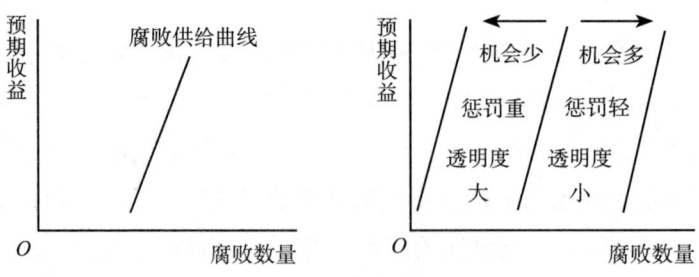

图 17-4　腐败供给曲线及其平移

线向左平移。

三、遏制腐败的措施

腐败产生的原因很多，只要这些条件还存在，腐败就不可能消灭，我们只能通过一些措施来遏制它。

1. 从图 17-3 可知，腐败需求数量和腐败成本是负相关关系。因此，要想减少腐败，就要加大反腐力度，提高腐败成本，使得当权者在进行受贿的成本—收益分析时感到得不偿失，从而不敢腐、不想腐、不愿腐。

2. 从图 17-3 还可知，影响腐败需求的还有一些因素，如欲望强弱、权力大小、政府干预多少等。所以，我们一方面要通过思想教育，遏制官员的腐败欲望；另外更重要的一方面，是加强制度建设，建立权力制衡机制，避免权力过于集中，避免政府对市场的过多干预。

3. 从图 17-4 可知，腐败供给量与预期收益成正相关。因此，为了减少腐败供给量，就要减少其预期收益；而要减少其预期收益，就要加大对行贿者的惩罚力度。行贿与受贿是双方的，光打击受贿者，不打击行贿者，不能取得好的效果。

4. 从图 17-4 还可知，影响腐败供给量的还有其他因素。中央八项规定出台以后，行贿的机会大大减少，腐败之风被遏制。我们还要通过公开招标、竞聘上岗、民主选拔等措施，进一步减少行贿机会，加大行政的透明度。

5. 遏制腐败应从需求侧与供给侧共同发力，进行综合治理。如图 17-5 所示，横轴仍表示腐败数量，纵轴既表示腐败成本又表示预期收益，原来的腐败需求曲线为 D_1，供给曲线为 S_1，它们相交于 E_1，决定了腐败数量为 OM_1。如果仅从需求侧反腐，D_1 左移到 D_2，D_2 与 S_1 相交于 E_3，决定了腐败数量减

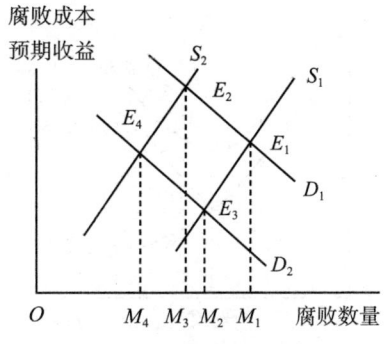

图 17-5　对腐败的综合治理

少到 OM_2。如果仅从供给侧反腐，S_1 左移到 S_2，S_2 与 D_1 相交于 E_3，决定了腐败数量减少到 OM_3。只有从需求侧和供给侧同时反腐，D_1 和 S_1 同时左移到 D_2 和 S_2，它们相交于 E_4，决定了腐败数量仅为 OM_4。

四、集权与分权

由于搞腐败的人都喜欢把权力抓在自己手上，所以各级政府都应该把权力适当分散，形成一种制衡机制，这就要处理好集权与分权的关系。所谓集权，就是权力向个别人、个别部门的集中；所谓分权，就是权力向部分人、部分部门的分散。分权有两种：一种是制度分权，就是在制度设计中就将权力分配给了不同的人和部门；一种是授权，就是管理者将本属于自己的权力分配给下属和部门。制度分权具有相对稳定性和必然性，有利于组织目标的实现，不利于腐败的发生；授权具有随机性和不稳定性，取决于领导艺术和觉悟，不利于廉政建设。

集权有集权的好处，可以提高效率。但现在我们的主要问题是权力太集中，太集中到少数人尤其是一把手手中，这样不仅提高了腐败风险，也增加了决策成本。所谓决策成本，就是因知识和经验短缺造成决策失误的成本。一个人独断专行既不能集思广议，也不能调动大家的积极性，是很容易造成决策失误的。分权会使决策成本降低，但它是个委托—代理过程，又会产生代理成本。所谓代理成本，就是代理人违背委托人的意愿给委托人造成的损失。所以，分权的最佳点应该在由决策成本和代理成本共同决定的总成本的最低点。如图 17-6 所示，随着分权程度的提高，决策成本曲线向右下方倾斜，代理成本曲线向右上方倾斜，总成本等于决策成本加代理成本，所以总成本曲线呈 U 字形，有个最低点，它所对应的分权程度，就是最佳分权点。

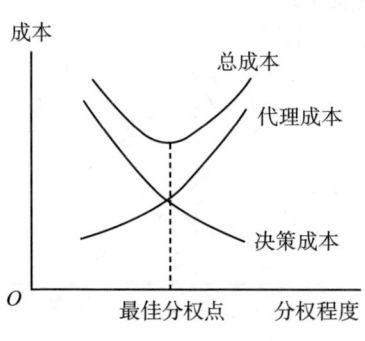

图 17-6 最佳分权点的确立

总成本在哪一层次上最小，即分权

最佳点在哪里最合适，取决于所在组织的特点、规模、信息技术、环境变化速度以及组织规则和控制技术等因素。一般而言，规模越大、需要的专门知识和技术越多、环境变化速度越慢、离上级所在地越远的组织，代理成本越大，决策成本越小，所以越宜分权。而规模越小、需要的专门知识和技术越少、环境变化速度越快、离上级所在地越近的组织，代理成本越小，决策成本越大，所以越宜集权。如图17-7所示，C_0表示原总成本曲线，C_1表示原代理成本曲线，C_2表示原决策成本曲线，这时的最佳分权点是A。当决策成本增大、代理成本减小时，决策成本曲线移到C_2'的位置，代理成本曲线移到C_1'的位置，决定了总成本曲线移到了C_0'的位置，于是最佳分权点也由A点移到了B点，分权程度提高。

进入信息经济时代以后，由于缺乏信息引起的决策成本日益提高，所以不论什么组织，相比过去而言，都有不同程度的分权化趋势。这是时代的要求，也是地方政府反腐败的必要举措。

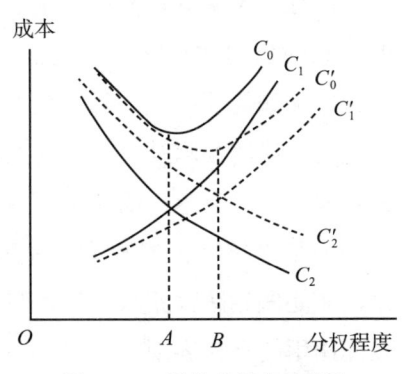

图17-7　最佳分权点的移动

第三节　法治社会的建设

腐败问题从根本上说还是要通过法治建设来解决。这一节我们谈谈法治的需求与供给、法治社会的形成与发展等问题。

一、法治的需求

法治的需求并不等于法的需求，因为法治与法并不是一回事。法体现了统治阶级的利益，而法治是指国家的全部社会生活都在国家公布的法律的规范下进行,任何违背法律的社会现象和个人组织都必须受到法律的明确制裁。也就是说,法是统治阶级依靠其权力制定的,权自然大于法;而法治是指有了法之后,这个法不仅能管所有老百姓,也能管所有政府官员。如果国家权力违背了法律,也要受到法律的制裁,即法大于权。是权大于法,还是法大于权,是法和法治区别的标志。

如果说法大于权是法治社会确立的标志,那么在现实意义上,法的力量必须大于国家权力的力量,否则法就无法约束国家权力的运行,法治就不能在社会中确立。然而,法是一种以国家名义颁布的书面文书,它要借助国家的权力才能实行,它的力量就其实质而言是靠国家权力本身赋予的,这又如何能产生一种力量并使之强大到能决定并支配国家权力运行的程度呢?这就要求社会中存在对法治的需求,并且这种需求的力量能抗衡国家权力。只有这一力量客观存在,社会才有可能追求国家的法治;只有这一力量能抗衡国家权力,才能通过法的形式决定和支配国家权力的运行,才能做到法大于权。法治只不过是这种对法治需求的力量现实存在并发挥作用的外在表现。

那么,在现实社会中是否存在这一力量呢?如果存在的话其主体又是谁呢?应该说社会中这一力量确实存在,其主体就是民众。民众一方面需要通过国家权力来保护他们的利益,另一方面又害怕国家的权力太大,对他们的利益造成损害。所以民众需要法治。但仅有需要还不够,还必须形成力量,有能力承担法治的代价。在自给自足的社会,分散的、分布很广的、彼此之间缺乏经济联系的民众是不可能形成与国家权力相抗衡的持久的力量的,他们即使团结起来夺取了政权,要么很快被国家力量所征服;要么取而代之,蜕变为国家力量。所以,单纯通过政治斗争无法使这些分散的力量长久地捏合在一起,民众只有在利益上互相联系,才能构成对法治的需求力量。

市场经济为这种力量的产生提供了可能。市场经济表现为这么几个基本的特点:(1)每个参与者都只控制了一部分经济资源而不是全部,这就使得任何一个人都不能单独进行经济活动。(2)每个参与者只有运用自己的资源与他人的资源进行连续不断的交易,才能现实有效地进行经济活动，实现自己的经济目的。（3）每个参与者都力图用最小的投入实现最大的利益。这些特点的客观存在，使得每个参与者在市场经济活动中都独立地扮演一个经济角色，但又不能独立地实现自己的利益。他们必须相互依赖与合作，这就使得他们能联合成强大持久的力量，足以与国家力量相抗衡，从而形成了对法治的需求。

二、法治的供给

世上没有免费的午餐，民众对于法治的需求是要付出代价的，这个代价就是民众必须把部分权利让渡给政府。这是因为市场经济各经济主体都有可能存在不当交易心理，企图通过交易从对方获得更多的利益。这种心理我们称之为机会主义倾向，它很可能使交易不成或不公平。于是，交易双方便委托一个共同认可的人为他们制定公平交易的规则，同时给予他一定的权力，让其监督大家都执行这一规则。这个人本来可以干别的事，因为充当居间人耽误了工夫，所以交易双身都得给他付报酬，但这个费用又不能太高，否则他们宁愿私了。为了降低交易费用，社会便要求有一个专门的机构，通过专业化、规模化来提高效率，减轻交易双方的负担。于是，政府便来充当这个角色。

政府为了更好地居中仲裁，必须要有一定的权威性，否则他的话没人听，交易成本还是降不下来。于是，民众把更多的权力让渡给政府。政府需要法治，因为没有法治它便无法仲裁，难以向纳税人交代。政府也有能力提供法治，可以凭借国家机器确保仲裁的权威性。这时，政府行为便成了一种政治行为，政府便成了法治的供给者，市场经济的各种行为便纳入了法治的范畴。

三、法治社会的均衡

在市场经济条件下，民众对法治有需求，政府对法治有供给，法治社会的产生便成为必然的事。民众对法治的需求量与为此付出的代价成反方向变化关系，即代价越高，需求量越少；代价越低，需求量越多。所以，在以横轴表示法治数量、纵轴表示法治代价的坐标系中，法治的需求曲线向右下方倾斜。政府对法治的供给量与它因此获得的收益成正方向变化关系，即收益越大，供给量越多；收益越小，供给量越少。所以，在以横轴表示法治数量、纵轴表示法治收益的坐标系中，法治的供给曲线向右上方倾斜。在市场经济中，公众想尽量降低法治代价，政府想尽量提高法治收益，双方通过竞争达成协议，实现了法治社会的均衡。

> 【故事】 两个狗熊得到了一块饼，怕分不均就让狐狸来帮忙。狐狸从中咬了一口，这块饼成了一大一小两块。两个狗熊都要拿大的那一块，争执不下，让狐狸再分。狐狸把大的一块咬了一口成小的了，两个狗熊又去争原来小的那一块，又争执不下，让狐狸再分。最后狐狸吃饱了，两个狗熊各吃了很小的一块。

这是个委托—代理的故事，狗熊是委托人，狐狸是代理人，代理人滥用委托人的信任忽悠委托人，中饱私囊搞腐败。腐败对法治社会的影响在于提高了法治代价，使委托人即民众的利益遭受损失。在图17-8中，横轴 OQ 表示法治数量，纵轴 OP 表示法治收益和代价，法治需求曲线 D 和供给曲线 S 交于 E，它决定了均衡的法治价格为 OP_0，法治数量为 OQ_0。因为腐败，法治价格上升为 OP_1，使得民众对法治的需求量下降为 OQ_1，政府对法治的供给量上升为 OQ_2。由于民众支付了较高代价，其剩余损失为 $a+b$。可见，腐败使民众的状况恶化了。那么，腐败是不是使政府福利增加了呢？表面上看由于法治价格提高使政府剩余增加了 $a+b+c$，但还要考虑法治扩大的成本。由于 Q_0Q_2 为法治供给扩大部分，其剩余损失为梯形 d。所以，如果 $d>a+b+c$，会导致政府剩余净损失。

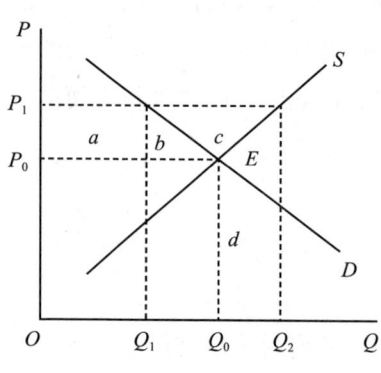

图17-8 腐败与法治社会

既然腐败使民众和政府的利益都受

到损失，所以反腐是民众和政府共同的事。但政府反腐有其局限性，"不识庐山真面目，只缘身在此山中"。所以，民众应该是反腐的主力军。民众是委托人，他有权通过民主选举的方式选择代理人。法律应该保证民众的选举权，不能以民众觉悟不高等理由剥夺民众的选举权。民众有权选择代理人，在代理人不为民众办事或腐败时也有权罢免他并给予制裁。但是，如果等到代理人腐败了再去罢免或制裁，委托人受的损失已经无法挽回。所以，民众要对政府进行过程制约。这种过程制约的最文明、最现实的方法只能是由民众确定一套严格的获取、运用、更替政府权力的标准和规范，并从程序和方法上约束整个国家权力的行为过程。也就是说，民众的过程制约就把让渡出去的权力从制度上规范了，提升为制度上的选举权、约束权、评价权、监督权、制裁权，并把这种制度以国家规范的名义公布和执行，这就成了市场经济条件下民众凭借自己的力量对政府行为的法律约束。

四、网络的反腐败作用

在信息社会，民众对政府的监督很大程度体现在互联网上。互联网的高速发展，使人们能迅速了解信息，为反腐败提供了有利条件。地方政府如果能充分利用网络反腐，可以获得很多好处。

第一，拓展了反腐败的新方式，把握了舆论的主动权。网络提供的及时而丰富的信息有利于增强舆论引导工作的辐射力、吸引力、感染力，极大地拓展了反腐败引导工作的空间，扩大了舆论宣传的覆盖面。据中国互联网信息中心报告，我国网民规模已跃居世界第一位，反腐问题一直高居网络舆情的排行榜。

第二，有利于加强反腐败的舆论监督。一般来说，传统媒体对民情、民意有个筛选、加工的过程，这中间就难免有所顾忌，有所回避。而网络的快捷性和匿名性，一定程度上实现了民意的直达，减少了传递损失，避免了"灯下黑"等监督死角。从中央到地方的各级政府还形成了网络举报体系，调动和保护了广大群众参与反腐败的积极性。

第三，有利于提高地方政府的执政能力和水平。网络上常常反映出许多在其他媒体上很难见到的、来自社会基层的消息，它可以最快速度、最大限度地保障地方政府了解到真实民意，通过梳理分析，为科学决策提供依据。很多地方政府还将网络作为重要的亲民交流互动平台，向网友问计求策，解疑答惑，及时回应老百姓对民生问题的关切，大大拉近了政府和人民的关系。

当然，我们也应清醒地看到，虽然网络反腐败具有先天优势，但网络的自发性、虚拟性、匿名性和开放性等特征也为网络反腐带来了先天缺陷。网络上鱼龙混杂，中肯的批评有，无中生有的漫骂也有。这就要考验政府官员的肚量和耐心了。一方面我们要加强法治建设，打击网络恶意歪曲事实的行为；另一方面也要允许老百姓犯错误，有些批评虽然不符合事实，但只要是善意的，就要耐心解释，不要打击了他们参政议政的积极性。应该相信绝大多数网民都是爱国的，积极参政议政正是他们爱国的表现。

本章小结

腐败问题是地方政府十分重视的问题，腐败和权力有很大关系。权力是处在某个管理岗位上的人对整个组织、所辖单位与人员的一种影响力。权力包括三种类型：专长权、个人影响权与制度权，最容易腐败、危害也最大的是由制度权力导致的腐败。寻租活动就是一种由制度权力导致的腐败，它对社会经济效益的危害是深远的。搞腐败的人都喜欢把权力抓在自己手上，所以各级政府都应该把权力适当分散，形成一种制衡机制。分权的最佳点在由决策成本和代理成本共同决定的总成本的最低点。腐败还和别的因素有关：人的欲望与满足欲望的手段的矛盾，金钱与权力的矛盾，市场机制与政府干预的矛盾，腐败收益与成本的矛盾等，这些因素构成了对腐败的需求。而腐败不是单方面的事，一方的需求就构成了另一方的供给。遏止腐败应从需求侧与供给侧共同发力，进行综合治理。腐败问题从根本上说还是要通过法治建设来解决。是权大于法，还是法大于权，是法和法治区别的标志。在市场经济条件下，民众形成对法治需求的力量。为了居中仲裁的需要，民众将部分权力让渡给政府，政府运用国家机器，形成对法治的供给。腐败提高了法治代价，破坏了法治均衡，给民众和政府都造成损害。民众作为委托人，是反腐败的主力军。网络反腐是民众行使监督权的新形式，它有利于对反腐败工作的舆论监督，提高地方政府的执政能力。

思考题

1. 什么是权力？为什么权力会导致腐败？
2. 为什么说寻租活动给社会造成的损害是深远的？
3. 为什么要分权？如何处理好集权与分权的关系？
4. 腐败产生的原因有哪些？哪些是腐败产生的必要条件，哪些是腐败产生的充分条件？
5. 遏制腐败的措施有哪些？为什么遏制腐败应从需求侧与供给侧共同发力，进行综合治理？
6. 画图说明为什么腐败给民众和政府都造成损失？
7. 网络反腐有什么优点和缺点？如何利用网络提高地方政府的执政能力和水平？
8. 2016年10月30日，由中国政法大学法治政府研究院编写的《中国法治政府评估报告（2016）》发布，评估对象共计100个城市，评估指标体系包括9项一级指标、26项二级指标、72项三级指标，共计1000分。评估结果得分排名前十的城市为：宁波、深圳、杭州、南京、广州、合肥、长沙、苏州、潍坊、台州。北京和上海未能进入前十名，分列第14名和第12名。不及格的城市12个：信阳、周口、商丘、大同、邯郸、长春、抚顺、曲靖、乌鲁木齐、喀什、拉萨、绥化。你所在城市的得分在前面还是后面？与你的感觉相符吗？如何提高地方的法治水平？

主要参考文献

[1] 高鸿业等. 西方经济学（微观部分. 第六版）[M]. 北京：中国人民大学出版社，2014.

[2] 高鸿业等. 西方经济学（宏观部分. 第六版）[M]. 北京：中国人民大学出版社，2014.

[3] 干学平，黄春兴，易宪容. 现代经济学入门 [M]. 北京：经济科学出版社，1998.

[4] 梁小民. 西方经济学导论 [M]. 北京：北京大学出版社，1993.

[5] 周起业，刘再兴，祝诚，张可云. 区域经济学 [M]. 北京：中国人民大学出版社，1989.

[6] 郭庆旺，吕冰详等. 中国分税制：问题与改革 [M]. 北京：中国人民大学出版社，2014.

[7] 中国信息化百人会. 通往信息经济之路 [M]. 上海：上海远东出版社，2016.

[8] 李佳佳. 从地方政府创新理解现代国家 [M]. 上海：学林出版社，2015.

[9] 马桑. 公共经济学：思维与拓展 [M]. 北京：经济科学出版社，2016.

[10] 余典范. 总部经济与上海产业转型升级的对接研究 [M]. 上海：格致出版社，2015.

[11] 崔卫国，刘学虎. 区际经济学 [M]. 北京：经济科学出版社，2004.

[12] 朱琴芬. 新制度经济学 [M]. 上海：华东师范大学出版社，2006.

[13] 崔卫国. 现代经济学的跨学科断想 [M]. 北京：经济科学出版社，2003.

[14] 尹伯成. 经济学基础知识读本 [M]. 北京：中国人民大学出版社，2014.

[15] 鲁照旺，赵新峰. 政府经济学 [M]. 北京：中国财政经济出版社，2014.

[16] 薛敬孝，佟家栋，李坤望. 国际经济学 [M]. 北京：高等教育出版社，2000.

[17] 崔卫国. 中日比较谈 [M]. 北京. 经济日报出版社，2014.